西藏教育六十年

周润年　塔娜　著

XIZANG JIAOYU
LIUSHI NIAN

甘肃教育出版社

图书在版编目(CIP)数据

西藏教育六十年 / 周润年,塔娜著. -- 兰州 : 甘肃教育出版社, 2016. 12
ISBN 978-7-5423-4093-1

Ⅰ. ①西… Ⅱ. ①周… ②塔… Ⅲ. ①教育史－史料－西藏 Ⅳ. ①G527.75

中国版本图书馆CIP数据核字(2017)第005213号

西藏教育六十年
周润年 塔 娜 著

出 版 人 王永生
责任编辑 孙宝岩
封面设计 魏 婕

出 版 甘肃教育出版社
社 址 兰州市读者大道568号 730030
网 址 www.gseph.cn E-mail gseph@duzhe.cn
电 话 0931-8773136(编辑部) 0931-8773056(发行部)
传 真 0931-8773255
淘宝官方旗舰店 http://shop111038270.taobao.com

发 行 甘肃省新华书店 印 刷 兰州人民印刷厂
开 本 787毫米×1092毫米 1/16 印 张 24.25 插 页 3 字 数 390千
版 次 2017年5月第1版
印 次 2017年5月第1次印刷
印 数 1~1 500
书 号 ISBN 978-7-5423-4093-1 定 价 78.00元

目 录

前　言

我国是一个统一的多民族社会主义国家。藏族是我国大家庭中的一员，加快西藏的经济社会发展，维护各民族的大团结，不仅关系到西藏的繁荣和幸福，而且关系到我国社会主义现代化建设的全局。西藏要发展，藏族要进步，就必须依靠科技和教育，大力培养藏族人才，全面提高民族素质。发展西藏教育事业，是西藏振兴的根本大计，也是维护民族团结和国家统一、建设中国特色社会主义的重要方面。西藏教育是我国整个教育事业的重要组成部分，其发展速度、发展规模，对于民族教育事业的整体发展有着重要的意义。

1951 年 5 月 23 日，中央人民政府同西藏地方政府签订了《关于和平解放西藏办法的协议》，实现了西藏的和平解放，使西藏人民永远摆脱了帝国主义的侵略和羁绊，开始走上团结、进步、发展的光明大道。西藏和平解放后，党和国家即对西藏教育给予高度重视。西藏的和平解放、民主改革和社会主义制度的建立，极大地促进了西藏教育事业的迅猛发展。在党中央、国务院的亲切关怀和领导下，在社会主义祖国大家庭的团结互助下，西藏人民第一次获得了接受教育的平等权利和广泛机会，西藏的现代教育事业在世界屋脊的特殊艰苦条件下崛起、发展、壮大。旧西藏的学校教育只能说是处在一个学校教育的雏形阶段，并且学校数量少，规模小，教学内容单一。仅有的文化教育几乎被寺院和贵族所垄断，百万农奴根本没有享受文化教育的权利。短短六十年，在封建农奴教育极其落后的基础上，建立起了从幼儿教育、普通中小学教育、中等职业教育、成人教育到普通高等教育的具有西藏民族特色的社会主义教育体系。

六十年来，国家为发展西藏教育，在西藏实行了许多特殊的优惠政策，如：在农村和牧区学校推行寄宿制，对部分中、小学的学生实行包吃、包住、包学费的“三包”政策，乡镇中学和小学逐步实行助学金和奖学金制度等，这一系列政策的实施，收到了良好的效果。

六十年来，国家采取了拨专项经费、派遣援藏教师、内地办学、内地对口支援等多种措施，支援西藏发展教育事业，使西藏教育面貌发生了根本性的变化。在党和国家的高度重视和亲切关怀下，西藏的现代教育从无到有，获得了巨大的发展，为西藏培养了大量人才。当然由于自然、历史等方面的原因，西藏教育的发展水平与全国相比还有一定的差距，发展中还存在很多困难。

任何一个民族，要生存，要发展，要进步，必须坚持改革开放，向其他民族和地区学习。西藏教育的发展也应如此。要以改革的精神办教育，适应西藏改革开放和建立社会主义市场经济体制的需要，从西藏的实际出发，继续深化改革，以改革促发展。西藏教育既要有民族特色，又要有鲜明的时代特点。要坚持“三个面向”，使西藏教育着眼于西藏经济社会的发展，贴近日新月异的现代化事业，面向广阔的世界，着眼于未来。既要培养西藏经济建设和社会发展急需的实用人才，又要培养高、精、尖人才，培养实现社会主义建设战略目标所需要的人才。

为了更好地宣传西藏，展示西藏的教育成果，让世人知悉六十年来西藏教育日新月异的变化；同时也是为了总结经验，进一步深化西藏的教育改革，全面推行素质教育，笔者编写了此书。

今天我怀着忐忑不安的心情，将《西藏教育六十年》敬献给大家。一则是喜，因为四十多年来一直在西藏教育的教学和研究工作中忙碌的我，就像十月怀胎的母亲，终于盼到了即将分娩的婴儿；一则是忧，因为六十年来西藏教育发生了天翻地覆的变化，很难在一本书里概括。不过我认为，尽管这本书可能还有不尽如人意之处，但毕竟是对西藏教育六十年的一个总结，我们有义务、有责任向关心和支持西藏教育的人们发出这样一个信号：今后我们应该关注和重视西藏的教育，不断地总结经验，进一步深化教育改革，使西藏教育更上一层楼。所以，对于今天我所做的一切，包括此书，我更愿留待热心的读者去思考、评判！

第一章

教育事业概述

第一节　解放前的教育

据藏文史籍记载，早在公元5世纪时，佛教即非正式地渗入吐蕃社会。到了公元七八世纪，吐蕃王松赞干布和赤松德赞尊崇佛教、重视教育，他们东邀大唐和尚，南请印度和尼泊尔僧人，创藏文，译佛经，兴教育，使藏族

布达拉宫

的文化有了很大的发展。吐蕃王朝衰亡以后，西藏进入了长达四百多年的分裂割据时期。从萨迦王朝到噶丹颇章时期，也曾培养出许多藏族学者。但是，西藏长期以来处于封建农奴制社会，三大领主垄断了西藏的政治、经济和文化等各个领域。他们因循守旧，故步自封，反对创新，严重阻碍了教育的发展和科学文化知识的普及，使西藏的教育没有得到应有的发展。直到西藏和平解放前夕，仍没有办起正规的学校，更没有建立起现代化的教育体系。自公元 7 世纪至 20 世纪 50 年代西藏和平解放之前，藏族教育大概可分为寺院教育、官办教育和私塾教育等三种类型：

一、寺院教育

法尊大师在谈到藏族教育时曾说："藏族的教育，就是佛法。离了佛法，也就没有教育了。"这话虽然言过其实，却也不无道理。千百年来，藏族地区曾用寺院佛学教育代替社会的学校教育，寺院即是学校，喇嘛就是教师，佛教经典就是教材。

藏传佛教的寺院教育有着悠久的历史，早在公元 8 世纪中叶，吐蕃王赤松德赞为进一步发展佛教教法，在西藏山南扎囊县境内建立了第一座寺院——桑耶寺，并遣 7 人出家为僧，史称"七试人"，专门从事宗教文化的学习。此后，他又聘请印度和藏族僧侣 13 人为教师，招学僧 25 人，学习藏文和佛教典籍，这就是藏族历史上最早的寺院教育。

公元 9 世纪中叶以后，藏族地区陷入了长时期的分裂状态，原先从内地和印度进入藏区的僧侣，流派不一；藏僧学佛译经，收徒传法，也各有门庭。不同的流派和门户，设教布道，各化一方，藏区遂出现了宁玛派、噶当派、萨迦派、噶玛噶举派等教派以及许多教派支系。为了巩固阵地和势力，各派系又与地方封建割据势力紧密结合，形成"政教合一"互为表里的统治核心。从 9 世纪到 13 世纪初，佛教僧侣纷纷从藏区各地涌向卫藏，建寺院，招僧徒，办教育，于是在卫藏出现了各教派大小不同的寺院教育。如公元 1056 年，阿底峡（982—1054）的弟子仲敦巴（1005—1064）在热振地方修建的噶当派热振寺；此后，卓浦巴释迦僧格（1074—1134）修建宁玛派的卓浦寺；1073 年，俄·雷必喜饶在桑浦的内邬托地方建立桑浦寺；1073 年，贡却杰布（1034—

1102）在萨迦地方的仲曲河北岸创建萨迦寺；1175 年和 1187 年，向·尊珠扎巴（1122—1193）修建蔡巴寺和贡塘寺；1153 年，东果罗智扎巴修建了噶当派的那塘寺。

公元 13 世纪中叶，元朝统一了全中国，西藏地方也首次以法律的形式正式成为祖国领土不可分割的一部分，并且从此固定下来。这一时期，藏族僧俗众人频繁出入内地，将内地的造纸和印刷技术传播到藏族地区。据《西藏佛教史略》记载，"蔡巴·噶德贡布曾七次到达内地，返藏时带回汉族的能工巧匠，兴建寺院，雕塑佛像，还创建刻书坊，将内地的印刷技术传播到乌思藏"①。此后，藏族地区的佛教寺院不仅培养造就了大批译师，而且大量的佛学典籍也陆续问世。所有这一切，为藏传佛教寺院教育的发展奠定了一定的基础。

公元 15 世纪初，宗喀巴大师面对藏传佛教的"颓废萎靡之相"，清除颓风，拨正戒行，肃清秽行。由于宗喀巴大师的卓越学识，严格遵守戒律的威望，很快得到了藏族僧俗群众的普遍信仰和崇拜。宗喀巴不仅是宗教方面的改革家，而且在改革藏传佛教寺院教育方面也颇有建树。他将寺院的学经组织和经济组织分开，建立了按部就班、循序渐进、比较完备的学经制度，因此说宗喀巴大师也是一位寺院教育的改革家。

随着格鲁派的形成，藏传佛教发展到了高峰，整个藏族几乎达到了全民信教的程度，大大小小的寺院星罗棋布，遍布于整个藏族地区。据乾隆二年（1737）七世达赖喇嘛格桑嘉措申报理藩院的数字：达赖所属寺院 3150 座，僧侣 302560 人；班禅所属寺院 327 座，僧侣 13670 人。如果把格鲁派以外的教派所属的寺院和僧侣加在一起，将远远超过以上这个数字。这些大大小小的寺院不仅成为当地宗教、政治、经济的中心，而且成为文化教育的中心。

藏传佛教寺院内的学经机构，是藏族封建农奴制社会的一个庞大的教育系统。随着"政教合一"制度的确立，藏传佛教寺院凭借着宗教和政治上的双重权威，控制了藏族地区的政治、经济、文化、教育、艺术等各个领域，寺院教育成为当时唯一的教育事业，可以说一座较大的寺院就是一所大学或一所专门的学校，旧时藏族社会上有文化的人绝大多数都是僧侣出身。由于

---

①王辅仁编著：《西藏佛教史略》，青海人民出版社，1982 年，第 157 页。

藏传佛教的派系复杂，所以各寺院学经制度亦存在着一些差异。格鲁派的寺院教育以拉萨的甘丹寺、哲蚌寺、色拉寺以及日喀则的扎什伦布寺、青海的塔尔寺、甘肃的拉卜楞寺等六大寺院最为完备，其规模较汉地寺院大，为藏区最高的教育中心，各地数以万计的寺院就是各地的中小教育中心。

藏传佛教各教派的寺院教育组织体制都自成一个系统，以中心寺院为领导，每个寺院又有各自的组织。拉萨三大寺（甘丹寺、哲蚌寺、色拉寺）的组织机构分为三级，最高一级组织称为“喇吉”，主管全寺的经济、僧众纪律以及大法会等事宜；第二级组织称为“扎仓”，是寺院的教育单位，主管僧人的生活、学习等方面的事项；第三级组织称为“康村”，是寺院的基层组织，按僧人所属地域划分，一个僧人进入寺院，都要按照他的家乡的地域编到一定的“康村”中学习、生活。上述三级组织皆拥有自己的财产，除独立实施内部管理外，下级组织必须服从上级组织的领导。各级组织均实行委员制，并且主持人有一定的任期，以免权力过于集中于个人或受世俗贵族势力的操纵。

学经僧人入寺年龄不等，有五六岁即入寺的，也有成年以后才入寺为僧的。对刚进入寺院的僧人，寺院不考虑他们的年龄和学历，一律分到各自所属的“康村”。开始不能马上学习，除替老师干杂活外，还要为寺院干各种杂差。在此期间，新僧必须出席“康村”一天早、中、晚三次集体诵经和“扎仓”每天一次的集体诵经，并不得有迟到和早退的现象，一旦出现缺席，则必遭开除处分。经过一阶段的考察，寺院认为合格后，才对新僧登记造册。按照寺院的规定，学僧由“康村”指定老师，也可以自己找，在老师的指导下学习藏文字母、拼音、常用词汇和简单的文法。当初步掌握了藏文的基础知识后，即开始念诵和背诵一些短小的经文，如《皈依颂》《救度母赞》《忏悔经》《吉祥百拜经》等。对刚入寺僧人的教育方法主要是要求其死记硬背。通过启蒙学习，成绩突出的僧人，由寺院推荐到格鲁派著名的六大寺院（哲蚌寺、色拉寺、甘丹寺、扎什伦布寺、拉卜楞寺、塔尔寺）学习深造。凡进入六大寺院的僧人不管年龄、学历如何，寺院一律以“扎仓”为单位，把他们编入预备班中学习。由预备班升入正式班时间的长短，由每个僧人的老师决定，时间短的只需几个月，时间长的则要数年。转入正式班后，即可以逐年升级。各寺院的班级划分不同，哲蚌寺为十五级，拉卜楞寺为十三级，各寺院的最高一级称为“增扎堂波”。僧人在学习期间，除了开坛时能听到堪布喇嘛的讲经外，基本全靠自学。在学习程序上，所有格鲁派寺院都要遵循宗喀巴大师先显后密的方法，按部就班地进行学习。

显宗学院是研习因明学、般若学、中观学、俱舍学和戒律学的，课程以五部大论为主。即：（1）《释量论》，法称著，该书共分四品，是评述和疏释印度陈那大师所著的《集量论》要义的因明著作，属于形式逻辑的范畴。此部大论各寺院所设的班级和学习时间不同，有分为三年三级的，也有分为五年五级的。（2）《现观庄严论》，慈氏著，此书主要讲解佛教教义中的“定学”，共分为八品，前三品释境，即学佛的人应明之境；后四品释行，即学佛的人应修之行；最后一品释果，即学佛的人最后证得之果。此部大论各寺院分为四年四级和四年六级二种。（3）《入中论》，月称著，此书主要讲解和阐明龙树大师的中观学说，全书共分为十品。此部大论分为四年二级。（4）《戒律本论》，功德光著，专讲僧人的行为规范和佛教戒律，共分为十七事三科。此部大论一般定为四年二级。（5）《俱舍论》，世亲著，全书共分为八品，主要讲佛教的世界观和人生观。此部大论一般定为四年二级或无固定的年限。除五部大论外，还要学习高僧大德的有关著述和注疏。一位僧人从预备班开始学起到修完上述的全部课程，一般需要 20 年的时间。

显宗学院的学僧一般经过十多年的学习，学完因明学和般若学的课程，能够熟读《现观庄严论》和《释量论》，并且通晓其大意者则授予“然坚巴”（相当于中学毕业）的名号。升到最高一级“增扎堂波”，并学完五部大论，达到既能背诵经文，又能淹通经义，经考试及格者，可获得“噶仁巴”（相当于大学毕业）的名号。此后，若想继续高升，仍要学习一段时间，根据自己的学习成绩，由自己的经师提名，陆续办妥有如散放布施之类的种种手续之后，方可取得参加“格西”考试的资格。

“格西”是藏族僧侣学位的总名称，即“格威西年”的简称，意为善知识，相当于现在的博士和硕士。“格西”学位共分为四个等级，一等称为“拉然巴格西”，意思是拉萨的博学高明之士；二等称为“措然巴格西”，意思是全寺性的卓越高明的人；三等称为“林赛格西”，意思是从寺院里选拔出来有真才实学的人；四等称为“朵然巴格西”，意思是在佛殿门前石阶上经过辩论问难考取的格西。考取一、二等格西不分寺院的界限，而且规模也很大。西藏和平解放之前，直接由西藏地方政府主考。参与考试的僧人每年藏历正月齐聚拉萨，参加一年一度的祈愿大法会（即传大召）。法会上令应试人主坛，由三大寺的大喇嘛及其高僧自由问难，应试人对僧人们提出的问题必须对答如流，准确无误。如应试人对经典不熟悉，便很容易被人难倒。故考取了这两个等级的格西一般都具有真才实学，其水平相当于现在的博士。考取三、四等格西皆由寺院内部掌握产生，不必经西藏地方政府批准，三、四等格西相当于现在的硕士。获得格西学位的人，尤其是“拉然巴格西”，在藏族社会中享有很高的地位，受到极大的尊敬。他们不仅可以普遍得到人们的布施和供养，而且可以胜任本地寺院的堪布或寺院的高级僧职和其他重要职位。因此，藏族僧侣把考中“拉然巴格西”看作无上的光荣，就像汉族人考上状元一样，是一个普通僧人通向僧侣贵族的唯一途径。但这是极不容易的事情，据统计在拉萨三大寺学习的僧人有一万五千多人，而能够进入正式班次的不到一半，能够考取格西学位的还不足百分之零点五。

密宗学院是专门修习密宗的最高学府。修习密宗的僧人分为二种，一种是获得显宗格西学位者，还可以进入密宗学院深造，毕业后有高升至甘丹赤巴地位的希望。这种僧人一进入密宗学院就属于领导阶层，他们有资格出席领导会议。另一种是无学位者，他们一般由各寺院直接来密宗学院修习，毕业后返乡充当巫师或咒师，也有留在密宗学院谋职者。拉萨上下密宗学院各设有初、中、高三个学级，三个学级均无固定的修习年限。教学内容主要有四门，即《事续》《行续》《无上瑜珈续》《瑜珈续》。修习密宗的僧人生活艰苦，修行制度严格，注重修习仪轨，较少研习教理。

二、私塾教育

西藏的私塾教育分为家庭私塾和私塾学校二种。

家庭私塾设在官员、贵族、大商人以及领主的庄园里。旧时，拉萨的私塾有“甲尔巴康萨”和“那绒厦”等，日喀则的私塾有“朗林多觉”和“杰仓喀且”等。这些私塾一般由学生家长自聘教师或几家联合聘请教师到家中教授自己的子女。教学内容以藏文识字为主课，兼学算术、简单的公文写作以及佛教典籍的念诵。一般学生七八岁入学，十五六岁就可以毕业。一般学

旧西藏日喀则南部一私塾

生开始学习的内容主要是练习写字。其方法是每个学生手中各拿一块木板，用竹笔在木板上练习写字，边写边擦，等练到有一定的基础后，才在纸上写。在纸上写时一般是从小字练习到大字，从行书练习到草书。练字的过程一般是先练习写字母和拼音，以后再练习抄写有公文档案内容的字帖，要求边抄边念边背。私塾教学设备简陋，没有桌凳，学生席地而坐，有些贵族子弟自带小桌凳或小块地毯。私塾的学习时间没有严格的规定，主要

在拉萨的一所私塾里，学生向老师呈交藏文书法作业

看学生学习的程度，如果学生学习努力，三四年即可毕业。家庭私塾的教学条件是很差的，教学内容也不系统、不太科学，教学水平和教育质量都比较低。

私塾学校主要集中于城镇，有一部分附设在寺院中，规模为几人至数十人不等，这些学校大部分是由私人出资办的。这些学校的学制一般为 7 年。学习的内容主要有《三十颂》《音势论》《正字语灯论》等文法方面的知识以及算学方面的知识。此外，学生还要学习写书信、公文、诉讼书、调解书等应用文。教学方法是老师教生字、解词语、讲大意；学生念书、背诵课文、练习写字。此后，老师依次让学生背诵课文，等学生背诵完毕后，老师根据学生书写和背诵成绩的优劣，排定名次。而后让全班学生按照名次排列，老师交给第一名学生一细竹片，让用手指拨竹片，弹第二名学生的面额一响，接着又将竹片传递给第二名学生，第二名学生如法炮制，再弹第三名学生面额二响，如此依次传递，名次愈往后，则被弹的次数也愈多。这种体罚，真是别出心裁。但它伤害了学生的自尊心，却未必能激发他们学习的积极性。学生在 7 年多的学习过程中，还要为老师家中服务，以酬谢老师对自己的教育。除学生为其家中劳动外，老师还要收受学生家中送来的各种礼品，如茶叶、布匹等。贵族子弟从私塾学校毕业后，还可进入俗官学校学习。①

三、官办教育

（一）僧俗官员学校

西藏地方的官办学校有僧官学校和俗官学校之分。原西藏地方政府和班禅堪布会议厅分别办有僧官学校。拉萨僧官学校（藏语称为“孜拉布扎”）成立于乾隆十九年（1754），由西藏地方政府“译仓”主管。原校址在罗布林卡，后迁至布达拉宫。此校的学生主要来源于拉萨的三大寺和世俗贵族子弟中，一般常年在校学生 40 到 50 人左右，学校招生年限不定，不是每年都招收学生。学习的内容有佛典、文牍写作、礼仪、声明、文法、天文历算、书法等。学

①朱解琳编著《藏族近现代教育史略》，西宁：青海人民出版社，1990 年，第 20 页。

习的主要方法为课堂教学、考试答辩、实习等。此校的“格根钦莫”（主任老师）向来由敏竹林寺委派，因为该寺以精通天文历算、书法优美而著称。其他一般老师是从卸职僧官或有学问的僧人中选任。学生毕业后，一部分出任僧官；一部分转入囊吉扎仓专门学习宗教经典和仪轨，成为各种宗教的专职人员。

日喀则僧官学校成立于七世班禅丹贝尼玛（1782—1853）时期，校址设在扎什伦布寺内，直属班禅堪布会议厅领导。学生主要来源于班禅的年青随从以及扎什伦布寺的青年僧人。学习的内容与拉萨僧官学校基本相同。学生毕业后，一般担任扎什伦布寺及其所辖寺院和三个宗的僧官，也有专门从事宗教礼仪等事务的。

拉萨俗官学校（藏语称为“孜康拉布扎”），成立于七世达赖喇嘛格桑嘉措（1708—1757）时期。该校不仅是一所俗官学校，而且也是西藏地方政府的审计财政收支和俗官人事管理的机构。它由原西藏地方政府“孜康”直接领导，设有教务官员一人，助教和职员若干人，学生 20 人左右。学生来源于世袭贵族家庭的子弟，他们在考入“孜康拉布扎”之前，大部分人已经在私塾学习了几年，在藏文的阅读写作和文法方面也有一定的基础，并掌握了一些算术方面的知识。他们在入学时，要进行一次藏文和算术方面的考试，其内容是除背诵一些文章外，还要求会石子算码的单一加减法。所录取的学生若是四品官以上的子弟，可享受“孜珠赛那巴”（少爷）的待遇，普通俗官的子弟享受普通的待遇。他们的服装也有区别,“孜珠赛那巴”要穿绛紫红色的锦缎藏装，而普通的则穿黑色氆氇藏装。他们都戴统一的黄碗帽，穿绛紫红色的彩靴，戴长耳坠，发辫上戴有金制的“嘎吾”，腰间还佩带有笔筒、小刀、碗套等。开设的课程有藏文文法、正字法、辞藻学、书法、应用公文、诗歌、宗教礼仪以及石子算法、微分、升子、比价等。每天的学习安排是，上午先学数学，后练习书法。平时学习成绩好的学生要到西藏地方政府的各部门去协助抄写、核算等工作。此学校的名誉教师是“孜康”的“孜本”（审计长），实际指导学生的是“孜康”内经验较丰富的秘书。他们的学业达到了规定的要求后，即可毕业。该校毕业的学生被称为“仲科”，原西藏地方政府的各级俗官一般都必须从“仲科”中选任。

上述学校的学制不固定，僧官学校的学生在校 10~15 年结业，俗官学校的学生在校五年左右结业。僧官学校和俗官学校的教学方法都注重实践，通过让学生反复训练以掌握知识和技能。

（二）职业学校

“门孜康拉布扎”（医算学院）1695 年成立于拉萨，学生来源包括西藏的贵族、僧人和藏军。内分藏医、天文和历算等三科，以培养各地贵族、寺院、军队的相关人才，但招收的学生以出家僧人为主，主要是讲授医师和行医必备的知识，毕业后成为西藏地方政府的医务人员。1916 年，第十三世达赖喇嘛设立了医算局，是当时西藏唯一的高等专科学校，创校之初，学校聘请了 30 多位老师任教，招收学生百余人。

除“门孜康拉布扎”外,在拉萨还有“索日卓潘林”“布达拉宫哈旺角”“药王山热齐卓潘林”以及日喀则的“吉吉纳嘎”等。这些职业学校既可以称为藏医教育和研究机构,也可以称为藏医院。学校的教师一面从事教学研究工作，一面从事医治疾病和推算藏历等工作。学生来自藏区的各寺院、宗溪和藏军的各代本，学制 5~15 年不等。学习的内容主要是藏医学和藏族天文历算方面的知识，同时还要学习其他方面的文化知识。此外，学校规定学生必须进行医疗实习和采药实习。医疗实习，学生随从教师出诊看病；每年夏季必须外出采药，学会识别药物和采集药材，然后还要学会制造药品。通过实习，要求学生巩固理论知识，增强感性知识以及实际应用能力。

（三）清朝官办学校

西藏近代教育的产生受到清末维新运动的影响。是时，张荫棠和联豫等人在西藏推行新政措施，发展教育，兴办学校。光绪三十二年（1906），清廷委派汉吏张荫棠以副都统衔入藏查办案件。其在藏期间，提出“广设汉文学堂”“创办汉藏文白话报”等。他还督饬西藏地方政府在各寺院设立启蒙学校。“前后藏各寺院三千余，拟令自筹经费，各立汉文蒙养学堂一所，兼习算学，兵式体操,汉文汉语。”若能达此目标,西藏“立可得蒙学堂四五百间”①。同时，他提出在西藏设立武备学堂、医学堂和工艺学堂等专科学校，学生毕业经考

①参见吴丰培编：《清季筹藏奏牍·张荫棠奏牍》第 3 卷，商务印书馆，1938 年，第 28 页。

试合格可分别发给秀才、举人和进士等文凭，突出的还可送国外深造。1907 年，清朝驻藏大臣联豫也在拉萨设立藏文传习所和汉文传习所，分别培养藏、汉文翻译人才。此后，联豫的办学从拉萨逐渐推广到西藏的工布、达木、山南等地，共计设立学堂 16 所。其中蒙养院以启发儿童心智活泼、幼稚天真为宗旨；小学学习以忠君爱国、尊孔、明伦为宗旨；武备学堂以“略明战术”为宗旨。

（四）国民政府办的学校

国民政府曾在西藏的拉萨和昌都等地创办过学校，其中以 1938 年夏末开办的“国立拉萨小学”较为有名。该校隶属于教育部边疆教育司，由国民政府驻西藏办事处直接领导。设有藏文班、阿拉伯文班、汉藏文班、幼儿班和上层人士子女特别班。课程设有藏文、国语、阿文、算术、历史、地理、公民、常识、音体、图画等。该校兴盛时期，学生曾达到 300 余名，教职员 20 余人。

上述西藏的几种教育形式曾对藏族文化教育的提高起过一定的作用，但是由于受当时社会和阶级的限制，不论是官办和私办，还是寺院教育，主要的目的不外乎是维护其统治地位，或是传播宗教，培养宗教接班人。故对整个藏民族教育水平的提高没有起到显著的作用。因此，直到西藏和平解放前夕，文盲还占西藏总人口的 95% 以上。

旧西藏教育具有以下几个特点：

第一，由于落后的封建农奴制度的束缚和统治阶级的压迫，教育大权为贵族、官吏和寺院上层所垄断，广大藏族劳动人民被剥夺了接受教育和享受教育成果的权利，特别是统治阶级明令规定，不准所有的铁匠、背尸者、屠宰户的子女入学受教育，甚至世世代代连入寺的机会都没有。即使进了寺院的广大贫苦喇嘛也只是穿着袈裟的农奴和奴隶，根本没有接受文化教育的权利，这就使藏族社会充塞了大量目不识丁的文盲。

第二，西藏教育与宗教相结合，宗教控制了教育。由于藏传佛教寺院垄断了教育，以佛学为内容的教育在藏族地区占据了主导地位，即使是民间教育，其教育与佛学密不可分，课程设置、教材内容受宗教的约束，教师只能在不违反佛学思想的前提下授课，教育内容与广大劳动人民及社会生产的需要严重脱节。由于学生长期被灌输“人生苦海无边”“来世极乐世界”等说教，使得他们陷入“今世受苦，来世享乐”的虚幻之中，以进入涅槃世界、求得来世之正果为人生最高追求。藏传佛教寺院教育曾在历史上起过积极的推动作用，但它本身的因循旧习、唯心主义却阻碍了新的教育思想、制度和方法等的产生和发展，延缓了藏族教育的发展速度。

第三，旧西藏教育主要传授传统的文化知识（即大五明和小五明），不进行现代科学和现代文化知识的教育。尽管寺院教育中也涉及医学、医药、天文、历算等，但其中的有些所谓科学，还是属于非理性的科学；在学术上守旧，缺乏应有的开拓和创新的精神。如学习天文、历算的学生还要学习各种宗教咒语和教义教规；学习医学、制药的学生还要按教义教规念经祈祷，祝愿佛祖保佑、药品显灵，于是科学教育便在宗教的管束之下，成为服侍宗教的工具，这样就制约了科学技术的普及和提高。

第四，在旧西藏教育制度的束缚下，不仅学校稀少，而且办学设备简陋，一般没有教室或教学设施，教学活动皆是在寺院的经堂或贵族、头人的官邸中进行的，甚至连课桌、黑板、粉笔也很难找到。学校的教学内容和教学手段都是相当落后的，没有统一的学制和教材，教学方法主要以死记硬背为主。学校的级别不明显，校规也很不健全，既没有合格的教师，更谈不上科学实验的教学手段。因而大部分学校的教学质量很低。

第二节　解放后的教育

1949年，中国人民解放战争取得了历史性的伟大胜利。人民解放军解放了除西藏、台湾和沿海一些岛屿以外的绝大部分中国领土。10月1日，在天安门广场上升起了鲜艳的五星红旗，中华人民共和国正式成立了。1950年，中央人民政府为了最后完成解放祖国大陆的伟大事业，根据西藏局势的发展和全国各族人民的要求，发布了解放西藏的命令。对于西藏的解放，中央决定采取和平的方针。为此，中央在下令进军西藏的同时，通知西藏地方政府派遣代表到北京与中央人民政府举行谈判，以期实现和平解放西藏。但是，西藏一小撮反动势力在某些外国势力的支持下，不顾国家和西藏人民的利益，拒不接受中央人民政府发出的和平解放西藏的号召。他们在西藏的东部昌都一线调集藏军主力，布兵设防，妄图用武力阻拦人民解放军进驻西藏。在这种形势下，中央人民政府不得不于1950年10月命令人民解放军分数路渡过金沙江，一举粉碎了藏军的武力阻挠，解放了昌都。

昌都的解放，沉重地打击了帝国主义妄想吞并西藏的野心，粉碎了西藏地方当局依靠武力阻挠解放西藏的美梦，为和平解放西藏扫清了道路。1951年5月23日，中央人民政府和西藏地方政府签订了《关于和平解放西藏办法的协议》。根据协议，人民解放军在西藏广大人民的积极支援下，向西藏进军。10月26日，到达拉萨。接着，先后进驻各边防要点，实现了西藏的和平解放和祖国大陆的完全统一。西藏的和平解放，使西藏人民从黑暗痛苦向着光明幸福的前程迈出了第一步。

自从新中国成立后，西藏人民同祖国各族人民一起进入了社会主义革命和建设的新时期。和平解放后的西藏，在党中央和国家的大力关怀和支援下，采取了一系列措施，帮助西藏进行了政治、经济、文化建设。1956 年，西藏成立了自治区筹备委员会，为西藏人民实行区域自治进行了各方面的准备。1959 年，经过平叛和民主改革以后，西藏的社会政治制度发生了根本性的变化，推动西藏的经济、文化、教育、卫生等事业的向前发展。1965 年 9 月，西藏自治区宣告成立，西藏各民族同国内其他民族一起，实现了民族平等和区域自治的权利。紧接着，西藏人民在中国共产党的领导下，又胜利地进行了社会主义革命，完成了从封建农奴制到社会主义的伟大变革。到 1975 年 9 月，西藏全区实现了人民公社化，完成了农牧业、手工业、私营商业的社会主义改造。1978 年 12 月中共十一届三中全会以后，西藏和全国其他地区一样实行了拨乱反正、改革开放的方针。国家在西藏制定和实行了一系列特殊政策和灵活措施，各项事业得到了蓬勃发展。

一、新中国西藏教育的性质、任务、体制和管理机构

（一）西藏教育的性质

西藏教育自它产生于青藏高原古人类的劳动后，就随着藏族社会的发展、变化而不断地向前迈进。在不同的社会发展历史阶段，由于西藏生产力发展的水平不同，生产关系和政治制度的不同，西藏教育也具有不同的性质。新中国的西藏教育同过去封建农奴制社会的西藏教育的性质有着根本的区别。新中国的西藏教育的性质，是由以下几个方面的主要因素而决定的。

第一，它是由中国共产党领导的，是以马克思列宁主义和毛泽东思想为指导的。

《中国共产党章程》指出，中国共产党是中国最广大人民利益的忠实代表，是中国特色社会主义事业的领导核心，它的最终目标，是实现共产主义。以毛泽东为主要代表的中国共产党人，把马列主义的普遍原理同中国革命的具体实践相结合，创立了毛泽东思想。毛泽东思想是马列主义在中国的运用和发展，是被实践证明了的关于中国革命和建设的正确的理论原则和经验总结，是中国共产党集体智慧的结晶。马克思列宁主义和毛泽东思想的基本原则，

向国旗敬礼

过去是，现在是，今后仍然是中国共产党的行动指南，是中国社会主义制度建立和发展的理论基础，是我国社会主义现代化事业胜利的根本保证。我国半个多世纪以来的历史，乃是中国共产党领导全国各民族人民在马克思列宁主义、毛泽东思想指导下，取得新民主主义革命的彻底胜利和社会主义革命和社会主义建设的伟大胜利的历史，是各民族获得解放和共同发展繁荣的历史。共产主义理想是无产阶级的社会理想，它是建立在马克思主义科学理论基础上的，符合人类社会历史发展客观规律的。关于美好的共产主义社会制度的想象，它是无产阶级及其政党的社会政治立场和世界观在奋斗目标上的集中反映。以共产主义的思想来教育受教育者，并不断以人类社会先进的知识和技术武装他们，坚持理论联系实际，教育与生产劳动相结合，培养他们成为德、智、体、美全面发展，成为有理想、有道德、有知识、有纪律的社会主义新人。

第二，它是与社会主义经济发展相适应的。

教育同社会的发展有着本质的联系。教育随着社会生产的发展而发展。一定的教育是一定社会政治和经济的反映，又给予一定社会的政治和经济以影响和作用，社会生产力的发展与生产关系的变革制约着教育的发展与性质。西藏的经济是西藏教育的基础，经济发展状况直接决定了西藏经济投资的量，有雄厚的经济基础之后，才会有足量的教育投资。西藏教育同样制约着经济的发展，通过西藏教育培养出整个藏族地区经济发展的实用人才，经济建设才能展开，只有高素质的人，才能创造出高的劳动生产率，加速促进经济的发展。这种关联在西藏教育与西藏经济发展的衔接关系上形成了两种循环状态，即：

西藏教育与经济发展的良性循环：经济发达——高教育的投资——高素质的人——高劳动生产率——经济发达；

西藏教育与经济发展的恶性循环：经济不发达——低教育的投资——低素质的人——低劳动生产率——经济不发达。

由此可见，教育本身就是在同生产力与生产关系、经济基础与上层建筑等错综复杂的联系中，对社会的发展起着相当重要的作用。这就要求，作为社会主义的西藏教育必须与社会主义的西藏经济发展相适应，这二者之间有着辩证的关系。发展社会主义的西藏教育是发展社会主义的西藏经济的必要前提，而社会主义的西藏教育的发展又是以社会主义的西藏经济为基础，并同西藏各个地区的社会主义经济基础相适应，这也是新中国西藏教育的性质所决定的。

第三，它是爱国主义教育与国际主义教育相结合的。

爱国主义教育与国际主义教育是我国各族人民的优良传统和崇高品德，是民族的凝聚力和向心力之所在，也是我国人民进行社会主义现代化建设的强大精神动力。江泽民同志说："爱国主义是动员和鼓舞人民团结奋斗的一面旗帜，是各族人民共同的精神支柱。"因此，加强爱国主义教育与国际主义教育不仅是培养社会主义"四化"建设新型人才的需要，而且也是建设现代化的富强、民主、文明的社会主义国家的一项极其艰巨而伟大的事业。

作为新中国的西藏教育，它必须坚持爱国主义和国际主义相结合。在我们多民族的国家里，爱国主义和国际主义、社会主义、共产主义的原则是一致的。既反对任何其他民族压迫歧视自己的民族；也反对自己的民族对任何民族进行压迫和歧视。在处理国内民族问题时，应该坚持从爱国主义、社会主义和共产主义的原则出发，维护祖国的统一，加强民族团结，反对分裂，

入队宣誓

反对外来侵略，捍卫国家主权，维护民族尊严；在对待国际上的民族问题时，必须坚持无产阶级的国际主义，民族利益服从无产阶级的总利益。

第四，它是主张民族平等和民族团结，反对民族歧视和民族压迫的。

解放以前，西藏处于封建农奴制社会。此时，广大藏族人民大都附属于封建领主、大贵族、寺庙或奴隶主，可以任意买卖或当作礼物赠送，没有人身自由。西藏和平解放后，根据藏族人民的意愿，于 1959 年实行了民主改革，废除了领主、贵族、头人等特权者的一切特权，消灭了人剥削人、人压迫人的旧制度，使百万农奴得到了解放，获得了人身自由，成为国家和自己命运的主人。《中华人民共和国宪法》规定："中华人民共和国各民族一律平等。国家保障各少数民族的合法权利和利益，维护和发展各民族的平等、团结、互助关系。禁止对任何民族的歧视和压迫。"为保障民族平等，加强民族团结，中国宪法还规定，要反对大民族主义，主要是大汉族主义。同时，国家还在全体公民中广泛开展各民族大团结的宣传和教育。在文艺作品、影视作品、

翻身农奴学文化

新闻报道、学术研究中都大力倡导民族平等和民族团结，反对民族压迫和民族歧视，特别是反对大民族主义。

在中国，任何煽动民族仇视和歧视以及破坏民族团结的言行都是违法的。藏族如遭受歧视、压迫或侮辱，有向司法机关控告的权利，司法机关对此种控告必须负责予以处理。中国采取了特殊的政策和措施，努力使宪法和法律规定的各民族一律平等的权利在社会生活和政府行为中得到有效落实和保障，形成了各民族平等相待、团结和睦、友好互助的良好社会环境。只有社会主义国家才真正为实现受教育权的完全平等开辟了广阔的道路。我国《宪法》明文规定，公民有受教育的权利和义务。当然，社会主义社会由于生产力水平不够高，"三大差别" 还存在，因此受教育的权利尚不能实现完全平等。但是，社会主义教育不容许这种不平等凝固化、扩大化，总是想方设法通过各种途径和措施加以限制，为实现教育上的完全平等创造条件。

第五，它是主张教育同宗教分离，反对宗教干预教育的。

中国政府根据《中华人民共和国宪法》关于公民有宗教信仰自由的规定，制订了具体政策，尊重和保护藏族的宗教信仰自由，保障藏族公民一切正常的宗教活动。宗教是一种社会意识，是一种特定形态的思想信仰，是人类社会发展到一定阶段的产物，它随着历史的发展而发展，随着历史的进步而进步。宗教对于国家来说，是私人的事情，这是马克思主义对待宗教的基本原则。个人正常的宗教信仰和宗教活动，属于个人的私事，受到法律的保护，但决不允许宗教干预国家行政、教育和司法工作。坚持政教分离的原则，无论哪一种宗教都没有超越国家宪法和法律的特权。要妥善处理好教育与宗教的关系，首先必须坚持宗教与教育相分离的原则。任何组织任何个人不得以任何形式在学校向学生宣传宗教，灌输宗教思想，不得利用宗教干扰破坏正常的教学秩序，更不得强迫学生信仰宗教。这既是法律的规定，也是党的一贯做法。

（二）西藏教育的任务

《中国人民政治协商会议共同纲领》指出，中华人民共和国的文化教育是新民主主义的教育。它的主要任务是提高人民文化水平，培养国家建设人才，

藏族儿童学习藏文拼音

肃清封建的、买办的、法西斯主义思想，发展为人民服务的思想，这种教育是民族的、科学的、大众的教育。

1951 年，教育部在北京召开了第一次全国民族教育会议。此后，教育部长马叙伦向政务院第 112 次政务会议做了会议报告，他阐述了整个民族教育的方针任务，主要内容是：

1. 少数民族教育的总方针、少数民族教育必须是新民主主义的内容，即民族的、科学的、大众的教育。这种教育应采取适合于各族人民发展和进步的民族形式，照顾民族特点，很好地和各民族实际情况结合起来。

2. 各级人民政府行政部门应充分重视少数民族教育工作，加强对少数民族教育工作的领导。规定了当时的民族教育工作的方针，应根据各民族教育的实际情况分别采取巩固、发展、整顿、改进的方针。并对不同民族地区的教育发展提出了不同的要求，在西南、西北及其他各省的山区、游牧区和偏僻的边境等少数民族工作尚无基础的地区，要求重点地创办学校和各种文化教育事业。

3. 少数民族教育目前应以培育少数民族干部为首要任务，同时加强小学教育与成人业余教育。

4. 应有步骤、有系统地实施爱国主义为中心的政治思想教育，发扬民族间的平等、团结、友爱、合作的精神，加强各民族人民的祖国观念，共同为保卫祖国、建设祖国而奋斗。

5. 各少数民族学校的教学计划、教学大纲应以中央教育部的规定为基础，并且结合各民族的具体情况，酌量加以变通或补充。少数民族各级学校的学制，应遵照《关于改革学制的决定》，结合实际，有步骤地实行改革和建立。

6. 凡有现行通用文字的民族如蒙古、朝鲜、藏族、维吾尔、哈萨克族，小学和中学的各种课程必须用本民族语言教学。各少数民族的各级学校得按当地少数民族的需要和自愿设汉文课。

7. 少数民族地区的教育经费，各地人民政府除按一般开支标准，拨给教育经费外，应按各民族地区的经济情况及教育工作，另拨专款，帮助解决学校设备、教师待遇、学生生活等方面的特殊困难。①

社会主义民族教育的方针任务在党的有关教育路线中，得到充分的体现。其宗旨在于加强和巩固各族人民的团结，提高全民族的科学文化水平，逐步消除历史造成的各民族在经济、文化发展程度上事实上的差距，使各民族得以平等地全面发展，以求共同繁荣昌盛，为建设伟大祖国而团结奋斗。教育必须为社会主义建设服务，社会主义建设要依靠教育。它具有社会主义全民教育的性质，即不分阶级、阶层、民族、性别等，人人都享有受教育的权利。人民教育为人民，人民教育人民办。

西藏和平解放后，依据中央的政策和党的民族教育方针任务，并根据西藏不同的发展时期以及西藏的实际情况，制定了一系列西藏教育的方针任务。解放初期的主要任务是根据《十七条协议》的精神，逐步打破寺院、贵族对文化教育的垄断，加强培养藏族等民族的干部，不断发展西藏民族的语言、文字和学校教育。在学校发展过程中，西藏工委认真执行了党的民族政策和宗教政策，“团结上层，影响群众”，并根据西藏的实际，在学校教育上采取了一系列特殊政策。如学校建立董事会，由党的干部、地方政府官员、上层爱国人士组成，学校一切重大事情均由董事会决定；对全体学生发放助学金和学习用品，流落街头的孤儿收留住校，一切均由国家供给；课程以藏语文为主，并注意了唱歌、跳舞等民族形式；根据西藏几乎全民信仰宗教的实际情况，容许学生每天早晨念经20分钟。由于采取了特殊的办学方针，赢得了广大僧俗人民的赞誉，学校教育蓬勃发展。

西藏民主改革以来，根据“如何在辽阔分散的农村、牧区兴办学校，这不仅是满足群众学文化的问题，更重要的是提高整个藏民族文化素质的问题”的认识，提出了“民办为主、公办为辅、民办公助”的办学方针，即在国家办学的同时，大力提倡群众办学，提倡勤工俭学，走自力更生的道路。在学校教育方面贯彻以藏族为主，以中小学为主的精神，从西藏实际出发，按教育规律办事，加强藏语文的学习，重视民族语言授课，加强教育管理，提高教育质量。“两条腿走路”的办学方针得到了群众的热情拥护，并显示了它强

①杨明、王岚著：《中国藏族教育史略》，成都科技大学出版社，1993年，第385—386页。

大的生命力，在一穷二白的西藏农牧区，迅速掀起了一个办学高潮。

十一届三中全会以来，中共中央根据西藏政治、经济发展的实际，再一次制定了纲领性的文件《西藏工作座谈会纪要》，对西藏教育一系列问题做了明文规定，指出了西藏教育今后的方向。此后，国务院又召开了第二次援藏工作会议。会议总结了1980年中央召开第一次西藏工作座谈会以来西藏发展民族教育事业的工作，回顾和肯定了1985年开始在内地举办西藏班所取得的成绩和对西藏民族教育发展所做的贡献，专题研究了发展西藏教育和智力援藏的问题，确定了今后西藏教育发展的方针。新时期西藏教育发展的方针任务是:重点加强基础教育，优先发展师范教育，积极发展职业教育和成人教育，巩固提高高等教育。这是符合实际、适应需要、发展西藏教育的战略性决策。

（三）西藏教育的体制

对于少数民族教育的体制，党和国家都没有做出统一的规定和提出统一的要求，而且充分考虑和照顾少数民族地区的特点和少数民族的生活习惯，在国家教育委员会包括原教育部规定的基础上，允许各少数民族地区结合本地区的实际和各少数民族的具体情况，酌量加以变通或补充，采取适合各少数民族发展和进步的形式，规定本地区少数民族的小学、中学等学校的教育体制。西藏根据这一指示精神，借鉴其他少数民族的经验，制定了一套较为完备的教育体制。

教育管理体制：实行自治区、地（市）、县、乡分段办学、分级管理制度。自治区教育委员会在自治区人民政府领导下，统管全区各级各类教育，主要负责宏观管理和指导，以及教育经费和教师队伍，并直接管理四所高等学校和所有的完全中学；地（市）教委在行署（市府）的领导下，对本地（市）的教育全面负责，直接管理地（市）直属中小学和师范学校；各县教育行政部门在县人民政府的领导下，对本县教育工作全面负责，并直接管理县中学和县小学；乡政府管理本乡的公办和民办小学；企事业单位管理所办专业学校或小学、幼儿园；中等专业学校由所办部门管理。学校管理党政分开，实行校长负责制，党委（总支、支部）保证监督教育方针政策在学校的落实。

学制:公办小学采用“四、二”六年制全日制;民办小学一般为四年制初小，全日制、半日制兼备；中学藏文班采用初中四年高中三年的七年制双语教学制度；小学基本上以藏语教学为主，有条件者兼学汉语；中学进行藏、汉双语教学，以藏语为主课，并进行初中藏语授课试点，兼学汉语和外语。

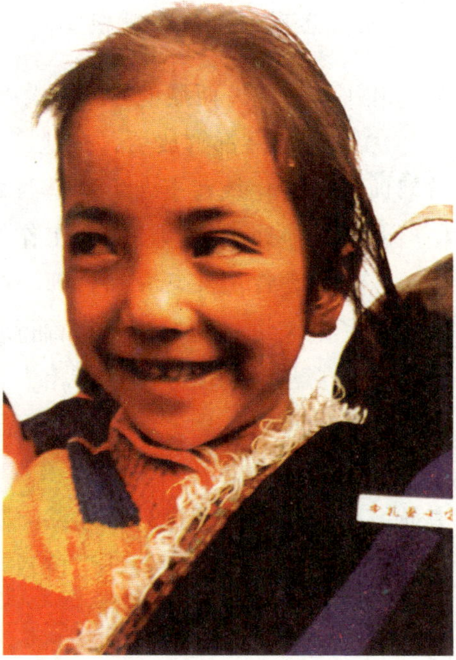

新一代牧民小学生

办学形式：西藏中小学的办学形式，有全日制、半日制和隔日制等，这些学校对学生均实行免费教育，不收学杂费。此外，还采取了寄宿制学校和民族班两种办学形式。寄宿制学校由国家（或地方政府）包学生的吃、住、学习，并对特别困难的学生给予衣服和棉被等补助。同时，在师资配备和办学条件等方面，国家给予特殊照顾。民族班是在那些尚不具备设立中小学的地方和城镇，或者对于那些经济、文化、教育十分困难和落后的边境地区的少数民族，如珞巴族、门巴族、登人、夏尔巴人等，采取在重点中小学设立民族班的办法，专门招收这些民族的学生，以解决他们的学习问题。学校对民族班的学生除免收学杂费外，还实行包吃、包住、包穿的“三包”制；对内地西藏班的学生，实行吃、住、穿、学习费用的“四包”制。

助学金和奖学金制度：区以上公办小学的农牧民子女住校生，享受助学金，其中走读生按 60% 的比例发放助学金；初中少数民族及农牧民子女全部享受助学金，走读生按 80% 的比例发放助学金；干部职工和城镇居民子女实行奖学金制度。

升学考试制度：小学升中学，初中升高中，部分地区实行地区统一考试录取；中专实行分区统考；高中升大学，则参加全国统考录取，开设藏语文课程的藏族考生加试藏文（考分计入总分），并在录取分数线下降低若干分录取。

（四）西藏教育的管理机构

和平解放前，西藏地方政府没有管理教育的行政机构。

1950 年，昌都解放后，在地区人民解放委员会内下设文教处，统一管理昌都地区的文化教育事业。这是西藏第一个专门管理人民教育事业的行政机构。西藏其他地区的学校教育工作在西藏自治区筹委会未成立之前，主要由中共西藏工委宣传部领导和管理。1956 年，西藏自治区筹备委员会成立，正式建立了全区统一的专门的教育行政管理机构西藏自治区筹委文教处，编制十几个人。各个基巧办事处（相当于专区）设立了文教科或民教科，大部分宗（相当于县）也设立了专职教育干部或机构。

1957 年，根据中央关于西藏六年内不进行民主改革的精神，西藏的各项事业及各级行政机构进行了收缩。除昌都地区外的各个基巧办事处和宗的教育行政管理机构先后撤销，学校教育工作仍由各分工委宣传部代管。自治区筹委文教处与卫生处合并为文教卫生处，主要任务是管理拉萨市的几所中小学。

1959 年民主改革后，恢复了原筹委文教处，并扩大了编制，增设了民族教材编译组等机构。1964 年 5 月，在精简机构中，筹委文教处再一次与卫生处合并为文教卫生处。1965 年，西藏自治区正式成立之后，设立了文教厅。各地、市设立文教局，各县设立文教科或文教卫生科。此后，民族教材编译室扩大，有编译人员 22 人，下设小学藏语文翻译组、汉语文编写组、数学编写组、中学物理与化学编译组和数学编译组。

1966 年“文化大革命”开始后，全区各级教育行政管理机构先后瘫痪或撤销，致使西藏教育陷入无人管理的混乱局面。1968 年，西藏自治区革命委员会成立后，全区教育工作由革命委员会政工组内的宣教组管理。1971 年，西藏自治区革命委员会设立了文教局，各地、市和大部分县的教育行政管理机构也先后恢复，但很不健全，多数教育行政干部长年被借调下乡蹲点，搞所谓的政治运动，教育行政机构名存实亡，从而使教育管理工作混乱、教育机构处于瘫痪或半瘫痪状态。

1976 年，“文化大革命”结束后，成立了自治区教育局，下设办公室、政治部、教育处、教材编译室等。后增设大、中专教育处（组），原教育处改为普教处。

1979年，自治区教育局改名为自治区教育厅，扩大编制并增设机构。除原有机构外，还增设了工农业余教育处、教学仪器供应处等。

1980年，全区开始精简机构，汉族干部职工大批内调自治区教育厅，只保留办公室、政治部、教育处（由普教处、大中专教育处和工农业余教育处合并而成）、教材编译室等四个县级单位，干部职工由130人减为100人。

1983年，根据西藏教育事业发展的需要，自治区教育厅又开始扩大编制为205人，恢复了大中专教育处和普教处，增设了人事处、计财处、民族教育研究室和招生办公室、电化教育馆等机构，并扩大了民族教材编译室的人员编制，全室设有文科、理科、编务、行政四个科室，职工41人，其中各科编译人员34人，藏族占82%。①

1988年，为了加强对教育工作的行政领导和管理工作，成立了自治区教育科学委员会。从此加强了管理工作，积累了管理经验，为西藏教育事业稳步健康发展做出了重大贡献。

二、新中国西藏教育的发展阶段

新中国西藏教育的发展，大致可分为六个阶段。

第一个阶段（1951—1958）

党中央和毛主席十分关心西藏教育事业的发展，早在西藏和平解放前，就制定了边进军边帮助西藏发展经济、文化等特殊方针政策。随着中国人民解放军进军西藏，沿途先后在西藏各地兴办了一批学校。

昌都解放不久，于1951年1月中旬在昌都办起了冬学，是年3月正式成立了昌都小学。人民解放军于1951年11月中旬进入拉萨，很快就开办了藏语训练班，不久又开设了汉语班，1952年又改称藏干校。1952年8月成立了拉萨小学，招收了400余名藏族和回族学生。根据昌都小学和拉萨小学的办学经验，先后在日喀则、江孜、盐井、察雅、丁青、波密、林芝、那曲、泽

①《中国教育年鉴》（1949—1984），湖南教育出版社，1986年，第1138—1141页。

当、亚东、谢通门、拉孜、昂仁、大竹卡、南木林等地，陆续办起了一批小学。1956年9月创办了西藏第一所初级中学——拉萨中学，并在日喀则小学和昌都小学内各附设了一个初中班。1957年，在陕西的咸阳创办了西藏公学。在此前后，中央人民政府还创办了中央民族学院、西北民族学院、西南民族学院、云南民族学院和青海民族学院等一批少数民族高等院校。在这些院校中，不仅设立了藏文系或藏学专业，大量招收藏族研究生、本科生和大专生，培养藏族高级知识分子，而且设立了预科部和干训部等，培养了大批藏族干部和知识分子，有力地促进了西藏各项工作的开展。到1958年底，西藏全区已有公办小学13所，在校学生2600余人；初级中学1所，小学附设中学班2个，在校学生342人；公学1所，干校1所，在校学员3000余人。

这一时期，西藏教育是在非常艰难的条件下和特殊的环境中起步的。特别是封建农奴制度原封未动，噶厦（原西藏地方政府）和自治区筹委会并存，封建农奴制度还没有完全打碎，政治局势复杂，给新型现代教育的发展带来了一定的难度。由于上层反动势力的干扰和破坏，每开办一所中小学都十分艰难。为此中共西藏工委和自治区筹委会在领导创办新型学校教育过程中，曾制定了一些特殊政策和采取了一些灵活措施。

1. 坚持充分协商和群众自愿的办学原则。围绕“团结上层，影响群众，建立广泛的反帝爱国统一战线”的党的中心工作，将学校教育作为统战工作的重要阵地。每建立一所学校，事先与上层人士反复协商，争取大多数上层人士的支持和赞同。学校的董事会、校长、师资等，均由党的干部、地方政府代表和有影响的上层知名人士共同参加。董事会研究决定办学中的重大问题；校长和副校长主持学校工作，实行民主议事；教师由双方协商后选定，负责日常教学工作。

2. 教学内容由学校组织教师，参照全国通用教材，采取自编、自译、自刻、自印的办法来解决。各类学校均设藏文课，强调藏文教学；也设有晨读念经课。不进行阶级和社会主义教育，而进行爱国主义、劳动观念、校纪校风教育。

3. 教学形式，小学实现“四、二”学制（初小四年，高小二年），初中四年制。允许中小学学生按传统习俗朝拜达赖喇嘛；贵族官员子女上学时准许带用人陪读伺候，同学间在礼仪、座位上都有一定讲究。

4. 办学经费全部由国家负担。学校用房用地由国家出钱高价购买；高薪聘任民族教师。学生不分贫富一律实行供给制助学金；对流浪街头无家可归的适龄儿童，由指定的学校收留住校，一切费用均由国家供给。

第二阶段（1959—1965）

1959年，中国共产党和中央人民政府在发生叛乱的西藏实行了民主改革，彻底废除了封建农奴制度。依附在旧制度上的官办学校、寺院教育、私塾学校相继瓦解和削弱。随着轰轰烈烈的民主改革的开展，社会主义制度全面建立，百万农奴翻身做了主人，爆发出极大的社会主义建设热情。这一时期，党在教育工作方面的任务，主要是大力开办学校，尽快扫除文盲，以满足广大翻身农奴学习文化的愿望和要求。为此不仅恢复了一批在1957年停办的公办小学，而且还在1960年于拉萨初级中学基础上创办了西藏第一所完全中学——拉萨中学，并在1961年创办了西藏第一所中等师范学校——拉萨师范学校。1965年，西藏交通厅驻格尔木办事处还创办了全区第一所半工半读职业学校。1965年9月又正式将西藏公学改建成西藏民族学院。是年，第一次全区教育工作会议召开。会议讨论并提出了几项工作任务：集中力量把西藏办起来的民小进行整顿、巩固、提高，内容包括整顿教师队伍、全面贯彻党的路线、建立正常的教学秩序等三个方面。根据会议的精神，西藏工委直属机关、部分厂矿企事业和部分地市开办了半工半读学校；自治区设置了文教厅，各地（市）设立文教局，各县设立文教科，建立健全了相对稳定的教育行政管理机构，西藏教育的统一规划和领导得到了加强。

1959年到1965年的7年中，西藏教育事业的发展是比较稳妥的，并取得了很大成就。据1965年统计，全自治区小学达1822所（其中公办小学91所，民办小学1731所），在校生67781人，全区适龄儿童入学率达到37%；普通中学7所，在校生1330人；中等师范学校和西藏民族学院各一所，共有学生3000余人。大、中、小学在校生中90%以上为少数民族。在此期间，还创办了学前教育，全区有保育院9所，在院儿童700余人。一个从学前教育、中小学教育到中等专业教育、高等教育以及成人教育的民族教育体系的雏形已初步形成。七年中西藏全区共培养出中小学毕业生35000余人，培养和培训教师和各级干部7000余人。

这一时期西藏教育的特点主要是：

1. 学校以小型分散为主，因陋就简，自力更生，多属于简易小学的性质。各个学校本着自力更生、勤俭办校的精神，从当地条件出发，普遍开展了勤工俭学的活动。如开荒、种地、养猪、挖药材、扎扫帚以及自制粉笔、算盘、纸张等。这样既解决了学校的一些费用，又培养了学生的劳动习惯。

2. 办学形式因地制宜，灵活多样，依据农牧区生产和生活实际情况来确定办学形式。办学以小型分散为主，形式多样。有全日制、半日制、隔日制、农闲学校、帐篷小学、冬学、夜校和巡回教学，以及早、午、晚班等。

3. 教学时间和课程设置等由各地根据当地生产发展和群众生活的具体情况，采取"农忙少学，农闲多学"的原则，灵活安排教学。在课程设置上，面向农牧区实际，根据群众需要开设课程，主要有政治、藏文、算术三科，有条件的增设珠算课，并注意了学用结合的办学方式。

4. 学生入学年龄比较宽松，一般年龄在 6—20 岁之间都可以入学。学习时间一般为 5 年左右，要求达到初小文化水平。边远农牧区的学生学习时间没有具体规定，一般是什么时候学完小学课本，什么时候就算毕业。

5. 教师则采取就地取材、能者为师的办法予以解决。当时聘请了大批还俗的贫苦喇嘛担任教师。为了使他们能适应教育事业的发展和革命形势的需要，各级教育行政部门采取了各种办法组织他们学习，以提高他们的思想觉悟和业务能力。此外，还建立了自治区、行署、县一条龙的培训网，长期培养与短期轮训相结合，在职进修与在校提高相结合，同时不断整顿教师队伍，清理了一些不适合做教师工作的人，初步形成了一支相对稳定的教师队伍。

6. 学校的教育经费和教师的工资主要由群众负担或勤工俭学等办法解决，国家给以适当的补助。同时对全体学生发放助学金和学习用品，对流落街头的孤儿收留住校，一切费用均由国家供给。

第三阶段（1966—1976）

"文化大革命"的十年浩劫，使藏族地区和祖国的其他地区一样，教育事业遭到严重摧残和破坏。"文化大革命"的前期，在极"左"思潮影响下，西藏教育被视为民族狭隘性的表现而受到批判。长期行之有效的扶持藏族教育的特殊措施被取消，藏族群众欢迎的办学形式和藏语文教材、教学内容被否定，学校停课，学生到处串联，学校的校舍被长期占用，教学设备、图书资料和生活设施大量流失，教育行政机构被夺权而瘫痪，干部、教师被送往农场和工厂劳动改造，学校正常工作全部停止。

“文化大革命”的后期，西藏各级教育行政机构逐渐恢复，学校也开始复课。但是在教育思想和教育内容上，“左”的思想仍占统治地位，以阶级斗争为主课，以政治运动为课堂的教学指导思想尚未从根本上扭转。特别是在教育事业的规模发展问题上，大搞形式主义，不顾西藏的实际，盲目照搬内地的做法，提出在第四个五年计划期间，西藏基本上普及小学教育，在青壮年中基本上扫除文盲，并实现“县县有中学，区区有完小，普及小学教育”的目标。此外，还提出“把学校办到贫下中农（牧）的大门口”，从而出现了“社社点火，队队冒烟”的办学热潮。在极“左”思想的指导下，从1971年到1976年，西藏自治区公办小学从85所发展到513所，民办小学从1845所发展到6131所，普通中学由6所发展到46所，中专由1所发展到23所，高等学校由1所发展到4所，各类学校在校学生共计24万余人。上述这些学校有相当一部分是“无师资、无校舍、无学生”的三无学校。由于盲目追求学校和学生的数量，严重超出了西藏经济发展的实际需要和支撑能力，因而造成了教育内部比例失调，教育质量严重下降，西藏教育走上了畸形发展的轨道。

盲目发展、虚肿膨胀是这一时期西藏教育的主要特点。

第四阶段（1977—1992）

1976年10月，“四人帮”被粉碎，结束了十年动乱。西藏各级教育部门根据全国教育工作会议精神和邓小平同志的指示，整顿、调整和充实了西藏各类学校的领导班子，迅速扭转了十年动乱的混乱局面，恢复了正常的教学秩序。1977年，西藏第一次实行全国统一的大、中专学校招生考试制度。1978年12月召开的党的十一届三中全会，为西藏教育事业的恢复和调整奠定了基本条件。

1980年，中共中央召开了西藏工作座谈会。会议提出关于发展西藏教育的指导意见：逐步发展小学教育，扫除藏文文盲，藏汉各族学生都要学习藏文；尽快把民办小学改转公办学校。有计划地发展初、高中学校；编印藏文课本，提高教学质量。此后，西藏自治区教育厅多次派人深入基层调查研究，并征求各方面意见，先后几次召开中小学教育工作会议，针对西藏教育的虚肿现象，

幼儿园的室外活动

于 1981 年提出了“调整、改革、整顿、提高”的八字方针和以“公办学校为主、藏族学生为主、基础教育为主、寄宿制学校为主、助学金为主”的“五为主”办学方针。据此，对部分不符合办学条件的民办小学进行合并或撤销；对不具备条件的中学进行合并或改办为小学。经过调整，全区民办学校数量减少，公办学校数量逐渐增加，办学规模不断扩大，适龄儿童入学率逐渐有所增加。到 1983 年底，全区小学已由 1976 年的 6644 所调整为 2542 所，普通中学调整为 55 所，中等专业学校调整为 14 所，高等学校调整为 3 所。教育调整的结果，虽然减少了学校的数量，但教学质量却比过去有很大的提高，教育的虚肿问题得到了解决。

1983 年以后的短短几年里，中共中央先后做出了关于经济体制改革、科技体制改革和政治体制改革等重大改革决定。西藏根据中央关于教育体制改革的指示精神，制定了发展教育的大政方针，并确立了西藏教育改革的指导思想。提出重点加强基础教育，改革基础教育管理体制，实行地（市）、县、区（乡）分级办学分级管理。要把现有的小学办好，充实师资队伍，改善办学条件，提高在校生的巩固率、合格率和办学效益；严格控制普通中学数量增长，适当扩大现有中学的规模；集中财力、物力和师资力量办好一批寄宿制重点学校，努力提高教育质量。到1992年，全区小学达2831所，其中国家办（公办）566所，乡村办（民办）2265所，在校生191768人，入学率占50%；中学62所，在校生23251人；中等专业学校15所，在校生4713人；高等学校4所，在校生2239人。

这一时期西藏教育的特点主要是：

1. 从实际出发，将"民办为主，公办为辅"的办学方针转变为以"公办为主，民办为辅的两条腿走路"的办学方针。提倡在全社会树立尊师重教、尊重知识、尊重人才的风气。同时加强爱国主义教育和反对分裂、维护祖国统一的思想政治教育，坚持社会主义教育方向。

2. 针对部分中小学教学无计划、秩序混乱的现象，各地（市）、县教育部门充实加强了各级学校领导班子和教师队伍。试办重点学校，发挥其示范作用，加强了学校的思想政治教育，使各级学校逐步恢复、建立正常的教学秩序，积极提高文化课教学质量。

3. 对各级学校的教师普遍进行了考核，不能胜任教学工作的离职进修或调换工作。采取各种形式加强教师培训工作，在大中专学校中举办教师专修科和中专班，还举办了教师和教育行政干部培训班，不断提高教师业务水平和教学能力，提高教育行政干部的文化和管理水平。

4. 重视和加强藏语文的教学工作。各类学校招生均实行以"藏族为主"的原则。小学已基本实现以藏语文教学为主，农牧区小学已全部使用藏语文教学，中学普遍恢复或开设藏语文课，建立中学数理化等藏语文授课教师培训中心。大中专学校将藏语文列为主修课，重视双语教学。

第五阶段（1993—2000）

1993年《中国教育改革和发展纲要》颁布，对西藏教育发展起到了重大推动作用。同年初，自治区召开了在西藏教育发展史上具有里程碑意义的第四次教育工作会议。会议做出了在2000年实现"县县有中学，乡乡有小学，适龄儿童入学率达到80%；牧区普及三年义务教育，农区普及六年义务教育，主要城镇普及九年义务教育"的战略决策。要求在全面抓好教育改革和发展各项工作的同时，要重点实施2000年教育发展的“121”工程。即到2000年，中小学在校生增加10万人；新建中小学1000所；建设重点中小学、中专和高校重点学科100所（个）；扫除青壮年文盲10万人；新建职业学校10所；建设“三教”统筹、农科教结合示范县10个；培训中小学校长1000人；培养中青年骨干教师1000人；培养自治区级中青年教学能手100人；新建骨干教师住房1000套；建设学校德育室1000处；建设重点德育教育基地100处。通过实施“121”工程，使西藏教育改革和发展迈上一个新的台阶。

1994年底，围绕贯彻落实《中国教育改革和发展纲要》和全国教育工作会议精神，自治区召开了第五次教育工作会议，将西藏教育发展的目标进一步具体化，确立了教育优先发展的战略地位，将1993年自治区制定的年度教育事业费预算不低于当年自治区财政预算支出总额的15%以及年度教育基建投资不低于当年自治区地方财政预算内基建投资总额的15%分别提高到17%，并每年增加一个百分点，到20世纪末达到20%。此后，各级党委、政府和人民群众的教育观念有了重大转变，办学积极性空前高涨。各级部门采取了多种措施来发展教育，诸如大量增加教育经费，大力培养藏族师资，对西藏重点中小学实行寄宿制和包吃、包穿、包住的“三包”政策，建立以藏语文为主的教学体系，降低藏族考生的大、中专招生录取分数线等一系列更为切合西藏教育实际的特殊照顾措施。

近几年来，党中央和国务院更加重视和关心西藏的教育事业，不仅在财力、人力、物力等方面给予特殊的照顾，而且中央领导同志多次亲临西藏对教育工作进行具体指导。在党中央和人民政府的关怀下，西藏各级各类教育在调整和整顿中得到巩固，在改革开放中得到发展和提高，出现了前所未有的新气象。西藏的教育由封闭型开始向开放型转移；教学内容由长期以文科为主开始向文、理、工、农、医、音、体、美等全面系列化和科学化转移，使西藏教育走上了一个新的发展阶段。具体表现为：

1. 各级党委、政府进一步重视教育，宣传、落实教育优先发展的战略地位，加强了对教育工作的领导，增加对教育的投入，改善了办学条件。各地区财政对教育的投入，1993年共计1041万元；1994年共投入1101万元。县财政对教育投入，据拉萨、林芝、昌都、阿里四地（市）的统计，1993年投入424万元；1994年共投入520万元。“九五”期间，以新建扩建为重点，全区学校新建校舍 80 多万平方米，使学校规范化建设取得显著成果。

2. 确定适合西藏特点的办学布点模式，农区实行低年级走读、高年级集中住校的分散与集中相结合的路子办学；牧区走“集中办学为主，寄宿制为主”的办学路子。在“双为主”的前提下，因地制宜，多种办学形式并存。这样大大地提高了适龄儿童的入学率和巩固率，使全区适龄儿童的入学率从 1960 年的 3%~4% 上升到 2011 年的 99.4%，中小学教育质量有了较大幅度的提高。

3. 教育人事管理体制进一步改革。根据自治区制定的“加强培训，提高质量，减少数量，改善待遇；全面贯彻关、转、招、辞、退的方针，以整顿为前提，转、招为重点；到 20 世纪末，基本完成合格民办教师转招为公办教师工作，基本解决民办教师问题”的指导思想和工作目标。对已有的民办教师进行资格考试，合格者分期分批转正录用。设立自学考试中师专业，主要面向中小学民办代课教师和正式教师中学历不合格者。在中师开办“民办教师师范班”，在高校举办师范类成人大专班，提高教师学历的合格率。此外，为了稳定教师队伍，西藏自治区人民政府决定，全区所有教职工的调配使用权交由教育行政部门主管。

4. 统一部署，统筹规划、协调发展基础教育、职业技术教育、成人教育，通过分流和结构调整，使城乡新增劳动力大部分能在岗前受到必要的职业培训。通过建立和完善职业教育的法规条例，推动了在职（业）职工的岗位培训。坚持走农、科、教结合的道路，以教育为基础，以科技为先导，推动农牧区经济的发展。

第六阶段（2001—2011）

2001 年 6 月，中共中央、国务院召开了全国第四次西藏工作会议，会议明确提出“优先发展教育”“提升教育水平”。2003 年 5 月，西藏自治区起草了“两基”攻坚计划，2004 年 7 月 5 日，根据教育部、发展改革委、财政部颁发的《国家西部地区“两基”攻坚计划（2004—2007 年）》，西藏自治区签订了责任书（即《国家西部地区“两基”攻坚计划责任书》），向全国人民做出了“基本普及九年义务教育、基本扫除青壮年文盲”的“两基”承诺。

“两基”攻坚是西藏自治区“十五”“十一五”期间重点实施的教育发展战略目标，西藏自治区始终坚持贯彻党的方针政策，坚持“科教兴藏”“人才强国”，不断推进教育改革。到2007年，西藏自治区基本完成了“两基”攻坚目标，2009年全面完成了“两基”攻坚目标。

“十五”是西藏教育发展的关键期，西藏自治区在召开2006年度教育工作会议时称，“十五”期间西藏教育事业是发展最快、最好的时期，西藏各项教育工作取得了突破性进展，教育事业进入到了一个新的历史时期。

“十一五”期间，西藏教育跨越式发展。西藏自治区在始终坚持“两基”不动摇的前提下，实施教育追赶战略，完善现代教育体系的基本框架，强化了基础教育和职业教育，发展高中教育及高等教育，各类教育相互衔接，协调发展。

总体看，这一时期西藏教育的主要特点是：

1. 义务教育全面普及。

自治区认真贯彻《中华人民共和国义务教育法》《中华人民共和国教育法》以及《国家西部地区“两基”攻坚计划（2004—2007年）》，全力实施“两基”攻坚，全面落实“两个一”“三包”等政策，通过实行“各级党政一把手负责、教育部门一把手实施”的“两个一”工程，乡村干部包户、学校领导教师包人的“劝学”工程，提高“包吃、包住、包学费”的“三包”经费的办法，鼓励广大农牧民子女接受义务教育。

截至2009年年底，全区共有小学827所，教学点688个，在校生达2996355（特校生227人）人；初级中学93所，初中在校生138992人，是2000年的3.5倍多。全区“普九”人口覆盖率由2000年的6.9%，提高到100%。小学适龄儿童入学率由2000年的85.5%提高到99.2%，扫盲人口覆盖率由2000年的25.9%提高到100%。青壮年文盲率由2000年的39%下降到1.2%。全区人均受教育年限达到7.3年。2009年，“两基”目标的全面完成，标志着西藏义务教育的全面普及。

2. 教育结构不断优化。

西藏自治区在普及义务教育的同时，积极加快特殊教育、学前教育、高中教育、职业教育及高等教育的建设，整合各类资源，扩大办学规模、提高办学水平、提升教育质量。

截至2010年年底，全区共有幼儿园119所，在园幼儿为23414人；普通高中由2000年15所增加到29所，在校人数由12111人增加到40728，高中阶段的入学率由 13% 提高到 60.1%。

“十五”“十一五”期间，西藏职业教育发展迅猛。自治区将职业教育放到了教育事业发展的重要位置，出台了《西藏自治区实施〈中华人民共和国职业教育法〉办法》，各级职业学校转变办学思想、改变办学模式、不断深化改革，以就业为导向。中等职业学校加强重点专业和特色专业建设；初等职业学校推行“一校两牌”“双证制度”的办学模式，保障学生“升学有基础、就业有技能、回乡能致富”。截至 2010 年全区中等职业学校 6 所，在校人数为 22613 人，是 2000 年的 3.3 倍。

西藏高等教育稳步发展。2010 年全区本专科院校 6 所、在校学生 31109 人，本科专业 108 个，专科专业 126 个，硕士授予单位 3 个，硕士授予点 18 个。西藏大学进入了全国“211”工程重点大学建设行列。

3. 全面推进素质教育。

2005 年西藏自治区颁布了《西藏自治区基础教育课程改革实施方案》，全面展开了基础教育课程改革工作，推进素质教育。基础教育改革的基本目标是按照三个“面向”的要求，坚持“三个有利于”的原则，遵循学生身心发展的客观规律，培养学生的社会责任感、为人民服务意识、创新精神、实践能力，体现基础教育的本质，适应社会进步、经济发展的要求。西藏基础教育改革主要包括：优化课程结构、调整课程门类、更新课程内容、重实践、重实验、重技能等。

此外西藏基础教育的改革，立足当地双语教育的实际情况，探索了双语教学的改革模式，在重视藏语教学的同时，加强汉语教学并兼顾英语教学。

4. 教育保障制度不断完善、深化。

（1）教育经费投入不断增加。

2006 年，西藏自治区制定了《关于深化农村义务教育经费保障机制改革实施意见》，该意见完善了义务教育“经费自治区统筹，预算核定到校，支出统筹安排，经费集中管理”的保障体系，真正将义务教育经费纳入了西藏社会公共财政保障体系，为全区义务教育的实施奠定了坚实的基础。2007 年起，全区正式实行义务教育免费。

党中央召开第四次西藏工作座谈会时，明确提出以专项经费形式保障义务教育“三包”政策的落实，2005 年西藏自治区教育厅、财政厅先后下发了《关于“三包”政策和助学金制度的实施办法》《西藏自治区中小学“三包”经费助学金奖学金管理办法》，自治区政府连续提高“三包”经费标准，到2009年，小学“三包”经费标准为1750元，初中生为1850元，“三包”经费总额由2005年的1.2902亿元增长到5.1304亿元。

（2）援藏工作不断深化。

改革开放以来，中央政府为帮扶西藏教育建设、人才培养，做出了教育援藏的重大决策，1985年正式下发了《关于落实中央关于在内地为西藏办学培养人才指示通知》，并决议在内地21个省市开办西藏班（学校），内地办学先后为西藏培养了1.8万名人才，截至2010年，内地西藏班人数为18640名。

中央各部委、各省市及有关单位，将教育援藏作为一项重大的政治任务，认真落实完成，自中共中央第四次西藏工作座谈会后，全国教育援藏项目多达551项，援藏教育资金多达5.72亿元。教育援藏的开展实施并不断深化，极大地促进了西藏教育事业的发展。

第二章

基础教育

第一节　基础教育的发展概况

1951年，西藏和平解放。此后，中共西藏工委和进藏人民解放军遵照党中央和毛泽东同志的指示，认真贯彻《关于和平解放西藏办法的协议》，积极开办新型公办小学，动员广大藏族群众送子女入学，新型学校逐步得到广大群众的信赖和拥护。1951年3月，在昌都地区各族人民的要求下，进藏部队为昌都地区创办了西藏的第一所新型学校——昌都小学。1952年8月，成立了拉萨小学。以后，又相继在日喀则、江孜、林芝、波密、察隅、亚东、丁青、山南等地建立了一批小学。

1956年6月，西藏自治区筹备委员会成立，加快了教育发展的步伐，筹委会下设文化教育处，管理全区的文化教育事业。是年9月，西藏历史上第一所现代正规初级中学——拉萨中学成立，并在日喀则小学和昌都小学内各附设了一个初中班。到1957年上半年，全区已有公办小学98所，在校学生6360人。1957年3月，党中央做出在六年内不进行民主改革的指示，西藏各项事业和工作进行了适当收缩和调整。到1958年底，全区保留小学13所，在校学生2600余人，小学入学率约为2%；初中1所，在校学生160人。

1959年11月，中共西藏工委和自治区筹委会根据人力、物力、财力等方面的可能条件，以及西藏地广人稀、居住分散等特点，及时提出了“民办为主，公办为辅，民办公助”的两条腿走路的方针，积极提倡和扶持人民群众自己办学。这条办学方针一经提出，立刻得到群众的热情拥护，并在农牧区迅速掀起了一个办学高潮。到1961年短短的两年内，办起了1400多所民办小学，入学儿童50000余人。在大力发展民办学校的同时，公办普通中小学也有了较快的发展。1960年后，除阿里地区外，其他地区都成立了普通中学（班）。拉萨中学自1960年始发展成为西藏第一所完全中学，开始招收高中学生。此时，大部分县有一至二所公办小学或完全小学，实行寄宿制，由国家发给人民助学金。据1965年统计，全自治区小学达1822所，其中公办小学91所，民办小学1731所；在校学生6778人，小学入学率约30%；中学4所，在校学生1059人。

“文化大革命”的前期，西藏的教育事业遭到严重的摧残和破坏。教育机构瘫痪，学校被迫停课，教师不能教，学生不能学。教育发展完全停滞，教学秩序荡然无存。“文化大革命”的后期，西藏的教育事业逐步恢复，但在极“左”思想的影响下，又出现了盲目发展教育的情况。到1979年，全区小学达到6266所，其中公办学校336所，社队群众办的5930所，在校学生达248000人。这些学校大部分是“无师资、无校舍、无学生”的“三无”学校。中学发展到55所，在校学生17233人。

1981年，针对西藏基础教育的虚肿现象，教育部门提出了“调整、改革、整顿、提高”的八字办学方针，并将“民办为主，公办为辅”的办学方针转变为“公办为主，民办为辅，两条腿走路”的办学方针。经过调整，全区民办学校数量减少，公办学校数量逐渐增加，规模不断扩大，适龄儿童入学率逐渐增加。如阿里地区普兰县原有小学27所，调整为11所，而在校学生却由600人增至840人；山南曲松县原入学率为30%~40%，调整后学校减少，适龄儿童入学率却达到90%以上。1982年3月，自治区教育厅制订了全日制中小学教学计划，各地、市、县教育部门充实加强了中小学领导班子和教师队伍。试办重点中小学，发挥其示范作用。加强了学校的思想政治教育，使中小学逐步恢复，并建立了正常的教学秩序。

1987年11月，西藏第三次教育工作会议提出，要重点加强基础教育，改革基础教育的管理体制，实行地、市、县、区、乡分级办学分级管理。要把现有小学办好，充实师资队伍，改善办学条件，提高在校生的巩固率、合格率和办学效益；严格控制普通中学数量的增加，适当扩大现有中学规模；集中财力、物力和师资力量，办好一批寄宿制重点学校，努力提高教育质量。在这种精神的指导下，西藏的基础教育步入稳步发展阶段。到1992年，全区小学达2831所，其中公办566所，民办2265所，在校生191700人，入学率

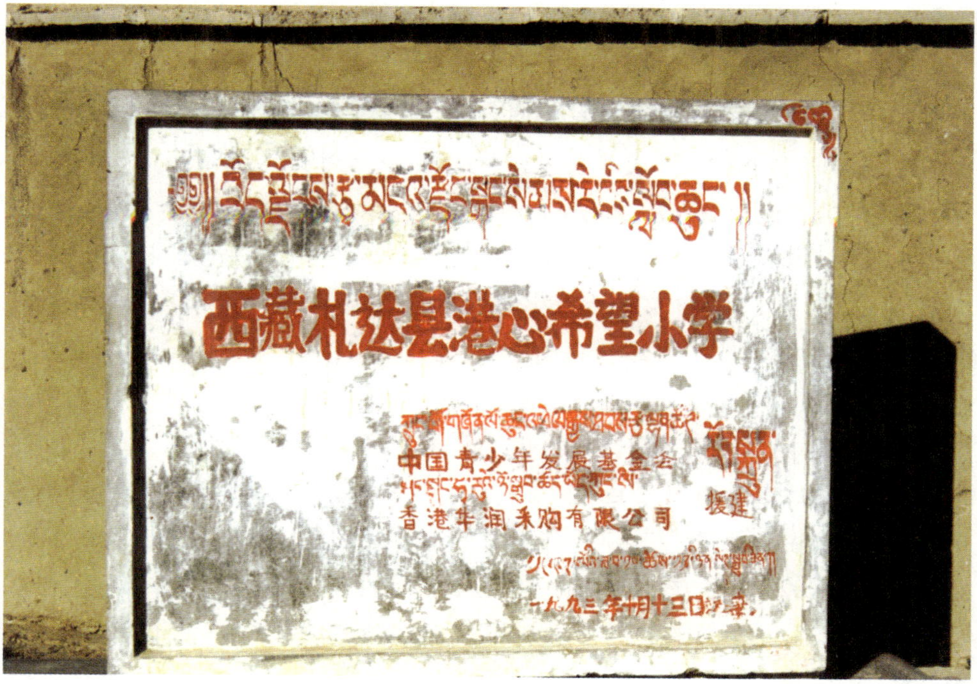

西藏札达县港心希望小学

占 50% 以上。中学 62 所，在校生 23200 人。

1993 年，《中国教育改革和发展纲要》颁布，对西藏教育的发展起到了积极的推动作用。为落实《中国教育改革和发展纲要》，加快西藏教育发展的步伐，自治区召开了西藏第四次教育工作会议，会议做出了“县县有中学，乡乡有小学，适龄儿童入学率达到 80%；牧区普及三年义务教育，农区普及六年义务教育，主要城镇普及九年义务教育”（简称为“两有八〇三六九”）的战略决策。此外，在教育经费投入上，做出了“年度教育事业费预算不低于当年自治区财政预算支出总额的 15%”（简称为“两个 15%”）的明确规定，较大幅度地增加了教育拨款。

1994 年，自治区召开了西藏第五次教育工作会议，会议将“两有八〇三六九”的目标进一步具体化，确立了教育优先发展的战略地位，将“两个 15%”提高到“两个 17%”，并每年增加一个百分点，到 20 世纪末达到 20%。

1995 年，自治区确定了“加强培训，提高质量，减少数量，改善待遇；全面贯彻关、转、招、辞、退的方针，以整顿为前提，转、招为重点；到 20

世纪末，基本完成合格民办教师转招为公办教师工作，基本解决民办教师问题”的指导思想和工作目标。停止了全区招收民办教师的工作，并对已有民办教师进行了资格考试，合格者分期分批转正录用。设立了自学考试中师专业，主要面向中小学民办代课教师和正式教师中学历不合格者；在中师开办“民办教师师范班”，在高校举办师范类成人大专班，提高中小学教师学历合格率。此年，既是实行高中考试入学制度改革的第一年，优先录取1000名高中生，也是高中阶段实行会考制度毕业生参加高考的第一年。由于高度重视、精心组织，考试录取工作顺利完成，考生的升学成绩有所提高，基本完成了各类招生计划。本年度，自治区财政教育事业费投入2.77亿元，其中用于基础教育约2亿元，用于基础教育的基建拨款达2330万元。到年底为止，全区中小学校舍占地面积12152052平方米，其中小学校舍占地面积9177882平方米，中学校舍占地面积2974170平方米；中小学校舍建筑面积1730280平方米，比上年增加202793平方米，其中小学校舍建筑面积1188012平方米，比上年增加143215平方米，中学校舍建筑面积542268平方米，比上年增加59578平方米。

1996年，自治区教委调整了基础教育的结构。改变了小学年级结构的倒金字塔形，提高了年级巩固率。适当控制初中发展，稳定高中规模。从1993年到1996年的四年间，平均每年新增小学在校生2万余人。1996年底，全区小学达794所，教学点3489个，在校小学生28.43万人，入学率73.5%。区内中学89所（其中完全中学18所），在校初中生2.9万人，初中入学率22%，高中生0.61万人。西藏的义务教育事业正在

藏北草原上的小学生

扎实、积极地进行。四年间，共新布点中学24所，新建乡及乡以上小学268所，新建教学点1112个，改扩建中小学210所，办学条件进一步改善。到1996年底，全区已有3个地（市）实现了“两有八〇”，6个县（区）31万人口地区普及了六年义务教育，这6个县（区）是曲水县、拉萨市城关区、堆龙德庆县、亚东县、江孜县和扎朗县。

此外，国家及内地的中小学和幼儿园加大了对西藏基础教育的援助，如北京人大附中、二十中、劲松职高、史家胡同小学以及北京第四幼儿园等校（园），与西藏拉萨北京中学、实验小学、职教中心及实验幼儿园等对口校（园）正式签订“手拉手”对口支援协议。根据北京市部分校（园）和拉萨市对口校（园）签订的“手拉手”协议，北京市教委将加大对拉萨教育支援的力度，在资金、物质等支援的基础上，还将通过校际之间在教育教学、教育科研及学校管理等方面深入交流，推动两市教育的合作发展，加快拉萨教育水平的提高。

“国家贫困地区义务教育工程”是我国有史以来中央专项资金投入最多、规模最大的全国性基础教育工程。“国家贫困地区义务教育工程”在西藏实施

自治区实验幼儿园

小学课外活动

第一年，中央和地方共投资教育专项资金7363万元，改、扩建中小学52所，投入资金和项目建设超额完成年度计划。

截至1999年年底，国家和区县配套资金全部到位。经质检部门实地检查，已竣工的项目均达合格标准。一些项目县还结合工程建设，购置课桌、板凳8000多套，图书13万册，小学各科教学仪器41套，培训校长、师资831人次，并调整了小学布局，促进了教育资源的合理配置。项目学校招生范围内共撤并教学点43个，项目小学的学生从1996年的304人增加到377人。

2000年底，全区已有2个县实现了普及九年义务教育目标，"普九"人口覆盖率占6.9%，已有37个县实现了普及六年义务教育目标，"普六"人口覆盖率占50.8%。全区小学入学率已提高到85.8%，与"八五"末相比，小学在校生增加了5.5万余人，小学入学率提高16个百分点；初中毛入学率达到32%；与"八五"末相比，初中在校生增加61%；普通高中在校生已增加到1.2万余人，与"八五"末相比，高中在校生增加1.3倍，高中阶段毛入学率提高13%。农牧民学前一年教育规模不断扩大。拉萨城区在园幼儿已达到万人以上。自治区在拉萨创办了第一所特殊教育学校。

藏文课

2003年5月，西藏自治区起草了“两基”攻坚计划，“基本普及九年义务教育、基本扫除青壮年文盲”。2007年，全区全面实现义务教育免费。2009年西藏“两基”攻坚的顺利完成，标志着西藏基础教育进入了新的历史阶段。

截至2009年，全区共有小学884所，特殊学校1所，教学点814个，小学生305409人，适龄儿童入学率为98.8%；初级中学94所，初中生143187人，初级中学入学率达96.4%；全区青壮年文盲率下降至1.8%，人均受教育年限为6.8年。全区小学、初中生专任教师合格率分别为98%、98.2%，其中小学生专任教师大专以上学历达到80.3%，初中专任教师本科以上学历达到73.2%。

全区义务教育“三包”经费投入共计4.2亿元，小学规范建设投入共计2.4亿，初中寄宿制学校建设工程共2.65亿元。

2010年国家再次提高三包经费标准，这是继1985年制定三包政策后，第八次提高三包经费，本次增幅最多。小学生经费由1300元提高到1750元，初中生由1450元提高到1850元，边境县、乡小学生每年由1400元提高到

1850元，初中生由1550元提高到1950元，全区共有45万义务教育阶段学生受益。全区实施启动了中小学教育电视“班班通”建设项目及全区教育信息化建设项目，分别投资2325万元和500万元，新建计算机网络教室26间，476所学校新建有线教育电视系统，改扩建340所学校教育电视系统。

第二节　基础教育的类型

一、特殊时期的中小学

1951 年西藏和平解放后，遵照《关于和平解放西藏办法的协议》的规定，中共西藏工委十分重视发展人民教育事业，积极开办新型公办小学，动员广

昌都小学成立初期师生合影

牧区小学

大藏族群众送子女入学，新型学校逐步得到广大藏族群众的拥护和信赖。从1951年到1959年3月，是两种政权两种制度并存的时期。由于上层反动势力的干扰和破坏，每开办一所中小学都十分艰难。为此，中共西藏工委和西藏自治区筹委在领导创办新型学校教育的过程中，参照全国统一的办学方针，结合西藏实际，制定了一系列特殊的政策和灵活措施。

1. 协商办学。每办一所新型中小学，都反复耐心地与地方政府官员或上层人士协商，争取得到他们中的多数人的拥护和支持。

2. 成立学校董事会，研究决定办学中的重大问题。学校董事会人选，经协商一般由中共干部、驻藏人民解放军、地方政府官员、上层人士代表、学校教师等人员组成，另设校长一人、副校长若干人主持学校日常工作。有的学校还设有董事长、名誉校长和校长等职，这些职务一般由中共各级组织的领导人、地方政府中的官员、上层人士出任，其他干部及教师由双方协商后分别选派。办学中的重大问题，由董事会研究决定后分头贯彻执行。

3. 灵活确定学制和课程内容。如同意在公办中小学开设“晨念”经文课；容许中小学生按传统习惯朝拜达赖喇嘛；同意贵族、官员子女带用人进校陪学伴读或伺候等。小学实行“四、二”学制（即初小四年、高小二年），初中实行四年制，按文化程度和年龄编班教学，课程设置由学校参照全国统一规定的内容，并结合西藏的实际情况而定。公办小学一般开设藏语文、汉语文、算术、体育、音乐和背念经文的“晨念”课等。初中开设藏语文、汉语文、政治、数学、物理、化学、历史、地理、音乐、体育等课程，政治课以爱国主义教育作为主要内容。

4. 办学经费全部由中央人民政府负担。学校用房用地均用银元高价购买。高薪聘任民族教师。学生不分贵族和平民一律实行供给制助学金。对流浪街头无家可归的适龄孤儿，由指定的学校收养和住读。

5. 由学校组织教师，参照全国通用教材，采取自编、自译、自刻、自印的办法解决中小学的教材。

二、公办中小学

1951 年，西藏和平解放后，积极开办新型的公办小学，动员广大藏族群众送子女入学。到 1958 年底，全区开办小学 13 所，中学 1 所。1959 年 3 月以后，为适应群众入学需要，逐步恢复发展了一批中小学，有 20 多个县先后建立了 1~2 所公办小学，实行寄宿制，由国家发给人民助学金。

中学生宿舍

萨迦中学

公办中小学的特点是：(1) 在办学形式上，西藏各专区、县、乡建立了公办小学和公办中学，并在偏远的县和乡以及条件艰苦的农牧区举办了寄宿制和半寄宿制的学校。(2) 在教育内容上，在传播现代科学文化知识的同时，尽量向学生介绍藏族优秀的传统文化。按照规定，各级中小学的教学计划、教学大纲，可以在国家规定的基础上，结合各民族的实际情况，酌量加以适当的变通和补充。(3) 在教学用语上，各中小学积极提倡使用双语进行教学。(4) 在教材的使用上，各中小学均有五省区藏文教材编译委员会编译的藏文教材。

三、民办小学

1959 年，西藏工委和自治区筹委会根据西藏人力、物力、财力等方面的不足以及西藏地广人稀、居住分散等特点，及时提出了“民办为主，公办为辅，民办公助”的两条腿走路的方针，积极提倡和扶持人民群众自己办学。这条办学方针一经提出，立刻得到人民群众的热烈拥护，在农牧区迅速掀起了一个办学高潮。到 1961 年短短的两年内，西藏就办起了 1400 多所民办小学，入学儿童五万余人。到 1979 年，全区民办小学发展到 5930 所。以后，根据西藏的特点及条件的变化，对部分不符合办学条件的民办小学进行了合并或撤销。到 1992 年，西藏全区有民办小学 2265 所。

民办小学的特点是：（1）在办学形式上，小型分散，灵活多样，依据农牧区生产生活实际情况来确定办学形式。当时办学形式有全日制、半日制、隔日制、冬学、巡回教学、流动帐篷小学以及早、午、晚班等。学生入学不受年龄的限制，随到随收，学制也不统一规定，读完四年制民小课本就算毕业。（2）在课程设置上，面向农牧区实际，根据群众需要开设课程。主要有政治、藏文、算术三科，有条件的增设珠算课，并注意了学用结合。（3）在教学用语上，大部分学校使用藏语文进行教学，个别学校也提倡使用双语进行教学。（4）在教材的使用上，大部分学校使用五省区藏文教材编译委员会编译的藏文教材，个别学校也使用自己编的乡土教材。

四、私立和外资学校

改革开放以来，政府部门积极提倡和鼓励社会、个人投资办学，并欢迎外资来藏办学。拉萨私立“岗雪业余学校”开设有藏文和英文等语种的教学，效果良好。西藏自治区教委教材编译中心退休干部、年近七旬的洛桑顿珠同志近几年来在家自费开办了学前班，先后为小学输送了近百名合格的新生，现有在班幼儿 24 名。办班以来，洛桑顿珠同志除自己为幼儿讲授藏文课，教幼儿识字、习字及其他一些常识外，还动员儿子利用节假日及其他空余时间为孩子们讲授一些简单的数学知识（数数、认写数字、练习 10 以内的加减法等）。他的老伴（已退休）则全日为孩子们服务，为孩子们烧水、打茶等，没有收受家长一分钱学费和劳务报酬。在拉萨市墨竹工卡县卡色村，由瑞典西藏教育文化协会筹建有一所小学，该协会现任主席加央索南是一位出生在西藏的瑞典籍藏族人。目前，这所学校加大了资金的投入，并在教学设备和教学条件等方面都有大的改善。

第三节　部分中小学简况

一、拉萨第一小学

1952 年 8 月，成立了拉萨小学，这是西藏和平解放后中国共产党在西藏创办的首批新型公办小学之一。1956 年 9 月，更名为拉萨第一小学。拉萨小学是以藏族学生为主要培养对象，以藏族教职工为主体、藏文教学为主的全

拉萨第一小学

日制民族小学。中共西藏工作委员会对拉萨小学的创建加强了领导，由西藏工委副书记、西藏军区司令员张国华亲自兼任学校董事会董事长，还由教育、文化、宣传等部门的领导和一些知名的统战人士担任董事。董事会负责研究学校的一切重大事宜。学校设校长 3 人，副校长 3 人。学校教师由噶厦派来的僧官教师近 10 名，俗官教师 7 名，从社会上聘请的教师 10 余名，从进藏工作人员中选派的教师近 20 名。

学校创办初期，按文化程度编为 10 个教学班，主要学习藏语文和算术，使用自编教材，用藏语文进行教学。设音乐、美术、体育等课程，并根据当时西藏的政治和社会情况，每天用 20 分钟时间请活佛上念经课。每学期安排全校师生拜见达赖喇嘛一次。西藏工委要求，必须加强对拉萨小学的领导，办好拉萨小学，创办一条西藏地区人民教育的经验，以便指导西藏各地小学教育。拉萨小学根据西藏工委的指示，对学生进行了爱国主义为主要内容的政治思想教育，向学生和家长宣传党的民族政策和教育的方针政策，而且采取循循善诱的方法管理学生，从而使学校越办越好。由于学校董事和校长均是社会上有较高地位和影响的人士担任的，加上强大的教师阵容，出色的教学质量，使拉萨小学在社会上引起了极大的反响。刚开学时，报名上学的学生就达 300 余名。此后一些私塾的学生纷纷转入拉萨小

拉萨纳金小学

学学习，连过去在印度读书的学生，也回国转入该校。1955年，该校发展为完全小学后，取消念经课，增设自然常识、地理、历史等课程，并在三年级以上的班级增开汉文课。是时学生人数增加到600余名,教职工增加到60多人。1956年4月，陈毅视察拉萨小学并向学校赠送了奖旗和教学用品，是时学生人数超过千人。1959年以后，拉萨地区的小学教育逐渐普及。为了统一办学政策，1960年西藏工委提出了“民办为主，公办为辅，民办公助”的办学方针，大大发展了拉萨小学的教育。从1962年开始招收少量汉族学生。

近六十年来，始终坚持以培养民族学生为主，以藏语文教学为主的办学特点。学校规模不断扩大，教学水平也日益提高。2000年12月前，已完成了在区民研所立项的“小学语文思维训练实验研究”课题，现正向区民研所申报“小学生学科能力培养与发展实验研究”课题。学校内部除自设此课题进行研究外，还设立了“班队干部轮换实验研究”“多媒体开发学生思维研究实验”等教学科研项目。近年来，学校青年教师撰写的论文达600多篇，其中已在国家级、省市级发表的论文达90多篇，获国家级论文奖及教案奖8人次，培养省级教学能手2名、市级教学能手5名、学校学科带头人30多名，被评为国家级先进个人5名、省市级先进20多名。据统计，截至2009年，全校教师共计600人次获得国家级、自治区、拉萨市级各类奖励；学生获得国家奖励的多达1000人次，自治区级奖励200人次，市级奖励1900人次。

2011年，学校共有39个班级，2248名学生，教职工136人，专任教师131人，其中中教高级职称教师13人，小教高级职称教师55人，学历合格率100%。

二、海城小学

全名为拉萨市城关区海城小学，创建于1959年5月19日，它的前身为“东方红小学”。1997年，北京市海淀区和拉萨市城关区共同投资300万元，增添了教学设备，新建了一幢教学楼，维修了校舍、办公楼，美化了校园环境。学校占地面积5230平方米。据2000年统计，学校有教职工78人（其中专任教师76人），学生1135人。近几年来，为了改善教育基础设施，不断加大资金投入。学校先后购入电子琴50台、手风琴1部、鼓号及服装82套、小警服80套、舞蹈服50套、电脑27台、速印机1台、趣味性体育器材100套以

那曲洛玛乡小学

及图书 17000 册（生均 15 册），德育室、劳技室、舞蹈室共计投资人民币 70 多万元。

在实施素质教育的过程中，根据实际情况，学校成立了专门领导小组，负责第二课堂的具体操作，分工明确，责任到人。学校有鼓号队、小交警、合唱队、舞蹈队、藏汉书法班、绘画班、电脑班、手工、劳技、体育、藏文写作、电子琴、自然实验等十几个兴趣小组。电脑班的学生在老师的指导下，学会了基本操作规程，掌握了英文打字、五笔打字以及 WPS 文件编辑的技巧。电子琴组的学生演奏水平有了明显提高，能齐奏或独奏一些有一定难度的音乐曲目。教学质量也得到稳步提高，各科教学成绩合格率一年

牧区藏族少年

胜过一年，数学单科成绩由原来的43分上升到62分，后进学生转化率由原来的43%提高到63%，整体提高率由原来的25%攀升到85%，学生毕业率为100%。

经过几年的不断探索和实践，学校“以质求存，以能求立”为方向，各方面工作都取得了较为突出的成绩。学校的管理水平、师资队伍以及育人质量有了明显的提高。1999年，被评为“城关区先进学校”“拉萨市卫生合格学校”“自治区先进少先队大队部”；2000年，被评为“拉萨市文明学校”；2000年7月，又被自治区团委定为“雏鹰争章试点学校”。师资水平也逐年上升，学校的教师有52人参加了大中专函授、自学考试，80%的教师能充分利用电化教学设备，精心组织教学。在校教师中，获拉萨市和城关区优质课名次的有12人，获城关区教学能手的有2人，教研教改论文在省市教育刊物上发表的有10多篇。校外辅导员李玉桥同志被评为全区十佳辅导员。

2009年，学校有25个教学班，近1300名学生。在岗专任教师82人，学生1205人，共设23个班级。学校共有教学楼两幢，办公楼一幢，多间多媒

那曲洛玛乡小学的早操

体教室、德育室、电脑室等专用教室。近年来，学校先后获得“素质教育先进学校”“雏鹰争章试点学校”“市级文明学校”“自治区红领巾示范学校”“基层先进党支部”“社区法制学校”“全国红旗大队”“自治区优秀军（警）校”等荣誉称号。

三、日喀则小学

校址在日喀则市，1953年5月23日创办。学校由董事会负责，董事会的会长由日喀则地区党委书记梁选贤担任，董事会的主要成员有：班禅堪布会议厅札萨计晋美、札萨拉敏·益西楚臣、日喀则总管堪穷·洛桑坚赞和西藏地方政府驻日喀则总管年嘉代本等。学校设正、副校长二人，校长是班禅大师的经师嘉雅活佛，常务副校长是刘江霞同志，著名学者恰贝·次旦平措任教务长。学校董事会每学期开一次会议，主要听取有关教学的情况汇报，研究安排教学计划。当时学校有教师30多人，其中汉族教师有15人，多数是

小学生做广播体操

进藏的解放军干部；藏族教师中著名的有班禅堪布会议厅的孜仲·土登扎巴、雪仲·拉敏平多等官员以及雪仲丁杰·次仁多吉、聂龙·格桑占堆等人。学校共有7个班，其中6个班是农牧奴子弟，1个班是贵族子弟。学校开设的课程有数学、藏语文、书法、识字、政治常识、自然常识、图画等。1956年西藏自治区成立时，陈毅副总理检查了日喀则小学学生的数学、藏文、汉文等学习成绩，感到十分满意，并赞扬学校取得了重大成绩。以后随着学校的发展，教材和教学方面都逐步走向正规。从1977年开始，学校开始使用自治区统编教材，执行小学的教学计划，按教学计划设置课程，安排授课时数。学校不仅开设了数学、藏语文、汉语文等，而且还开设了英语、美术、音乐、体育等课程。

2011年，学校共有24个教学班，1027名在校学生，教职工85人，其中专职教师83人，学校总占地面积1.9万平方米，总建筑面积7400平方米。

学校建校60年来，办学规模不断扩大，办学水平不断提高。1998年学校被评为“全区红领巾示范学校”，2004年被评为市级“安全单位”，2006年被评为日喀则市“文明学校”，2011年学校被评为“全国优秀少先队集体”。学校培养了共计11000名优秀学生，向内地西藏班输送了466名优秀毕业生，中考毕业升学率为98%以上。

四、昌都实验小学

西藏解放初期创办的示范性小学。1960年12月，昌都地区第一届人民代表大会通过了《在昌都地区创办学校，发展藏族人民教育事业》的决议。会后成立了昌都小学办学董事会，推举昌都寺院的活佛谢瓦拉、德格·格桑旺堆以及李安宅、魏克等为董事长。经董事会商定，先筹办昌都冬学，入学学生不受民族、性别、年龄、家庭出身的限制。根据实际需要，确定冬学的方针是以学藏文为主，汉文作为选学课程。校址选定在昌都西北角的一座旧庙内，冬学的教师由李安宅、于式玉两位教授和一些藏汉族干部担任，两位教授还负责学校的具体领导工作。昌都冬学于1951年1月开学，同年3月，在昌都人民和上层爱国人士的支持下，在冬学的基础上正式成立了昌都小学。这是人民政府在西藏创立的第一所新型现代学校。1956年更名昌都实验小学。

上课中的学生

建校近 60 年来，学校共培养了 55 届、10000 多名优秀的小学毕业生，为全国内地西藏班输送了优秀毕业生近 1000 人。昌都小学培养了包括西藏自治区主席向巴平措等多位自治区领导。原西藏自治区党委第一书记、十八军老首长阴法唐同志赞誉昌都小学为“雪域高原第一个人才摇篮”。昌都小学多次获得国家级、省部级荣誉，1988 年 4 月和 1990 年 10 月，学校分别被国务院、国家民委授予“全国民族团结进步先进集体”称号；1988 年和 2000 年被教育部授予“德育先进校”和“现代教育技术实验学校”称号。

截至 2011 年，昌都小学共有 30 个教学班级，在校生 1450 名，专任教师 115 人，其中少数民族教师 84 人，具有中级职称以上的教师 85 人，具有大专以上学历的教师 76 人。学校占地面积 14241 平方米，建筑面积 9621 平方米，校内设有微机室、音乐教学、多媒体教室、实验室、图书阅览室等现代化功能教室。

五、拉萨中学

拉萨中学是西藏和平解放以后自治区人民政府在西藏创办的第一所具有现代意义的中学。1956 年 4 月，陈毅副总理在视察拉萨小学时建议尽快创办拉萨中学。7 月，自治区筹委会做出了“关于创办拉萨中学的决议”。9 月 1 日，拉萨中学正式开学。第十四世达赖喇嘛丹增嘉措被聘为名誉校长，校长由西藏地方政府派官员担任，党的干部担任副校长并主持学校的日常工作。教师和干部都经双方协商选派或聘任。中央人民政府为帮助西藏办好拉萨中学，从有关省、市抽调了一批教师和高校毕业生到拉萨中学任教。办学初期，学校有教职工 58 名，其中少数民族 18 名。通过摊派学差和报名考试等方式招收少数民族学生 650 多名。举办了初中班、初中预备班和小学教师训练班等。初中实行四年制，第一年为预备班，集中突击学习汉语文和补习小学课程。办学中始终坚持党的领导和教育方针、民族政策，坚持一切从西藏实际出发的原则，坚持对学生进行反帝爱国和尊师守纪的教育，不进行直接的阶级和阶级斗争教育。课程设置基本按中央教育部制订的教学计划开课，但不开外语课，增开藏语文课。同时，根据群众意愿设立了“念经课”（又称“晨念”）。学生多数是寄宿学习，

学习藏文

实行供给制助学金，即包吃、包穿、包学习费用。教材是教师们参照内地教材并根据学生实际情况等，通过自编、自刻、自印来解决。教学以汉语授课为主，兼用藏语；或以藏语为主，兼用汉语。为此，要求汉族教师都要学习藏语藏文，藏族教师学习汉语汉文。多数教师做到了能同时用藏、汉两种语言授课，大大提高了教学质量。

1959年西藏封建农奴制被彻底推翻后，拉萨中学得到了迅速发展。同年有了本校也是西藏的第一届藏族初中毕业生。1960年开办了西藏第一个高中班，成为西藏第一所完全中学。1963年有了西藏第一届高中毕业生21名，并选拔了部分成绩优秀者到北京有关高校深造。到1966年，拉萨中学在办学规模、教学质量、办学条件等各方面都深受西藏人民的赞誉。"文化大革命"中拉萨中学也遭到严重破坏。1977年后，办学条件和教学秩序逐步恢复，教学质量稳步提高，此年被列为自治区重点中学。到20世纪末，这所学校共培养初中毕业生12854名，高中毕业生6135名，向高等院校输送新生5438名，为西藏的社会主义建设事业培养了大批合格的劳动者和建设人才。

拉萨中学是西藏自治区唯一的一所重点中学，是国家教委确定的现代教育技术实验学校。学校拥有先进的多媒体电化教学室和电视演播室以及丰富的电化教学软件资料，教师可在每个教室通过无线遥控系统进行电化教学。学校的图书馆建于1996年，馆藏各类图书五万余册，订有各类报刊247种。

2001年7月统计，学校有教职工192人，其中招聘教师10人，少数民族教师84人，占45%；高级教师15人，占教师总数的10%；党员教师57人，占31%。绝大多数为本科以上学历，学历结构是西藏所有中学中最好的。学校先后有12人被评为全国优秀教师、优秀班主任和全国劳动模范，近50人被评为自治区优秀教师和先进工作者，6人被评为自治区教学能手，1人被国务院批准享受政府特殊津贴，并被国家人事部命名为有突出贡献的中青年专家。几年来，全校教师发表学术论文数百篇，撰写出版了一批教学参考书籍。

学校不断加强对外交流，掌握教学最新的信息和发展动态，拓宽眼界增长见识。今年起，学校每年选派2名教师和2名学生到加拿大交流和学习，同时从加拿大引进2名英语教师来提高本校学生的英语水平。学校还与日本的大阪高中、美国蓝顿中学建立了长期合作关系，在办学中相互交流促进。

拉萨中学制订了《拉萨中学教师师德标准》《拉萨中学学科教学目标》《拉

萨中学教师科学水平综合测试细则》等一系列管理措施。对教师的能力检测随时都在进行。每年高考，学校的任课教师都和学生一起进考场做答卷，这是一项最基本的检测，如果答卷不及格，这位老师也就不合格了。

1999 年，拉萨中学的高考升学率达到 93.7%，并有 2 名同学获得全区藏族考生文理科状元。1991 年以来，学校先后有 10 多名学生在全国数学、物理、化学奥林匹克竞赛和中国科协青少年部举办的数届全国青少年发明创造比赛和科学讨论会上获奖，为西藏争得了荣誉。据统计，2004 年至 2008 年，西藏拉萨中学高考升学率保持在 99%、本科率 80%、重点本科率为 20% 以上，培养全区状元 6 名，共有 21 名学生考入清华大学、北京大学。

学校把培养学生的创造能力，学以致用的意识，融会于整个教学过程中。1997 年至今，学校学生的科学小发明就达上百件，其中多件科学小发明获国家级的奖励。周贤禄同学发明的“太阳能学习灯”，王世萍同学发明的“水笔书写系统”，夏俊仁同学撰写的科学小论文《论对甲玛多金属矿的开发》等获第八届全国青少年发明创造奖和科学小论文奖。2000 年在合肥市举办的第十届全国青少年发明创造和科学讨论会上，西藏自治区科协上报的 7 件参与评选的小发明中，有 5 件是拉萨中学的；上报的 4 篇科学小论文中，有 2 篇是拉萨中学的；上报的 15 个创新设计方案中，有 4 种是拉萨中学的。

拉萨中学两次被命名为“西藏自治区重点中学”，两度被评为“全区精神文明先进学校”，2005 年被中央精神文明指导委员会评为“全国精神文明建设工作先进单位”，学校还先后获得“全国青少年体育工作先进集体”“全国民族地区爱国主义教育先进集体”“全国中小学影视教育先进单位”“全国民族团结进步模范集体”“全国优秀先进教育集体”“‘十五’全国家庭教育工作先进集体”“北京 2008 奥林匹克教育示范学校”等荣誉称号。

2009 年，拉萨中学有高中教学班 48 个，学生 2800 多名。教职工 224 人，专职教师 178 人，其中特级教师 1 人，高级教师 37 人，中级教师 119 人，研究生学历 11 人，自治区级名教师 6 人，骨干教师 22 人。2011 年，全校共有 49 个教学班，学生 3000 名，教职工 225 人。

六、林芝第一中学

林芝第一中学原为林芝地区民族学校（创办于 1988 年），1997 年更名为林芝第一中学，2003 年被自治区教育厅确定为首批自治区级重点高级中学。学校坐落在林芝地区林芝县八一镇尼洋河畔，占地面积 14.96 万平方米，内建有教学楼、实验楼、图书馆、体育馆等。学校目前有教学班 49 个（藏文班 31 个，汉文班 18 个），学生 2500 余人，教职工 218 人，其中专任教师 186 人。

自建校以来，林芝第一中学始终践行"德育为首、教学为主、育人为本、全面发展"的办学指导思想，积极倡导"让每一个学生成功，让课堂焕发生命活力，让校园成为师生乐园"的素质教育理念。

近二十年来，林芝第一中学在自治区、地区的正确领导下，各项教育工作取得了好成绩。学校先后获得"全国体育卫生先进学校""国家级语言文字规范化示范校"等国家级荣誉 9 个；"首批自治区级重点高级中学""西藏自治区文明学校""西藏自治区普通高中办学水平评估优秀学校"等自治区级荣誉 15 个；林芝地区"先进级层党组织""民主评议行风群众满意单位""地区级绿色学校"等地级荣誉 16 个。

据 2008 年统计，全校总占地面积 13.3 万平方米，建筑面积 40.2 万平方米，教学班 43 个，在校生 2400 人。

七、林芝地区第二中学

学校的校址在西藏自治区林芝地区八一镇。前身为 1973 年创办的西藏民族学院林芝分院附属中学。1977 年改名为拉萨市林芝县八一中学，1987 年改名为西藏林芝地区八一中学，1989 年改名为林芝地区中学，1997 年正式更名为林芝地区第二中学。

学校建有教学办公综合大楼、师生宿舍楼、餐厅等。有电化教学室、实验室、体育场、图书阅览室、医务室等配套的教学生活设施。学生以寄宿为主，享受人民助学金。学校注重启发式教学方法，以教师为主导，学生为主体，按照藏族学生的特点因材施教。注重教学管理，制定校长、教导主任、班主任、

物理实验课

教研组长的职责以及教师守则、学生条例、教师备课和授课、教师辅导和批改作业、听课、考试、卫生等一系列规章制度。学校要求教师教书育人，管理、服务育人，以身作则，言传身教结合，起好表率作用。注重对学生进行民族传统和西藏历史以及爱国主义和民族团结的教育。

2000 年，学校有 18 个班，其中高中 6 个班，初中 12 个班，学生 932 人，其中藏族 564 人；教职工 146 人，藏族 85 人。据统计，1973 年至 1998 年共毕业初、高中毕业生一万余人，向大、中专学校输送合格毕业生 3200 余人，还为干部、工人、农民、待业青年进行文化补习 8000 余人次。

八、日喀则第一高级中学

学校于 1960 年 9 月 11 日建立。建校初期，仅有 3 个初中班，90 多名学生，教师 10 余人，附设一个师范班和一个干训班；1972 年，师范班招收学生 50 名。十一届三中全会以后，学校立足当地实际，积极进行农村教育综合改革，通过改革办学模式，开展分流教育，坚持普教与职教、成教相结合，文化教育与技术教育相结合；从加强教育法制建设，加快教育改革，大力提高办学层次，努力做好实施义务教育的各项基础工作入手，以加强教师队伍的建设，努力提高教育质量，实行教育目标责任制，抓点带面，提高学校教育管理水平为重点，开展了卓有成效的工作。

1990 年，30 周年校庆时，已发展为一所拥有初、高中班的完全中学，学生 800 多人，教职工 150 多人。1988 年和 1990 年该校先后被评为地区、自治区民族团结先进集体；在 1989 年地区党建会上，校党支部被评为先进党支部；1989 年和 1990 年高考升学率均在 80% 以上，中考升学率在 50% 以上，名列全区前茅。截至 2000 年，学校培养了 2890 名高中毕业生，8769 名初中毕业生，300 余名师范、干训部的学生；为区内外高等院校输送了 1286 名新生，为区内外中等专业学校输送了 3210 名学生，为社会输送了 5840 余名劳动后备军。如今，他们遍及西藏的各条战线，其中不少同志已走上了各级领导岗位，有的已成为本地区乃至全区教育、科技战线上的骨干力量。如今日喀则第一高级中学已发展成为西藏自治区重点高级中学。

日喀则第一高级中学被授予“北京 2008 奥林匹克教育示范学校”和“中国人民解放军成都军区国防生源基地”等荣誉称号。

截至 2010 年，学校共有高中三个年级 48 个教学班，在校学生 2800 余人。2009 年高考中，学校考入重点本科人数创历史纪录。2010 年又创辉煌，该校高考总升学率达到 92.88%，其中重点本科上线人数为 2005 年的 2.7 倍，达到 195 人，占全区计划总数的五分之一。

九、阿里地区高级中学

学校坐落在狮泉河镇南边的狮泉河畔，创建于 1972 年。20 世纪 70 年代初，新疆维吾尔自治区教育厅（当时阿里地区归新疆管辖）根据阿里地区的实际需要，从各县小学选调了 6 名教师，在狮泉河南岸搭起了几个帐篷，于 1972 年 10 月 1 日创办了阿里地区中学，结束了阿里自古以来没有中学教育的历史。建校初期，学校只有初中部，学制 3 年。当年共招收了 45 名农牧民的子女，学费由政府负担，有的还享受一定的伙食补助。因为学生的程度参差不齐，采用的是小学教材，仅开设有藏语、汉语、政治等课程。一面教学，一面建校，第二年才盖起 20 多间校舍。1975 年，第一批学生毕业，学校改名为阿里地区中专中学，成为一所包括一个普通中学班、一个师资培训班、一个医训班的综合学校。1979 年，阿里地区划归西藏自治区管辖后，学校恢复原来的名称。1985 年，学校增设高中部，成为一所全日制的完全中学。1987 年时，全校共有 6 个年级 12 个班，在校学生 385 人，教职工 87 人。

近年来，学校在深化教学改革中，不断拓展办学思路，改进课程设置，增设新课程，为实施素质教育创造了必要的条件。根据学生的个性特长，学校先后开设了英语口语、应用文写作、植物栽培、动物饲养、藏汉文书法等7门选修课。同时，学校为适应素质教育的需要和拓宽学生的知识面，特地在教改班中开设了电脑课，并增设了有关网络的内容；增加了英语课课时设置的比重，由原来的每周二节增至四节。为保证青年教师的教学质量的提高，培养创新型人才，学校组建了师德管理组、业务考评组和科研指导组。目前，学校已形成了青年教师的师德有人“管”、业务有人“抓”、科研有人“导”的良好局面。一批批创新型青年骨干教师迅速成长，使学校素质教育的氛围愈加浓厚，人人参与科研的热情一浪高过一浪。

1999年，阿里第一中学被评为“全国学校体育卫生工作先进单位”；2005年被国家体育总局授予“全国群众体育先进单位”，自治区授予“五四红旗团委创建单位”；2000年、2004年，阿里第一中学连续两次被地区教育体育局授予“教育先进单位”“教育先进集体”等荣誉称号。

目前，全校共有初中12个班，高中10个班，学生1000余人，教师98人，其中专任教师80人。

十、那曲地区中学

学校于1974年创办，设在西藏自治区那曲镇南郊，是那曲地区唯一的完全中学。学校于1976年设立高中班，成为完全中学，学生由那曲地区所属的各县推荐，使用自编的教材。从1977年起，学校改变推荐录取的招生办法，实行德、智、体全面考核，择优录取的招生制度；开始使用全国统编教材，执行自治区颁布的中学教学计划，按教学计划设置课程，安排授课时数。1989年

那曲中学荣誉奖状

教师节，全国人大常委会副委员长阿沛·阿旺晋美视察学校，并题写了藏文手写体校名。

学校建有理化生实验室 5 个、多媒体教室 3 个、语音室 1 个、计算机教室 3 个，各教室配备了电子白板、多媒体投影、电视机、多功能播放器等现代化教学设备。建成了多媒体双向教学系统，建设了宽带数字化校园网络，教师人手一台高配置笔记本，教学办公实现了自动化、信息化。学校注重教学管理，切实加强了班主任责任制。他们选派具有多年教学经验的教师，特别是藏族教师负责各班的日常教学事务；同时，为了加强对学生的管理工作，又特设了副班主任，并由年富力强、工作踏实的教师担任。这种教育管理体制不但突出了教学工作，同时又着重将学生的管理工作落到实处，与学生保持较为紧密的联系，及时了解学生的学习、生活及心理状态等情况，努力发现现存的问题并予以正确处理。由于班主任对学生进行了针对性的教育，逐步消除学生在学习过程中存在的各种障碍，培养学习的积极性，增强学生的自信心，促进学生学习能力的提高。

2011 年，学校有 16 个班，其中初中 12 个班，高中 4 个班，学生 750 人（藏族 650 人）；现有在校学生近 1500 人，教职工 162 人，专任教师 131 人，其中高级教师 3 人，中级教师 28 人，研究生学历 8 人，拥有本科学历的教师 100%。近年来，学校贯彻落实科学发展观，树立“坚持以人为本、促进师生和谐发展”的办学理念，全面实施素质教育，取得了突出的办学成绩。如 1999 年毕业的李传刚同学被清华大学录取，2002 年自治区文科状元尼玛次仁同学被北京大学录取。自 2002 年该校学生参加全国数学联赛以来，已有数十人获得国家奖励，其中一等奖 4 人，二等奖 8 人，三等奖 20 人。

十一、山南地区第一中学

学校于 1970 年创办，设在西藏山南地区泽当镇，是山南地区唯一的完全中学。学校是在乃东县长建小学的基础上建立起来的，最初有 3 名教师，第一届招收 80 余名学生，分为 3 个教学班，开设汉语文和数学两门课。1977 年与东辉中学合并，改名东辉中学。1980 年，小学部迁出。1981 年从各县农牧民子女中录取 45 名学生，成为山南地区的完全中学。1982 年改为现名，学校

山南东辉中学

有配套的教学、办公、生活设施以及物理、化学、生物、历史、地理、数学、体育、音乐等科目的教学设备。学校对农牧民子女实行“三包”，即包吃、包穿、包住。为配合藏族地区发展成人教育事业，学校开始向成人教育方向发展，在坚持轮训少数民族在职干部的同时，还举办了小学教师训练班、民族艺术班、工艺班等，形成文、理、农并举，长期短期共存的格局。进入社会主义“四化”建设新时期后，为更好适应藏族地区社会主义现代化建设对不同层次人才的需要，学校在保证三个为主（即以招收初、高中学生为主，指令性计划为主，招收少数民族学生为主）的原则下，实行多层次、多形式办学；扩大了招生规模，增加了函授、夜校、走读、委培、联合办学等形式，形成了开放型的办学模式。

2000 年，学校有班级 26 个，其中 14 个藏语授课班，12 个汉语授课班，在校学生 116 人。

十二、昌都地区第一中学

学校设在西藏昌都地区昌都镇马草坝。其前身为1956年创办的昌都实验小学，1960年招收第一批初中生20余人，1967年，初中部迁至昌都喇嘛寺，成为昌都地区初级中学。1971年中学部和小学部合并，改名为昌都学校。1974年，开始招收高中学生。1975年中学和小学分开，中学迁至现址，改名为昌都地区中学。1987年改现名。1989年，开始实行由校领导和教导处督察下的年级组责任制。学校有配套的教学楼、办公楼、师生宿舍楼、饭厅等教学和生活设施，有现代化的地面卫星接收器、录放像设备、电影放映机、天文望远镜、计算机等电化教学设备。

2000年,学校有24个班,学生1123人;教职工154人,其中专任教师112人。办学以来，毕业学生一万余人。

截至2011年，该校占地面积41501平方米，建筑面积35802平方米，共设50个教学班，学生共有2120人，其中享受三包学生为1669人，占全校学生总数的78.7%。

十三、山南地区扎囊县中学

校址在山南地区扎囊县县城内。前身为1959年创办的扎唐民办小学。1962年改扎唐公办小学。1973年开始设初中班。1983年改现名。该校是四年制（预科、初一、初二、初三）的初级中学。生源来自全县各地。办学宗旨是为完全中学输送合格的藏族学生。学生以寄宿为主。各年级均设藏语文课。

1980年至1983年，学校采取以汉语文为主，单科加授藏语文的形式教学；1984年至1986年采取以藏语文为主，单科加授汉语文的形式教学；1987年以后，两种教学形式并用。学校教学设备齐全，电教设备和教学仪器可供两个班同时使用。学校提倡教师苦教，学生苦学。重视德育教育。重视制度建设，建立和推行校长、教导主任、班主任工作岗位责任制和学校目标管理责任制考核细则。以“团结、文明、求实、创新”为校训。1984年，学校实行了《教师岗位责任制》，重视加强学生的思想政治工作和德、智、体、美、劳的全面发展。通过共青团队的工作，开展丰富多彩的课外活动，组织美术和文艺等兴趣小组，加强了课外知识的学习。经过几十年的发展，学校在校学生 824 人，藏族 806 人，教职工 103 人，专任教师 82 人。1989 年除向高一级的学校输送合格的毕业生外，还为本县培训小学教师 86 人、区乡干部 130 人。1986 年，被评为“全国先进学校”；1988 年，被评为“全国体育先进学校”。

目前，学校的办学规模逐年扩大。2011 年底，学校共有教职工 135 人，全校 35 个教学班，其中初中班 30 个，职高班 5 个。初中生在校生 1856 人（享受三包政策的学生为 1844 人），职高生 122 人。

十四、亚东中学

学校的校址在西藏自治区亚东县下司马镇西南方丹巴山脚下，是日喀则地区重点中学，也是西藏自治区边境县唯一的完全中学。前身为亚东县小学，1955 年创办。1974 年改为现名，并开始招收初中生。1976 年开始招收高中生。1986 年改完全中学，学校面向全县招生。1985 年开始，学校对学生实行“三包”，即包吃、包穿、包住。注重藏语文的教学，除汉语文作为必修课单独开课外，其余各科均用藏语文授课。除全日制中学的课程外，增设有藏族文化等课程。同时，学校把文化教育和劳技教育同等对待，重视文化教育与劳技教育相结合，开发学生思想，陶冶品质，激发劳动热情，自觉养成艰苦奋斗、勤俭节约、热爱劳动、爱护公共财产、尊重劳动成果的良好习惯。学校致力培养“四有”新人。从学生实际出发，分类指导，因人施教。做到升学者品学兼优，不能升学者也具有为改变藏族地区贫困面貌贡献力量的本领。

学校建有教学大楼、办公大楼、教师学生宿舍楼及地面卫星接收站等，教学大楼内设有图书室、科技室、教具室、电教室、音乐室、乒乓球室等。学校还成立了业余藏戏团，自编自导自演，在县内外的藏族地区巡回演出，受到藏族群众的欢迎。2000 年，学校有 12 个班，学生 632 人，大部分为藏族；教职工 68 人，共毕业初、高中学生 2800 余人。现今，学校共有三个年级，九个班级，395 名学生，57 名教职工，52 名专职教师。2011 年，学校共三个年级，九个班，共有 395 名学生。

十五、拉萨市第一中学

学校的校址在拉萨市。学校的前身是1955年创建的拉萨小学分校，1976年挂牌为拉萨市中学，1978年改为现名，1998年成为初级中学。自建校以来，历届校领导始终抓好领导班子建设和师资队伍建设，注重校纪校风的整顿，严格执行各项规章制度，加强科学管理，以政治思想教育为前导，以法制教育为核心，促进学风、教风、校风建设。学校注意联系家长，联系社会，积极开展学雷锋活动和课外活动。学校还提倡“富有理想，进取创新”的校风、“热爱学生,精益求精”的教风以及“勤于思考,刻苦钻研”的学风。注意培养学生分析、解决问题的能力，有40多人次在拉萨市、自治区及全国的竞赛中获奖，其中江措、德央同学1996年获全国“华罗庚杯”数学竞赛铜奖；2000年范强、毛妮同学获得全国“华罗庚杯”数学竞赛西藏赛区一等奖；王琨熠等数十名同学分获全国2001年数学竞赛一、二、三等奖；王伟等五名同学获得2000年全国初中英语竞赛一、二等奖；郑雅倩、常琦伟同学1998年获第九届全国科技发明银、铜奖；晋米扎西同学1999年获第一届手拉手“珠穆朗玛杯”少儿书法大赛金奖；范春艳等8名同学获1999年全区初中数学竞赛大奖。

学校占地面积34606平方米，校舍建筑总面积11740平方米，其中教学楼4020平方米，电教实验楼1200平方米，阶梯教室、音乐室200平方米，行政办公楼850平方米，教工宿舍5560平方米，其他用房470平方米，运动场7360平方米，绿化面积10080平方米。教学楼内有物理、化学、生物实验室，教室内装有闭路电视教学系统。附设校办工厂，还有生产实验基地，栽种蔬菜和进行各种农作物的实验。据2001年统计，学校有初中汉文班6个，藏文班21个，在校学生1271人，其中汉族256人，少数民族1015人；教职工133人，专任教师116人，行政人员4人，教辅人员1人，工勤人员12人。

学校在1987年被国家教委授予全国中小学实验室与仪器工作先进集体、被国家体委命名为全国先进体育传统项目学校；1993年获自治区首次完全中学办学水平评估先进学校、全国贯彻《学校体育工作条例优秀学校》；1997年获全国群众体育先进集体。并先后荣获“自治区合格学校”“拉萨市示范学校”“拉萨市素质教育试点学校”“现代教育技术实验学校”定点学校。

第三章

中等专业教育

第一节　中等专业教育的发展概况

中华人民共和国成立以前，没有专设的西藏中等专业学校。西藏的中等教育起步较晚。1960年，随着西藏的和平解放及后来平息叛乱的结束，广大藏族人民群众渴求知识的要求，促进了基础教育的发展，迫切需要师资的补充。在这种情况下，于拉萨创办了第一所师范学校——拉萨师范学校。该校在拉萨中学师资训练班的基础上，于1960年开始筹建，1961年正式成立，1963年停办。

1960年4月，自治区公安学校筹建，1965年改名为西藏自治区公安干校，于1967年停办。1965年6月12日，创办了拉萨半工半读技工学校。那曲地区的第一所畜牧兽医学校于1965年11月18日开学，是那曲地委为适应当地牧业生产发展需要而举办的。1966年在拉萨试办了自治区农牧体育学校，3年后于1969年撤销。1966年创办了自

电化教室

治区邮电学校，于1974年撤销。1966年3月1日，西藏第一所半农（牧）半读学校（西藏自治区师范学校）举行开学典礼，是时西藏自治区领导周仁川、阿沛·阿旺晋美、帕巴拉·格列朗杰等到会祝贺。到“文化大革命”开始时，西藏全区已有中等专业学校4所。

20世纪70年代，西藏各专业学校陆续开办。例如1972年10月15日，西藏自治区的第一所卫生学校举行开学典礼；1973年10月16日，西藏第一所财政金融学校开学；1975年12月16日，西藏第一所农牧学校在拉萨开学。到1976年，西藏全区已开办农牧、财贸、卫生等专业学校12所。1979年7月，西藏开始筹办艺术学校，并于翌年9月1日在拉萨开学。到1979年底，西藏的中等专业学校发展到28所。这些学校一部分是按照全国统一的体制建设和发展的，还有一部分是适应西藏的特点和需要举办的。这样既能贯彻国家统一的教育方针和任务，又能照顾西藏的特点和需要。例如，在办学方式上，既有大量的普通中等专业学校，又针对藏族地区实际工作和开发建设的

中等专业学校的实践课

需要，兴办了各类中等专业学校和中等师范学校。进入社会主义现代化建设新时期以来，还举办了一批中等技术学校和职业学校。这些学校的主要任务是为西藏培养掌握一定专业基础和生产技能的劳动后备和技术后备力量，为发展西藏的经济以及尽快实现四化培养人才。办学形式、教学、教材、课程设置以及学制，从西藏的实际出发，依各学校培养目标、业务范围不同而定。招收藏族初中毕业生和生长在西藏有志于为藏族地区经济建设服务的汉族学生。修业年限 2 年至 4 年不等。设有政治、文化、业务技术、生产劳动及实习等课程。

十一届三中全会以后，西藏自治区采取了适当收缩的政策，撤销了一部分布点不合理且办学条件差的中小学校，调整了大部分重复设置的中等专业学校，明确了办学方针和方向。中等专业学校缩减到 13 所，保留了自治区邮电学校、自治区农机学校、自治区公安学校、自治区体育学校、自治区艺术学校、自治区财经学校、自治区卫生学校、拉萨师范学校、昌都师范学校、山南师范学校、日喀则师范学校、日喀则卫生学校、那曲师范学校。

1984 年，中国人民银行在西藏筹建成立了西藏银行学校，担负为西藏金融系统培养人才的任务。1992 年，商业厅在原商业职工学校的基础上成立了自治区商业学校。1993 年，自治区工业电力厅在原自治区水电技工学校的基础上成立了自治区电力学校。到 1996 年，除中等师范学校外，其他中等专业学校共设置农学、畜牧兽医、林学、农机、财务会计、财政、计划统计、社区医学、预防医学、护士、药剂、无线电通讯（信）、程控交换、邮政通信管理、邮电财会、公安政保、外事管理、通讯（信）、治安、刑事侦查、银行信贷、农村金融、歌舞、舞蹈表演、器乐演奏、声乐、舞台美术、音乐师范、体育师范、体育运动、商业会计、计划统计、市场营销、计算机、电力、水动等 37 个专业，除少数专业外，其他大部分专业都保持了连续招生或隔年招生。据 1996 年统计，在校中专学生 4882 人，加上各类培训班的学员，在校学生已超过五千人。

20 世纪末，西藏自治区中等专业学校为 16 所，涉及西藏的工、农、商、金融、卫生、体育、艺术、教育等各行各业。近几年来，随着西藏自治区经济不断发展，西藏中等职业技术人才呈现严重短缺的态势，职业教育体制僵化、结构不合理等弊病纷纷显现。西藏自治区经反复研究后，决定对中等职业技术学校进行较大的调整，经撤销、合并、改制后，中等职业技术学校总数由 16 所降为

6所。2005年7月，原自治区农牧学校和自治区综合中专学校合并组建了西藏的第一所高等职业院校——西藏职业技术学院。

截至2009年年底，全区中等职业学校6所，县级职教中心74所，在校生达210003人。全区已经初步建立起职业教育与普通教育、成人教育相互补充的教育体系。

目前，全区六所中等职业学校为：西藏自治区体育成人中专学校、那曲地区职业技术学校、昌都地区职业技术学校、日喀则地区职业技术学校、林芝地区职业技术学校、山南地区职业技术学校。

第二节　中等专业学校简况

六十年来，西藏自治区中等教育的发展发生了重大变化，总体看，分为两个阶段：第一阶段，1953 年—2000 年，西藏中等教育起步期，全区初步建立了各个行业的职业技能教育。第二阶段，2001 年—2010 年，西藏中等教育的转型期，这一时期西藏中等教育以适应社会发展需求为主要特点。

第一阶段（1953—2000），全区共建立 16 所中等专业学校：

一、西藏自治区艺术学校

校址在拉萨市西郊北京路，隶属西藏自治区文化厅，1979 年创办。初期校址在拉萨市八角街，1982 年迁至现在的地址，属自治区文化厅，是西藏唯一的一所培养少数民族中等艺术专业人才的学校。

学校建有教学楼、舞蹈练功房、音乐欣赏室、琴房、电教室等。该校是培养少数民族中等艺术专业人才的学校。设有舞蹈、声乐、器乐、舞台美术、藏戏、影视、话剧、音美普通师范等专业。学生来源为初中毕业生。建校以来，积极收集、发掘、研究、整理藏民族文化遗产，如由该校教师编写的《论西藏登人及其歌舞艺术》《保护与发展民族民间舞蹈及传统舞蹈的传授方法》《雪域东部民间歌舞“卓”和“果卓”的个性及发展》《初探雪域东部热巴艺术》《弦子舞》等，受到国内外舞蹈界的瞩目。还收集、整理西藏民间歌曲及舞蹈，作为上课的教材。1989 年与自治区广播电视厅、文化厅、拉萨电视台联合录制了西藏民间歌曲《圣地之光》。除课堂教学外，积极开展教学实践活动，坚持“走出去，请进来”的办学方针。1988 年，舞蹈专业应届毕业生参加了在香港举行的第三届国际舞蹈节和首届羊城（广州）国际舞蹈节。1989 年，在全区首届话剧小品比赛中，5 个小品分别获得创作一、二、三等奖。与自治区话剧团联合拍摄新创作的 5 部电视小品，受到藏族群众的喜爱。

据 1998 年统计，该校有专任教师 58 人，其中高级讲师 2 名，讲师 21 人，助理讲师 21 人。招收有藏、回、纳西、门巴、珞巴等少数民族和登巴、夏尔巴的学生。三十多年来，为西藏培养出中等艺术毕业学生 2000 余人，代培和培训舞蹈编导、作曲、声乐、芭蕾舞、现代舞专业人才 300 多人次。

二、西藏自治区银行学校

校址在拉萨市金珠中路，前身为西藏银行干部学校，1982 年 12 月改为现名。为西藏唯一的中等金融专业教育基地，隶属中国人民银行教育司，中国人民银行西藏自治区分行代管。学校建有教学楼、图书馆、微型计算机操作实验室、体育场和副食品蔬菜生产基地。设银行会计和银行信贷专业。

学校在教学工作中采取了以下有效措施：（1）在以往建立健全教学管理制度的基础上，不断修订充实教学管理文件，完善规范教学工作条例，使教学工作有法可依、有章可循。（2）对教学管理系统进行了优化，树立了管理信息的思想，坚持巡视教学课堂的制度，加强教学实施过程中的动态分析、反馈、评价，使教学秩序和教学质量得到及时有效的监控，达到教学各个环节、各个过程的最优化。（3）采取现代化管理手段，在学籍管理、教学管理、图书教材管理、试题库管理等方面实行了计算机辅助教学管理系统，提高了教学管理工作效率和工作质量。

学校始终坚持从严治校，重视师资队伍的建设，不断建立和健全各项规章制度，使教学、管理和后勤保障工作逐步走上正轨。按照中国人民银行的“一个基地、两个任务”的指示，在办好普通中专教育的同时，积极承担干部培训任务。1998 年，在校学生 640 人，专任教师 30 人，其中高级讲师 1 人，讲师 15 人，助理讲师 14 人。自建校至 1998 年共培训在职干部 842 人，毕业干部中专生 263 人、普通中专生 420 人。

三、西藏自治区农牧学校

该校校址在拉萨市西郊堆龙德庆县，原名西藏农机学校，1974 年在堆龙地方的河沙石滩上筹建。1975 年正式招生，属西藏军区生产建设师。1982 年改名西藏自治区农牧学校，属自治区农牧厅。主要培养中等农牧技术人才，现属西藏自治区农牧林业委员会，是自治区唯一的一所农牧林综合性的中等专业技术学校。主要任务是为西藏自治区培养基层农牧林技术推广人才。

学校的办学宗旨是：立足振兴西藏的经济，为西藏经济建设服务。重视基础理论和基本技能的训练，实行以德、智、体综合测评为依据的奖学金和中期筛选的教育体制。学校设农学、林学、农机、畜牧兽医 4 个专业，学制 4 年。学校坚持以教学为中心，重视教书育人，严谨治学，严格管理。教学中要求理论教学和实践教学相结合，培养实践能力强、专业基础扎实的中等技术人才。

根据改革的要求，学校采取两条腿走路的办法：一是继续在国家的统一管理下招收统招统分学生和统招不包分配的学生；二是跳出计划的圈子，面向农村和农牧业生产第一线招收农村留得住的委培生、代培生（即全日制班和农村致富班、成人班）。对农村学生采取宽进严出、免试入学、保送上学等方式，解决“招不来、下不去、留不住”的问题。特别是对农村的“三后生”、有志学农的青年和乡村干部进校学习开绿灯，打破限制年龄上学、限制无婚上学的规定，为农村学生放长线学习和放短线学习提供条件。

1990 年有教学班 9 个，其中农学 3 个班，林学 2 个班，兽医 4 个班。有 5 个实验室、1 个教学实习兽医站、1 个教学实验农场、1 个实验动物饲养场。

据 1998 年统计，学校在校学生 872 人（藏族 643 人，并有少量其他少数民族）；有专任教师 64 人，其中讲师 21 人，助理讲师 43 人，教学人员中少数民族占三分之一以上。据统计，1975 年至 1998 年学校共为西藏自治区培养农机、农学、林学、畜牧兽医等各类专业人才 1900 余人，举办各类专业技术干部培训班 28 期，培训学生 947 人。

四、西藏自治区商业学校

该校校址在拉萨市北郊，占地面积 8.8 万平方米，校舍建筑面积 1.05 万平方米。该校的前身是商业干部训练班，创建于 1980 年，1991 年经西藏自治区人民政府批准成立了商业学校。三十多年来，在西藏自治区贸易厅的直接领导和区教委等有关部门的大力支持和指导下，举办了文化补习班、干部培训班、成人中专班、普通中专班等，共培养成人中专毕业生 180 人、普通中专毕业生 119 人、各类专业干部培训 1232 人，为西藏商业的发展以及全区的经济建设培养和输送了急需的专业人才。

学校开设了流通财会、统计、市场营销、微机等四个专业。有教职工 78 人，其中专任教师 43 人，讲师 14 人，助理讲师 29 人。在校学生 380 人。学校的办学设施不断完善，现建有语音室、微机室、图书阅览室、体育场等，各科室均配备了微机，并建立了教学管理系统和各科室网络系统。

建校以来，学校始终坚持党的教育方针，坚持“德育第一、全面发展”的培养目标。为了提高教学质量，首先狠抓教师队伍的建设，努力提高教师队伍的政治素质和专业素质以及职业道德教育，使教师为人师表，做到教书育人。此外，学校还制定了一套完整的、科学的管理体系，对学生进行半军事化的管理，各项工作做到有章可循，有法可依，使学校秩序井然。

五、西藏自治区财经学校

该校坐落于拉萨西郊，东眺布达拉宫，北靠罗布林卡，南临拉萨河，是自治区成立最早的财经中等专业学校。其前身为 1972 年创办的西藏自治区财政金融局财会干训班，1973 年改为西藏自治区财政金融学校，属西藏自治区财政金融局管辖。下设文化补习班，农业财务专业和各种综合班，以短期培训财会人员为主。学制分为 6 个月、2 年、3 年三种。学生大多数是农牧区初中、小学毕业生以及复退军人和城镇初中毕业生，采取考试与推荐相结合的办法择优录取，结业后面向西藏全区分配。1977 年底改为现名，并由短期培训为主转为以四年制中等专业教育为主，设财政、财务会计、商业会计、金融统计等专业，学制四年。

三十多年来，学校始终贯彻党的教育方针，坚持教书育人、管理育人、服务育人，并以教学为中心的宗旨，艰苦奋斗，勤俭办学，为西藏的财政金融建设做出了应有的贡献。校园占地面积 7 万平方米，建筑面积 13700 平方米，建有微机操作实验室和图书馆等，已初具现代化规模和最新设备。1998 年，学校有教职工 74 人，其中专任教师 31 人，讲师 13 人，助教 18 人。在校学生人数 397 人。

六、西藏自治区邮电学校

校址在拉萨市金珠西路。该校是西藏唯一的一所邮电中等专业学校。学校是在 1966 年西藏自治区邮电管理局邮电训练班的基础上创办的。学校建有电子技术基础、微型计算机实验室、图书馆等。设邮政通信、综合电信、载波通信、无线电短波单边带通信、机要交通、卫星通信、企业经济管理与财务、企业管理、无线人工报务和自动报务等专业。

学校坚持多层次、多渠道、多规格办学的方针。除普通中专班外，还举办了职工干部中专班、技工班、文化补习班、专业技术进修班，并利用学校现有的条件为社会服务。1987 年先后与区办公厅机要处联合开办了机要通信学习班，为西藏自治区和拉萨部队培训了大批专业技术人才。据 1998 年统计，学校有教职工 75 人，其中专任教师 37 人，讲师 10 人，助教 27 人。在校学生人数 220 人。

学校面向 21 世纪加大教育改革力度，在办学体制上与全国接轨，框架上与全国一致，从低起点开始，逐步建立与全国、全区教育改革与发展相适应，与西藏邮电事业相适应的职业教育体制。在办学模式上，从旧的计划经济体制下的办学模式中解脱出来，解放思想，转变观念，探索出走产教结合的办学之路，加强素质教育，拓宽培养人才的渠道，把西藏自治区邮电学校发展建设成西藏一流的学校。

七、西藏自治区体育学校

该校位于拉萨市北郊娘热路中段。前身为1966年试办于拉萨市西郊金珠西路的西藏自治区农牧体育学校，1969年撤销。1974年筹建西藏自治区体育学校。初在拉萨市林廓东路，1975年迁至西藏林芝县八一镇，1976年开学，学制3—4年。1988年迁至现址，并改为现名。学校设有体育运动专业和普通体育师范专业，学制分别为6年和4年。主要任务是培养体工队后备运动员和部分小学体育师资等。学校在教学中注意改进教学方法：（1）从具体的形象思维向抽象思维发展的训练。教学中，采用了分阶段、有目的、有步骤、由简到繁地进行逻辑思维的训练，逐步使学生学会分析与综合、归纳与演绎等抽象的逻辑思维方法。（2）注意逆向思维的训练。教师经常引导学生从正反两方面思考问题，寻找答案，特别注意使学生消除习惯思维的约束，进行逆向思维，这样可使一些问题容易得到解决。（3）启发诱导，注意独创性思维的训练。如果学生的思维局限在按部就班的思考水平上，就无法形成灵活、敏捷、独创的思维品质。对此，学校的教师有意识地引导学生进行一些间断的、转移的独创思维训练。这样既开阔了学生的思维，又发展了学生的综合能力。经过学校的教学改革，学生的学习成绩与综合能力有很大的提高。

据1998年统计，学校有教职工55人，其中专任教师33人，高级讲师1人，讲师14人，助教18人。在校学生人数76人。近几年，学校为提高学校的教育教学水平，提高教师的素质，实行了“送出去，请进来，以老带新”等多种形式进行培训，不仅提高了教师的业务水平，同时教学能力也大大提高。

八、西藏自治区警察学校

该校位于拉萨市北郊夺底路。前身为西藏公安干部训练班，1956年组建。1957年并入中央人民公安学院，设立西藏班。1960年，在拉萨组建西藏自治区公安学校；1965年改名为西藏自治区政法干校；1973年改为西藏自治区公安局公安学校；1974年改为西藏自治区政法干校；1978年恢复西藏自治区公安局公安学校，校址在拉萨策墨林；1987年迁至现址。它是西藏唯一的一所培养公安干警的学校。

学校设有刑侦、预审、法制、刑诉、政保、劳改劳教等专业。据1998年统计，学校有教职工79人，其中专任教师42人，讲师10人，助教32人，在校学生323人。学校实行军事化管理，培养具有较扎实科学文化基础知识和公安业务基础知识以及较强的公安专业基本功的公安干警。

近些年，学校进一步解放思想，更新观念，拓宽办学路子。在继续办好原有专业的基础上，增设了法律和计算机等专业。此外，学校组织派人去内地兄弟学校考察，吸取办学先进经验，为培养跨世纪人才制定了远景目标。

九、西藏自治区卫生学校

1972年10月15日，西藏自治区的第一所卫生学校举行开学典礼。学校设藏医药、医士、妇幼医士、护士等4个专业。藏医药专业在藏族地区很有影响，使藏医药专业人员的培养由寺院转入正规中等专业学校，主要使用自己刻印的《四部医典》《宝瓶明灯》《实践集》等20多种藏医教材。学校的教师参与了全国藏医中等学校统一教材，目前已被各个藏医学校所使用。

藏医钦绕罗布像

学校为培养高层次藏医人才，1989年增设了藏医系，学制3年，设29门课程，其中藏医17门，教材均由学校自编。通过3年的学习，可掌握藏医学基础知识和技能，可对常见病、多发病、地方病进行防治。学校组织教师选编《四部医典》，使之能够反映藏医药学术发展的最新成果、新兴学科和边缘学科的最新知识以及医学理论与临床实践相结合的最新内容，使教学内容随着医学的发展不断更新，能反映学科发展的状况。在教学内容与课程设置的改革中，坚持“解放思想、实事求是”的原则，坚持“去粗取精”和“扬弃”的观点，坚持以“三个面向”为指导思想，坚持以21世纪医学人才的知识结构、能力、素质等各方面的要求为依据，以达到教学内容与课程设置的优化组合。

据1998年统计，学校有教职工120人，其中专任教师64人，高级讲师4人，讲师32人，助教28人。在校学生309人。

十、日喀则卫生学校

学校创办于20世纪70年代，设在日喀则市。党的十一届三中全会以来，学校以教材改革为突破口，改革教学内容，改进教学方法。重点抓了以下几项工作：首先，加强教学管理，完善目标体系、运行与评估机制，加强教学宏观管理和教学运行中各环节的微观调控，实现传统藏医药教学模式、教学内容、方法、方式上的转变，在加快传统藏医药教材改革中注意保留传统特色，合理吸收现代医学知识以及现代教学的临床、实验等手段，为一专多能实用藏医药专业人才的培养提供重要保证。其次，针对当前卫生教育方面存在的问题，加大教研教改力度，改进教学方法，反对注入式的、死记硬背的教学，提高课堂效率。再次，加强师资力量。不断改革完善培养师资的方式和方法，重点强化藏语文师资的专业素质，也要注重对教师艰苦创业、忠诚教育事业、爱岗敬业为主要内容的职业道德教育，培养一批素质较高以及下得去、留得住的师资队伍。1996年根据自治区大中专教育改革的意见，学校不再招收全日制普通中专学生，改为以成人教育培训和为农牧民脱贫致富服务的成人职业技术培训。在前几年招生规模的基础上，适当缩减招生规模，减少国家计划内分配招生计划，增加自谋职业者招生计划，实行缴费上学，打开人才通向农牧区、基层之路。

据1998年统计，学校有教职工63人，其中专任教师32人，讲师9人，助教23人。在校学生186人。

十一、西藏自治区电力学校

1993 年，自治区工业电力厅在原自治区水电技工学校的基础上成立西藏自治区电力学校。该校建有设施较为完备的电化教学楼、电子计算机楼和实验室等。学校在提高教学质量方面，根据存在的问题提出针对性的措施和办法。第一，要把教学内容与课程设置改革作为重点来抓。第二，要加强师资队伍的建设，提高师资的综合素质，调动教师教学的积极性和创造性。教师教育观念、教学方法、知识结构、能力结构、综合素质的程度直接关系到教学质量的高低。第三，加强教学管理，改善办学条件。尤其是实习基地建设、实验室建设、学科建设等直接关系到理论与实践的结合问题，关系到学生动手、动脑能力的培养。第四，调动学生学习积极性。学生学习的主动性、创造性、自学能力、研究能力、思考能力及综合素质的培养，可以直接反映出教育质量和教学水平。由于采取了以上措施和办法，学校的教学质量有很大提高。

据 1998 年统计，学校有教职工 92 人，其中专任教师 55 人。在校学生 59 人。

十二、拉萨市师范学校

1961 年创建，建在拉萨色拉寺的对面。学校占地面积 110 亩，建筑面积 2 万多平方米；在校学生 1200 名，包含藏、汉、回等 8 个民族。其中，以藏族学生为主体的少数民族学生占 80% 以上。学校的主要任务是为拉萨市各县（区）和西藏其他地（市）培养能用藏汉两种语言文字进行教学的小学教师。学校的招生对象从文盲半文盲、小学生向初中生和高中生为主过渡；学制在职小学教师中师班和普通中师班由三年向四年过渡。据统计，1977 年到 1988 年，学校共培养中师毕业生 690 名，其中少数民族 550 名，占 79.7%；还为拉萨、林芝地区开办各种教师班 30 个，参加人数 381 名。为了加强师范教育，适应西藏基础教育的需要，学校十分重视藏语文教学。学校规定，藏族中师生在四年内将安排藏文课 877 节，加上四年级选修课，课时达 1000 余节，占总课时的 20.7%；汉族中师生藏文课时 595 节，占总课时的 12.3%。学校还十分重视学生的教育见习和实习工作，从二年级起，每年定期实习。从 1987 年起，还将毕业实习地点由城市改为农牧区。

1998 年学校从多方面筹措教育经费 1000 多万元，相当于前 20 年学校固定资产总额。其中江苏省资助的资金达 800 多万元。学校建有办公大楼、教学大楼、培训大楼以及教师宿舍楼和学生宿舍大楼。学校除一般实验仪器和设备外，还有语音室、微机教室、电化教室、电教系统总控室、电视教学闭路系统、钢琴房、健身房、室内篮球场、手工教室、舞蹈室、美术模型室、美展室等。学校还添置了许多现代化的教学仪器和设备以及钢琴、电子琴、手风琴、各种乐器等。学校新建了图书阅览室，订购 200 余种报刊，满足了教师和学生的求知欲望

学校狠抓教学管理，改革单一的办学模式，逐步建立了多形式、多层次、多规格、全方位办学模式，办好普通班，扩大在职教师培训规模，开办中师函授教育，积极做好举办大专实验班的各项准备工作；改革单一的教学模式，逐步建立以必修课为主，课外活动、教学实践、选修课、必修课等有机结合的立体型教学模式；改革单一的传统课堂授课模式，逐步建立传授知识与技能的多样化模式，实行课堂授课与课后辅导相结合，课堂教学与实验、实习相结合，知识传授与技能训练相结合，集体辅导与单兵教练相结合，传统教学手段与现代化教学手段相结合；改革单一的书面考试的测试模式，逐步建立书面考试、技能考核、跟踪考察、综合考评的多视觉测试模式；改革单一的证书发放模式，逐步建立毕业证书和合格证书相结合的证书发放模式。从 1998 年开始在全校推出发放四种合格证书（即初级电脑合格证书，初级英语合格证书，钢笔字、粉笔字、毛笔字和美术字合格证书，普通话合格证书）的办法。由于采取了多种措施，教学质量得到不断提高。据 1998 年统计，学生各科考试成绩各个等级平均上升了 13 个百分点；学生各科期末考试成绩及格率已由 1995 年的 52.6% 上升到 98.5%；优秀率也由原来的 20% 上升到 48%。

学校肩负着为拉萨、林芝等地、市培养、培训小学师资及培养全自治区汉族小学教师、幼儿教师的任务。据 1998 年统计，学校共有教职工 127 人，其中专任教师 90 人，少数民族占近 80%。学历结构为高级讲师 3 人，讲师 41 人，助理讲师 46 人。为了大面积提高教师的教学、研究及专业水平，学校从 1995 年起，先后共组织了 6 批教师到江苏省进修。学校还采取了一些鼓励教师自学提高业务能力、教学水平和教研能力的措施。此外，学校开展岗位练兵，

加强教学基本功的训练。通过开展多种形式的观摩课、公共课、优质课评选以及教学基本功比赛，使教师们相互学习，共同提高。以上这些措施的实行，使得学校教师的整体业务素质有了明显提高。近两年，教师论文创作非常活跃，每学期都撰写50多篇论文，内容涉及教育和教学等各个方面，有的文章还在省级、国家级刊物上发表。据2001年统计，五年来，全校教师共撰写论文370多篇，公开发表160多篇，出版论文集1部，委托《西藏教育》杂志编辑出版《拉萨师范学校》专辑1期，编辑出版《拉萨师范论文集》1册。由于狠抓了师资队伍的建设，从而优化了教师队伍的整体素质。学校教师中涌现出市级教学能手6人，优秀教师12人，市级优质课教师2人，校级优秀教师30人次。今年学校又有10多名青年教师被西藏自治区教委确定为省级青年骨干教师。

1996年，学校被评为"全国群众性体育工作先进单位","西藏自治区、拉萨市普法先进单位"。1997年，学校被评为"拉萨市绿化、美化、净化第一名"。1998年，学校又被评为"拉萨市精神文明建设先进单位"。1995年以来，先后获得了"全国民族团结进步模范单位"以及区、市"文明学校"等荣誉称号。

十三、日喀则地区师范学校

学校于1975年创办，校址在日喀则的班禅大师新宫南侧。1987年，根据日喀则师范学校发展的需要，上级有关部门决定将学校搬迁新建。工程于1989年4月正式动工，大部分基建项目于1990年9月交付使用，新址在日喀则市北京南路中段，总建筑面积17000多平方米，建有教学楼、实验楼、图书楼、电化教室、电子计算机室、音乐教室及琴房等。

学校主要任务是为日喀则地区培养能用藏汉两种语言文字进行教学的小学教师，同时还为阿里地区代培小学教师。学校为提高教学质量，根据存在的问题提出针对性的措施与办法。第一，坚持坚定正确的政治方向，着力提高学生的政治思想道德素质。第二，坚持"两个主动适应"，着力提高学生的文化专业知识和技能的素质。第三，认真落实学校卫生体育工作条例，着力增强提高学生的身体健康素质。第四，调动学生的学习积极性，更好地适应社会发展和农牧区教育发展对毕业生素质的需要。由于采取了以上措施和办法，学校各方面的工作有所发展，同时在办学上显示出三个特点：一是民族特点，每年招收藏族学生不少于95%，用藏文编写教材。二是乡村特点，学校的教师自编农机课教材，培养学生承担农村小学劳动课教学的能力和引导当地农民发展商品经济的能力。三是多科型特点，除普通师范外，增设了幼师、艺师、体师等专业班。

据1998年统计，学校有教职工121人，其中专任教师72人，高级讲师4人，讲师18人，助教50人。在校学生703人。学校自成立到1998年共培养中师毕业生2000余名，其中藏族学生约占毕业生总数的95%以上；培养进修生500余名。该校毕业的学生已遍布日喀则地区和阿里地区的各县，据各用人单位反映，该校毕业的学生政治素质较好，业务水平高，深受欢迎，有些学生已经成为骨干。

十四、山南地区师范学校

1995年创办，该校的校址在山南地区行署所在地泽当镇。学院在扩建教学楼、办公楼、教职工与学生宿舍楼等方面都取得了新的进展，并新建了运动场，体育和其他教学设备得到了更新和充实。学校为突出民族师范特点，以培养热爱民族教育，一专多能，兼通藏、汉语文的民族小学师资为宗旨，坚持面向藏族等少数民族地区、面向农牧区基层、面向小学教育的指导思想，主要招收山南地区所属各县民族中学的初中毕业生，学制3年。设藏语文、汉语文、数学、物理、化学、生物、政治、历史、地理、体育、音乐、美术、英语、电教等14门课程，使用藏、汉两种语言进行教学。

在深化改革，提高教学质量，加强教学管理过程中，学校确立了“德育第一、全面发展”的培养目标，在“解放思想，继承发展，求实创新”的原则指导下，坚持以教学为中心；以转变传统教育观念、更新教学模式、改革教学内容和教学方法为重点；以科研开发为龙头；以培养优秀师资为依托，不断地提高教学质量、办学水平和效益。

据1998年统计，学校有教职工72人，其中专任教师47人，高级讲师1人，讲师21人，助教17人。在校学生406人。该校每年向社会输送毕业生80余人，培养在职师资50余人。

十五、昌都地区师范学校

该校创立于1974年11月，最初设在波密县扎木镇。1974年秋至1975年1月，完成了首批招生任务，当时学生绝大多数小学未毕业，根据学生的不同文化程度，分别编为三个年级，教授小学高年级的课程，然后按各县的需求，为昌都地区小学教育培养了应急师资。1976年9月，首届68名学生毕业。1980年经行署批准，学校自波密搬迁到离昌都市区10公里的俄洛桥。创立初期，学校主要招收“社来社去”的学员，学生的质量较差。党的十一届三中全会以后，昌都地区加强了该校的领导力量，逐步充实了师资，增加了教育经费，改善了办学条件。1984年后，学校全面贯彻党的教育方针，突出了师范性和民族性，加强了教学实习。以教学为中心，调整了课程设置，除按照自治区教委《中等师范学校四年制教学计划》排课外，尤其重视和加强了藏语文的教学，为培养合格的中师毕业生和培养小学藏语授课的教师奠定了基础。1987年，学校修建了地面微波接收站，改善了教学条件。昌都师范学校自建校以来，培养了大批少数民族毕业生。据统计，共向社会输送毕业生1600余人，培训师资600余人。这些学生政治素质较好，业务水平高，深受群众的欢迎。

学校占地面积107亩，校舍面积11492平方米，其中教学楼3157平方米，教职工宿舍楼5785平方米，学生食堂463平方米，图书馆1057平方米，电教大楼1581平方米。学校有4个篮球场，1个足球场。

据1998年统计，学校有教职工81人，其中专任教师48人，讲师5人，助教35人，教员8人。学校有9个普师班，4个学历补习班，1个民师培训班；在校学生人数604人，其中普师学生387人，学历补习班180人，民师培训班37人。

十六、那曲地区师范学校

该校的前身是那曲综合中专（即由那曲师范学校、那曲卫生学校、那曲牧校合并而成），于1987年从西藏比如县迁往那曲镇的。学校面向全地区招生，主要招收藏族学生。除汉语文、藏语文、英语、音乐等课程外，数学、物理、化学、历史、地理等课程均用藏、汉两种语言教学。

近年来，学校针对那曲地区教育状况和学校的实际，从端正办学思想，明确办学方向入手，进行教改。对藏族学生采取降分录取、宽收严教的措施，提高藏族学生的入学率。此外，还对藏族学生实行分类教学，开办 4 年学制班、职业班和补习班等。开展各种文艺、体育、书画活动，组织 20 多个长期性的课外活动小组；每年组织藏族学生夏令营；每年举办一次师生书画、摄影展览，部分作品被选送参加国内外展览并获奖。对有困难的学生给予适当补贴，并向藏族学生发放奖学金。学校和组织开展各种有利于民族团结的活动。重视教育教学研究，开展各种教研活动，及时了解民族教育信息及动态，调查了解学生各个阶段的思想情况，研讨教育教学办法。

学校建有教学楼、宿舍楼、礼堂、实验室和图书馆等建筑，还建有电化教室，购置有配套的电化教学仪器。据 1998 年统计，学校有教职工 36 人，其中专任教师 19 人，讲师 6 人，助教 13 人，教员 5 人。专任教师中绝大多数具有藏、汉两种语文的教学能力。在校学生 200 人。每年招生 100 余人。该校自建校以来，共向社会输送毕业生 1600 余人，培训师资 600 余人。

第二阶段（2001—2011），全区成立 6 所中等职业技术学校：

一、西藏自治区体育成人中专学校

西藏自治区体育成人中专学校，原为西藏自治区体育运动学校。自 1998 年起，学校采用“体教结合”的发展模式，与区体工大队联合，发挥优势，不断创新，形成了完善的教学与科研、训练与培训相结合的办学机制，成为一所体育类的综合学校。该学校是全区唯一一所体育类职业学校。

西藏自治区体育成人中专学校，办学目标是为西藏培养中、小学体育教育教师、培养竞技体育后备人才和体育管理人员。学校成立至今，培养的学生多次在国际、全国的各项比赛中取得优异成绩。2002 年该校学生在世界女子自由式摔跤锦标赛中获得亚军；2002 年，在桂林举办的国际 A 级女子自由式摔跤比赛中获得冠军；2006 年学生次旺代表中国队参加在多哈举行的第十五届亚运会女子马拉松的比赛；西洛卓玛，获得2006年全国少年锦标赛女子摔跤第一名；西热江措，2006年在全国少年田径锦标赛上获得垒球第一名和标枪第四名；次旺、次旦次仁、旦真旺姆，在2004年、2005年、2006年西藏国际半程马拉松挑战赛中包揽了女子组前三名。

2011年，学校共有专职教师38名，在校学生有354人。学校共设两个专业班，即运动班和中专班，3个年级6个班级。开设的运动项目有：足球、摔跤、中长跑、标枪、射箭、拳击、跆拳道等。

二、林芝地区职业技术学校

西藏林芝地区职业技术学校，是1999年8月10日在林芝地区新成立的职业学校。该学校是集普通中专、成人中专、各类技能培训于一体的全日制中专学校。2003年11月，西藏自治区教育厅批准挂牌“林芝地区教师进修学校”，该校目前承担着林芝地区中小学教师、教育行政干部学历及培训的任务。2008年6月，批准成立挂牌“林芝地区职教驾驶学校”。2011年4月，学校又与西藏大学继续教育学院合作，设立大专、本科函授点。

学校分设校本部和新区实训基地，占地面积共153亩（校本部96亩，新区实训基地57亩），总建筑面积6万多平方米。新区实训基地主要包括音乐舞蹈实训中心、酒店服务与管理实训中心、旅游实训中心和汽车驾驶等实训中心。

2011年，学校共有学生2436人，教职工130余名。学校开设专业主要有：3+2畜牧兽医大专班、3+2乡镇企业管理大专班、3+2酒店服务与管理大专班、3+2计算机应用大专班、民族音乐舞蹈、工艺美术、计算机及应用、学前教育、文秘、成人专升本行政管理、汉语言文学等，并与企业联合开办汽车运用与维修、藏医药、药剂（藏医方向）、民族工艺品制作、幼儿师范等。

现今，学校的办学目标是大力推行“校园—实训中心—实习企业”的教学模式，办学水平一流的品牌名校，为发展西藏职业教育努力奋斗。

三、昌都职业技术学校

昌都职业技术学校，创办于1974年，原为昌都地区师范学校，2000年转型为中等职业学校。“十一五”期间，学校努力“深化各项改革，理顺管理体制，协调社会关系，完善办学条件，提高教学质量，拓宽生源和就业市场”，始终坚持“升学有基础，就业有技能，创业有能力”的办学宗旨，培养适合昌都地区经济社会发展需要的初、中级职业技术人才。近年来，学校毕业生就业率明显提高，已接近98%。

2004年学校荣获国家科学技术部“农民科技培训星火学校”称号；2010年4月，获得全国绿化委员颁发的“全国绿化模范单位”奖；2010年10月，获得教育部颁发的“全国学校艺术教育先进单位”奖。

2009年，学校在校生共计1875人，另有393人在西藏大学接受函授教育。学校开设幼儿教育、藏医、铜矿冶炼、卫生护理、水电、饭店服务管理、机械修理、工程监理、民用建筑、民间绘画等专业。

四、日喀则地区职业技术学校

2000年8月，日喀则地区师范学校和卫生学校合并组建成立日喀则地区职业技术学校，目前是日喀则地区唯一一所中职学校。

2002年学校被国家教育部、劳动社会保障部和经贸委表彰为全国职业教育先进单位；2003年通过自治区合格中等职业技术学校的验收；2004年被国家教育部命名国家级重点中等职业技术学校；2006年被国家教育部表彰为全国示范性县级教师进修学校，被自治区人民政府表彰为全区职业教育先进单位，被自治区文明办、区教工委授予“全区文明学校”称号；2007年被自治区教育厅表彰为“全区安全工作先进学校”，被自治区教育工会表彰为“先进工会”，被国家教育部表彰为“全国学生工作先进学校”，被国家教育部、人事部表彰为“全国教育系统先进集体”，被国家教育部确定为“中等职业教育德育工作实验基地”；2008年被中国职业教育协会、中国国际教育家协会授予“中国职业院校500强”；2010年被国家教育部授予“全国中等职业学校德育工作先进集体”。

2011 年，日喀则职业技术学校在校生达到 6000 余人，专兼职教师 151 名，学校开设幼师、护理、全科医学、藏西医、计算机应用、文秘、种植、畜牧兽医、工艺美术、导游、饭店服务与管理等 10 余专业。

五、山南地区职业技术学校

山南地区职业技术学校是山南地区唯一一所国家级重点中等职业技术学校。山南地区职业技术学校始建于 1975 年，1999 年经教育厅批准将山南地区师范学校和原职业中学合并为山南地区职业技术学校。2004 年 10 月正式挂牌成立“山南地区职业技术学校”“山南地区教师进修学校”。

山南地区职业技术学校坚持以“重技能、创特色、树品牌”为办学宗旨，近年来取得了可喜的成绩，就业升学率显著提高。2002 年，职业学校被评为“全国职业教育先进单位”；2003 年被共青团中央评为“全国五四红旗团委”；2007 年获得“第五届全国‘千校百万’进城务工青年培训工作先进集体奖”；2009 年获“全国农村成人教育先进学校”表彰。

2011 年起，学校正式启动了“国家中等职业教育改革发展示范学校建设项目”，学校按照“应势而立，适需而调，效益整合”的原则，确立了三个重点专业和一个特色专业建设目标，整合优化了 19 个专业，强化了 23 个专业的内涵建设，使山南的职业技术教育更加适应山南地区经济发展需求。2011 年底，学校教师 231 人，在校生 4100 余人。

六、那曲地区职业技术学校

那曲地区职业技术学校的前身是那曲综合中专（即由那曲师范学校、那曲卫生学校、那曲牧校合并而成），1997 年经自治区教育厅批准正式挂牌更名为那曲地区职业学校，是那曲地区唯一一所中等职业技术学校。

多年来，那曲地区职业技术学校在自治区教育厅、那曲地委等相关单位的大力支持下，以科学发展观统领全局，努力培养适应地区经济发展的实用技能型人才，为那曲地区经济的发展做出了积极贡献。

2009年，学校在校生1325人。学校开设学前教育、畜牧兽医、藏西医护理、物流管理、动物检疫、计算机、汽车应用与维修、烹饪技术等专业。目前学校以畜牧兽医专业为重点建设学科，以培训农牧民技能为主线，近年来，实施部分专业3+2招生模式后，学生人数不断扩大。

第四章

高等教育

第一节　高等教育的创办

西藏普通高等学校的教育，是伴随着西藏的和平解放而孕育成长起来的。

解放前的西藏没有普通高等学校教育。解放后从办小学做起，用了十多年的时间，于1965年创办西藏第一所普通高等学校——西藏民族学院。它的前身是西藏公学。西藏公学创办在内地有其特殊的历史原因。1951年5月23日，中央人民政府和西藏地方政府签订了《关于和平解放西藏办法的协议》，根据协议，西藏暂时还保持着封建农奴制。1956年4月，西藏自治区筹委会宣告成立，受党中央和国务院的委托，中央代表团团长陈毅副总理宣读了国务院的命令，指出西藏今后的工作，就是要实现党中央和毛主席指示的"团结、进步和更加发展"的方针。此后，在西藏开始着手开展民主改革的工作。但是由于西藏地方政府中反动上层势力的阻挠和破坏，当时在西藏开展民主改革的工作基础和干部准备等方面的条件尚不成熟。因此西藏自治区筹委会先后做出了《关于选送藏族青年到内地学习、参观的决定》《关于大力培养藏族干部的决议》和《关于创办拉萨中学的决议》。这是继1951年由进藏解放军在昌都建立西藏第一所现代初级小学之后，在中央关怀下西藏又着手创建的西藏现代教育体系的中等教育和干部教育。

1957年3月，为了贯彻毛主席关于西藏工作"六年不改，适当收缩"的指示，中共中央书记处在邓小平同志的主持下，在北京召开会议专门讨论西藏工作。讨论中根据西藏地方政权并存等现实状况，建议对1956年前后西藏在准备改革时招收的藏族干部和学员，凡自愿到内地学习的一律送往内地培训，以便为将来的改革准备民族干部。在内地办学，既可以避免西藏反动势力的干扰和破坏，又可以减轻西藏地方的负担，并可在各方面获得更好的办学效果，也充分体现了党对西藏人民的关怀和各族人民对西藏人民的支援，有利于民族团结和发展社会主义的民族关系；同时在内地办学也可以大大开阔藏族学员的视野，使他们亲身目睹内地社会主义建设的情景，受到爱国主义和社会主义的教育。

此后，西藏工委按照中央书记处讨论西藏工作的会议精神和邓小平同志的指示，陆续将大批藏族学员送往甘肃的山丹和兰州以及四川的雅安和成都等地，着手筹建干部学校。1957 年 6 月，西藏工委根据中央关于西藏在内地自行办学的指示，正式决定抽调西藏工委两位副部长分赴陕、甘等地，分别筹建西藏干部学校和团校。

在西藏公学的筹建过程中，由于学员数量多、成分杂，分散各地，合适的校址一时难以确定，又缺乏管理人员及教学人员，碰到了一连串难以解决的困难和实际问题。但是筹建西藏公学的同志们继承和发扬了我党我军的光荣传统，艰苦奋斗，因陋就简，自己动手，克服困难，在内地有关省市的支持和协助下，使筹建工作得以顺利进行。1957 年 9 月报请中央同意，学校正式定名为“西藏公学”。与此同时，经中央同意，西藏工委将正在内地筹建的西藏团校也划归西藏公学统一领导。1957 年 10 月，中共西藏工委从各地送来农牧民积极分子、基层干部和青年知识分子 3600 多人，选调教职工近 900 人，边筹建、边教学。教学初期，由于学生文化基础以及其他条件的限制，除对少数文化水平较高的学生进行藏语文专业的教学外，对大多数学生主要进行政治和文化等方面的培训，即培养民主改革干部。

在西藏公学确定咸阳校址问题上，中央给予了大力支持。当西藏公学筹建委员会的几位领导在四川、甘肃和陕西多处考察后，仍没有找到一个合适的校址。此时，陕西省委书记张德生同志主动向西藏公学筹建委员会的几位领导提示，西北工学院要从咸阳迁往西安，学院在咸阳的校址不用了，你们是否可以去要。此后，建校筹委会的领导看了校址后十分满意，故立刻向西藏工委及在京的张经武书记打了报告，建议向高教部商要这个校址。因当时高教部对校址早有别的安排，所以一时没有答应。工委电告张经武书记再次向中央有关部门请示，张经武就向刘伯承、邓小平及黄克诚等中央领导汇报了此事。中央领导商讨后，同意将西北工学院原咸阳校址无偿拨给西藏工委作西藏公学（含团校）的校址，并于1957年10月17日电告西藏工委、高教部党组及陕西省委，电文还希望西北工学院尽快迁出，以便公学学员从各地向咸阳集中，早日进行教学，解决了西藏公学筹建中的一个最重要也是亟待解决的大问题。经过近一年的筹建，西藏公学于1958年9月15日正式开学。1959年3月西藏上层反动集团发动全面武装叛乱后，第一批学员大多数返回西藏参加了平叛、改革工作。

1959年西藏平叛以后，中央决定提前在西藏进行民主改革，西藏开始进入社会主义建设时期。1960年，从翻身农奴子女中招收3000多人来校学习。经过补习文化，分别转入藏语文系、农业、畜牧兽医等专业和政治培训班学习。1962年，中共西藏工委指示："根据西藏形势发展的需要，从今年起，应当逐步转向专业发展，培养建设干部，打好准备发展为综合性大学的底子。"西藏公学按照中共西藏公委的指示，根据当时师资和藏族学生文化水平等实际情况，先后开设了藏语文系、农业、畜牧兽医、师范、财会、医疗等五个专业以及邮电、报务两个班。

原西藏农牧学院鸟瞰图

此后，随着西藏形势的发展和中心任务的转移，西藏公学的任务也由主要培养民主改革的民族干部转变为西藏社会主义革命和建设培养民族干部和各类专业技术人才，并逐步开设了农林、畜牧兽医、会计、邮电、卫生、师范、藏语文等专业和政治培训班。1965 年 9 月正式成立了西藏民族学院。1965 年经中央批准，西藏公学更名为“西藏民族学院”，并由郭沫若先生书写了校名，成为西藏第一所高等学校，开创了西藏现代高等教育的新纪元。

第二节 高等院校的发展概况

随着西藏社会主义各项事业的全面发展进步，西藏人才紧缺的矛盾日益突出。同时基础教育的快速发展，师资力量的不断增加以及办学条件的日益改善，致使在西藏建立和发展高等教育不仅十分迫切和必要，而且具有重要的现实意义。1965年9月，西藏工委决定将西藏公学改名为西藏民族学院，

西藏藏医学院的解剖课

至此西藏成立了第一所高等学校。此后，为了解决基础教育的发展与中小学教师奇缺的矛盾，西藏自治区师范学校于1965年的年底正式成立，由陆一涵同志任校长。1966年3月，师范学校正式开始招生，首批招生人数为755人。至1975年元月，在师范学校的基础上又成立了西藏历史上第一所高等师范学院——西藏师范学院。建院初期，设有政治、藏语文、汉语文、数学、物理、化学和文艺等7个专业和1个预科部。1977年增设了体育专业并成立了音体美系。1983年增设了藏语言文学专业并成立了藏语言文学系，共计有11个专业。

20世纪70年代初，为解决西藏缺乏医务人员的状况，改善全区的医疗条件，西藏自治区成立了西藏医学院，校址设在林芝县。在师资、教学仪器设备等诸多方面极为困难的情况下，医学院发扬勤俭办学，艰苦创业的精神，在建校、招生和教学等方面开展工作，并培养了一批西藏急需的医务工作者。

1974年，西藏自治区党委决定在林芝八一镇成立西藏民族学院林芝分院。1978年5月，经国务院批准，西藏民族学院林芝分院正式改名为西藏农牧学院，

藏医教学

与西藏民族学院完全脱钩。至此，西藏自治区共有高等院校4所。据1978年统计,4所高校共开设有23个专业、2个培训部和3个预科。共有在校生2081人，其中少数民族在校生占50.8%；共有教职工1399人，其中专任教师438人，占教职工总数的31%。

1980年至1982年，西藏自治区教育厅三次召开全区高校教育座谈会，并制定了《全区高等学校教育调整的意见》。1983年元月国家教育部下达文件，批准西藏高等院校教育调整方案：

1. 在西藏师范学校原有专业的基础上筹建西藏大学，撤销西藏师范学院。西藏大学成立后新办藏医系、藏语言文学和英语专业。在一定时期内，西藏大学仍以培养培训全区需要的中学师资为主要任务。

2. 保留西藏民族学院。将西藏医学院医疗专业并入西藏民族学院成立医学系，西藏师范学院体育专业并入西藏民族学院成立体育系，西藏民族学院藏文专业并入西藏大学藏文系。

3. 因办学条件不具备，撤销西藏医学院，改办西藏自治区卫生学校。

4. 保留西藏农牧学院。学院所属农业机械、水电和林学3个专业暂停招生。

5. 撤销西藏师范学院附中和西藏农牧学院预科，只保留西藏民族学院预科。

6. 压缩3所保留的高等学院的规模，明确了各高校的任务和发展方向。

7. 将保留的3所高校全部划归西藏自治区教育厅主管。

根据调整方案，1983年9月，西藏自治区成立了西藏大学筹备组，在西藏师范学院的校址和原有专业的基础上筹建西藏大学。1985年9月1日，西藏大学正式成立。

1989年3月，为了进一步继承、发展祖国藏医药学，更好地培养藏医药高中级人才，西藏自治区决定在西藏大学藏医系和西藏藏医学校的基础上，新建西藏大学藏医学院。1993年，经国家教委批准，藏医学院从西藏大学分离出来，单独成立了西藏藏医学院。

第三次、第四次西藏工作会议后，西藏自治区全面落实“科教兴藏”的战略发展目标，区政府、区领导高度重视西藏的高等教育发展，不断扩大高等教育的办学规模、办学层次、办学水平，截至2002年底，全区共建有4所高等院校，即西藏大学、西藏民族学院、西藏农牧学院、西藏藏医学院。

2004年，在《全区高等教育工作会议》中，自治区主席向巴平措就西藏高等教育所面临的严峻形势，做了深刻的总结发言，他提出：高校建设应“从我区的实际和我区域特点以及优势出发，凝练学科方向，集聚学术力量，构建学科基地，集中优势资源，寻求重点突破。通过重点扶持、重点建设、使我区高校一批独具特色和优势的学科达到国内先进水平”。在此次会议中，自治区政府就西藏高等教育存在的问题，制定了今后一个时期，高等教育的战略目标：

1. 对全区高校进行合理布局、定位。

2. 办好三所高等专科学校：西藏职业技术学院、拉萨师范高等专科学校、西藏警官高等专科学校。

3. 办好三所大学：西藏大学、西藏民族学院、西藏藏医学院。

现将西藏自治区 6 所高等院校的发展情况概述如下：

一、西藏职业技术学院

西藏职业技术学院，是西藏自治区唯一一所高等职业院校。2005 年 7 月经自治区人民政府批准，原西藏自治区农牧学校和西藏自治区综合中专学校合并组建成立了西藏职业技术学院。2006 年 9 月正式挂牌，隶属西藏自治区教育厅。

学院自改建以来，坚持面向社会、面向市场、面向“三农”、面向特色产业、面向新兴产业的原则，“以长求稳、以短求活、突出技能、产教结合”为办学目标，建立以高职教育为主，以中职教育、社会培训和成人教育为辅的办学格局。

近年来，学院的发展也得到了教育部、自治区党委、区教育厅等有关单位的高度重视，各级领导曾多次莅临学院检查指导工作，对学院的建设和发展提出了宝贵的意见和建议，并给予了大力支持与帮助，学院的发展迈上了一个新台阶。2008 年，学院被国家教育部、财政部确定为国家 100 所示范性高等职业院校；2009 年 10 月，顺利通过高职高专院校人才培养工作水平评估；2011 年 6 月，学院通过了示范校建设项目国家级验收。

2011 年，学院在校学生 5000 多人，教职工 342 人。学院共有农业科学技术学院、动物科学技术学院、旅游与文化学院、机电工程技术学院、经济管理学院、信息工程学院、建筑工程学院及基础教育部、继续教育部和中央农业广播电视学校西藏分校等 10 个教学部门，29 个专科专业，包括农林、畜牧、电力、建筑、电子、财经、旅游、艺术等八大专业类别。其中，作物生产技术、畜牧兽医、旅游管理、发电厂及电力系统 4 个专业被评为国家级重点建设专业；建筑工程技术、汽车检测与维修技术 2 个专业被评为自治区级重点建设专业。

二、拉萨师范高等专科学校

拉萨师范高等专科学校，前身为拉萨市师范学校（1975 年 8 月建立的中等职业学校），经过 30 多年的持续发展，2006 年 2 月 14 日，经国家高校设置委员会批准，升格为拉萨师范高等专科学校。

拉萨师范高等专科学校是拉萨市唯一一所高等院校，承担着面向全区培养基础教育专科层次教师，以及培训在职教师及其他教育管理干部的重任。自治区“两基”攻坚战略目标实施以来，全区、全市各级领导高度重视学院的发展，依托对口支援省份、高校资源优势，加快学院改革发展的步伐，并取得了显著的成绩。学院拟定分三阶段，争取建成拉萨大学，即：第一阶段，以提高教育教学质量为目标，逐步建立与区、市教育事业发展需要相适应的专科学校办学体制；第二阶段，提高办学层次，创办特色鲜明的民族师范高等专科学校；第三阶段，实现办学现代化，建成综合性的拉萨大学。

截至 2011 年底，学院为全区培养基层教师 11269 人。学校现占地 265 亩，教职工 260 人，专职教师 210 人（其中博士 5 人，硕士 95 人），全日制在校生 2746 人。学校开设语文和社会科学系、数学和自然科学系、教育系、信息技术系、体育艺术系、公共教学部、继续教育部 7 个教学单位，面向全区，为全区培养基础教育发展需要的专科层次的小学、幼儿师资，承担全区教师和学科带头人、中小学校长及其他教育管理干部的在职培训和提高的重任。

三、西藏警官高等专科学校

西藏警官高等专科学校，原为西藏自治区人民警察学校（中等专业学校），2003 年 4 月 16 日经教育部批准，升格改建为西藏警官高等专科学校，该校隶属自治区公安厅，是西藏自治区唯一一所警官高等专科学校。

学校始终坚持“政治建校”原则，努力培养忠于党、忠于祖国、忠于人民、忠于法律，政治意识强、业务工作精的，适应新时期警务工作需要的新型人才。到目前为止，学校为西藏公安战线培养输送了2600多名公安专业的优秀毕业生，培训在职民警10000多人次、保安等1800多名，毕业生遍布全区各级公安部门。

多年来，西藏自治区对学校为西藏地区的长治久安做出的积极贡献给予了高度肯定，学校多次荣获“自治区社会治安综合治理先进单位”“自治区文明学校”“五四红旗团委”“民族团结先进集体”等称号。

2011年，学校教职工135人，专职教师68人，援藏教师10人；在校生1318人，其中专科生880人，试点班289人，函授生149人。学校开设了警察管理、治安管理、侦查、国内安全保卫、交通管理工程、经济犯罪侦查、信息安全与网络监察、公安文秘8个专业。

四、西藏民族学院

西藏民族学院是在西藏公学的基础上于1965年创建的，它是西藏和平解放后最早建立的一所以文科为主的高等学校。校址在陕西省咸阳市。学院成立不久，史无前例的“文化大革命”开始了。“文化大革命”期间，由于“左倾”错误的影响，西藏民族学院刚起步就受到挫折，学院曾一度被撤销，后又决定搬迁，最后决定原校址不变，改为在西藏林芝办分院。

学校恢复后，根据西藏建设的需要，设立了语文系（藏文专业、汉文专业）、政治系（政治理论专业、干部训练）、医学系、财会系、农牧系、机电系和预科等7个系科。1974年学院对系科做了相应的调整，将农牧、机电和财会3个系迁入西藏民族学院林芝分院。1975年学院成立了民族研究室，其主要研究任务是古藏文、藏族文学、藏族语言、藏文语法等。1978年学院又设立了历史系和外语系。学院下设的系科几经调整，到1999年共设有政治、语文、历史、财经、外语、体育、医学等7个系和成人教育部、预科以及14个专业和3个研究所（室）。现有在校学生1800余人。“民院学子，半藏人才。”30多年来共为西藏培养出各种人才2万多名，其中许多人成长为西藏自治区各部门各行业的各级领导或骨干人才，被誉为“西藏的干部摇篮和人才基地”，为西藏的革命和建设做出了重大贡献。

学院占地 960 亩，校舍面积近 20 万平方米。附属设施有医院、电大、职工业余学校、小学、保育院、印刷厂、制药厂、农机和机修车间等。近几年来，学院的教学条件得到不断改善，电教设备已有录音机、投影器、幻灯机、电视机、放映机、录音室、多种实验室以及计算机房等。图书馆藏书 30 多万册，订有数百种期刊，各系还设有资料室。学院在办学层次上形成了以本、专科为主，兼办中专专业，开始研究生教育的探索；规格上形成以学历教育为主，兼办非学历教育，以普通高等教育为主，兼办成人高等教育；渠道上形成以培养任务为主，兼顾区内外兄弟院校联合办学，探索出了多层次、多规格、多渠道办学的新路子。此外，学院还从提高教师的业务素质，鼓励教师搞科研入手，加强了学校的教学、科研工作。1995 年，西藏民族学院具有硕士研究生学历的 11 人，在职攻读博士学位的 1 人，攻读硕士学位的 3 人，参加硕士学位课程进修班的 4 人，26 人在院内导师指导下在职进修。形成了一支拥有 5 名享受国家和自治区政府特殊津贴专家在内的、初具规模的教学科研队伍。1997 年统计，有专业教师近 300 人，其中教授 8 名，副教授 40 名，讲师 114 名，助教和其他教师 81 名；其他专业技术系列高职 14 名，中职 140 名。在以科研促进教学，以教学带动科研的指导思想下，学院科研工作取得了显著成绩。仅 1990 年—1997 年 6 年间，发表学术论文 841 篇，出版学术专著 40 部，合作完成 53 部，教材和教学参考书 55 种，完成学院以上立项的科研项目 60 个，获学院奖励的优秀科研成果 80 余项，获省部级以上奖励的优秀科研成果 26 项。据 2011 年年底统计，2007 年—2011 年，学校共获得各类科研立项 324 项。其中，省部级以上项目立项 138 项，校内立项 186 项。共获得预算外科研经费 921.65 万元。出版学术著作 69 部，发表学术论文 2087 篇。

2011 年，学校共有教职员工 1082 名，各类专业技术人员 890 余名；在校学生 1 万余名。学校开设专业有民族学、中国语言文学、基础医学和中国史四个硕士一级学科，中国少数民族经济、中国哲学、中国古代文学、病理生理学等 13 个硕士二级学科；汉语言文学、国际经济与贸易、财政学、金融学、统计学、会计学、工商管理、人力资源管理等 39 个本科专业和高职专业。出版的学术刊物有《西藏民族学院学报》和《西藏高等教育研究》。图书馆拥有藏书 100 余万册。

西藏民族学院建校50年来，取得了可喜的办学业绩。2008年10月5日，学院举办了建校五十周年庆祝大会，国家领导人习近平等发来贺电，高度肯定了西藏民族学院自建校五十年来，为西藏经济发展和社会进步做出的积极贡献，并希望学院能继续秉承“爱国、兴藏、笃学、敬业”的办学宗旨，为推动西藏社会进步、安定团结做出新的更大贡献。2009年3月，西藏自治区人民政府与国家民族事务委员会正式签订协议，共建西藏民族学院。

五、西藏大学

西藏大学校址在拉萨。最早为1951年创办的藏文干部培训班，随着西藏革命和建设事业发展的需要，先后改建易名为西藏行政干部学校、西藏师范学校、西藏师范学院。在此基础上，1985年9月1日正式改建成立了西藏第一所综合大学——西藏大学。六十年来，学校认真贯彻党的教育方针，坚持社会主义办学方向，努力探索办好具有藏民族特色的社会主义大学的新路子，

西藏大学教授、著名藏学家东嘎·洛桑赤列（右）在辅导研究生

办学活力不断增强，办学水平与办学效益不断提高。为西藏的和平解放和社会主义建设培养了近一万名党政干部和建设人才，西藏大学被誉为“世界屋脊上的人才摇篮”。

西藏大学占地面积23万平方米，校舍建筑面积达70000多平方米，学校建有教学楼、实验楼、电教楼、图书楼、办公楼、教工宿舍楼、礼堂、食堂、卫生所、印刷厂和运动场地等结构合理的现代建筑群体。学校设有藏语言文学、汉语文、政治历史、数理、化生地、艺术、经济管理等7个系以及一个藏语文授课师资培训部和一个《格萨尔王传》研究室，共有藏语文（师资）、藏语言文学（翻译）、汉语言文学、英语、导游翻译、政治、历史、数学、物理、化学、地理、音乐、美术、经济和经济管理等18个专业。各专业都建立了实验室。物理专业设有无线电、电磁学、光学、力学、热学等5个实验室；化学专业设有结构化学、分析化学、有机化学、无机化学4个实验室；生物专业设有动物及动物生理、植物生理、微生物、遗传和生物化学4个实验室；地理专业设有土壤、地图测量、气象观测、水文测量、天文观测5个实验室。

西藏大学的物理实验室

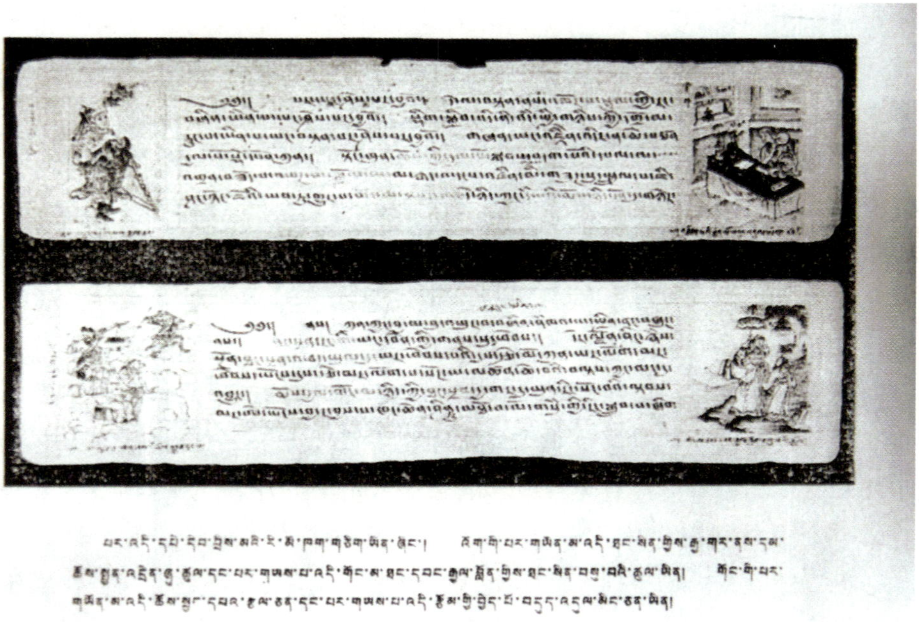

藏文典籍

学校还建有电子计算机室、电视教学室、语言实验室等现代化的教学设施以及电化教学楼、培训综合楼等。学校图书馆藏书 20 余万册，订有杂志 1300 种，报纸 148 种，外文刊物 34 种。校办印刷厂能够印刷各种教材、讲义以及学报、校刊等。校内运动场所和各种体育器材齐全，设备先进。1992 年建成的太阳能温室游泳池，不仅是师生锻炼身体、进行娱乐的场所，而且为西藏高原利用太阳能提供了实验条件。

西藏大学在建设和发展过程中，逐步确立了为西藏经济建设服务、为基础教育服务的办学指导思想。《中共中央关于教育体制改革的决定》下达后，学校的教育行政部门和业务主管部门从西藏的实际出发，经过不断的探索和实践，进一步明确了西藏社会主义建设需要什么样的人才就培养什么样的人才的办学指导思想，采取多层次、多规格、多种形式办学。学校以培养和培训师资为主，本、专科相结合，普通班和成人班并举，还办有中专班、专业证书班、业务培训班、文化补习班等。学校通过教学改革，把专业培养目标同社会需要结合起来，为西藏社会主义建设输送了一批又一批德智体美劳全面发展的各类专业技术人才和干部。

西藏大学图书馆

据 1999 年统计，教工 600 余人，其中专任教师 333 人，正、副教授 35 人，讲师近 200 人，助教 105 人，行政后勤教工 277 人。学校建立了一支以藏族为主体，学历和职称结构较为合理的师资队伍。学校在校生 1400 人，其中少数民族的学生 1004 人；留学生 30 余人，成人自考辅导生 600 余人，基本上形成了以本科师范教育为主的多层次多规格的办学格局。学校与韩国大邱大学、日本立正大学、挪威网络大学等十余所国外大学建立了学术合作与协作关系，大大提高了知名度。

作者在西藏大学讲学

自 1999 年以来，西藏大学先后合并了西藏自治区艺术学校、西藏医

原西藏农牧学院

学高等专科学校和西藏民族学院医疗系、西藏农牧学院、西藏自治区财经学校。截至2009年，西藏大学共有44个本科专业，涵盖经济学、法学、教育学、文学、医学、历史学、理学、工学、管理学等9大学科门类，6个硕士学位授予点、1个教育硕士专业学位和1个艺术硕士专业学位，2个国家级实验室。学校各类在校人数1.5万，其中本、专科学生8498人，硕士研究生268人。

原西藏农牧学院兽医专业学习

近年来，西藏大学在校党委领导下，充分发挥传统学科优势，在“十五”“十一五”期间取得了重大成绩。“十五”期间，学校紧紧围绕西藏经济建设和社会发展需要，加强具有西藏特色的人文社会科学研究，学校先后承担的国家社科基金项目《西藏少数民族汉语教学概况与研究》《西藏民族地区农牧民选举现状调查研究》《西藏民族地区近（现）代发展历程研究》《西部开发过程中的西藏民族教育和社会稳定问题研究》《藏汉语亲属关系研究》《青藏铁路那曲段经济带建设研究》《西藏民族手工业保护与发展研究》《西藏跨越式发展中的产业结构问题研究》等重大课题。“十一五”期间，学校重点建设了藏文信息处理技术、西藏生物多样性与可持续利用、西藏地区经济与管理、民族艺术、高原医学、西藏历史与文化、藏族语言与文学、宇宙线研究等8个具有区域特色的学科，共承担国家、省部级及自治区各类科研项目266项，各类科研项目经费总量达6243.04万元。“藏文信息处理技术创新团队”入选教育部2009年度“长江学者及创新团队发展计划”创新团队。2010年，中国科学院和自治区共建的重点实验室西藏大学那曲生态环境观察站挂牌。

2008年，西藏大学列入“211工程”三期建设院校。

西藏大学图书馆藏藏文典籍

六、西藏藏医学院

西藏藏医学院是世界唯一培养藏医药高级人才的高等学府。学院创建于1993年9月，校址在拉萨团结新村。学院的前身是西藏大学藏医学院。

西藏藏医学院（旧）

西藏藏医学院信息网络中心

西藏藏医学院逸夫楼

西藏藏医学院

医学唐嘎

校内设有大学、中专两个部。学院刚创办时在校生为320人，均为藏族，其中中专部85人。学院成立初期，校内只有30余名专职教师，其中大中专以上学历的仅有3人，正副教授3人，讲师7人。经过几年的艰辛发展，学院师资队伍从知识结构、专业结构、年龄结构等方面均有了根本的改善和长足的发展。据1998年统计，学院有专职教师58名，其中自治区级专家2名，教授2名、副教授8名、讲师24名、助教19名。此外，学院又将8名优秀教师列入硕士研究生培养对象，已有6名教师被自治区教委评为骨干教师，先后有30余人（次）获得了优秀教师的称号，10余人（次）被评为自治区先进教育工作者。

西藏藏医学院的教学特色是以藏医教学为主，结合中、西医的辅助学习。十多年来，学院根据藏医药教学的实际特点，充分利用院内、区内藏医药学专家和学者之所长，狠抓教学工作。院长措如·才朗亲自为学生授课，并指导藏医研究班，进行深入、广泛的探讨学习，取得了很好的教学效果。此外，学院还以科研开发工作为突破口，广泛开展了藏医药教学、学术、应用技术、高等教育等专项研究工作。

藏医书籍和藏药

西藏藏医学院面向21世纪的高等藏医药教育，不但把学校办成教育教学的中心，而且要成为藏医药科学研究的中心，并提出了融教学、科研、临床和制药为一体的“四位一体”的办学思路，为高等藏医教育产、学、研相结合，奠定了一定的基础。此外，他们在教学中不但发挥着传授和传播藏医药科技知识的职能，而且在研究和创造新的医学科技成果和促进科技成果转化为生产力方面发挥着独特的优势和职能，形成教学和科研相结合的高等藏医药教育的办学特色。

老玉妥·云丹贡布塑像

2000年，该院《四部医典大详解》获得国际藏医药学术会金奖。2002年，承担国家中医药管理局组织的11本《21世纪藏医专业本科规划教材》编写工作，按预定计划完成并投入教学使用。2004年，与北京中医药大学联合招收培养世界上首批民族医学（藏医专业）博士研究生；西藏藏医学院藏药厂（教学药厂）顺利通过国家GMP认证。

藏药

2006 年，学院顺利通过国家教育部普通高等学校本科教学工作水平评估，评估结论为合格，并成功举办了全区藏医药学术研讨会。2007 年 7 月，该院与北京中医药大学联合培养的首届两名藏医博士研究生毕业。2011 年 1 月 5 日，与哈尔滨医科大学签署对口支援协议，正式确定由哈尔滨医科大学对口支援西藏藏医学院。

2011 年，全校各类在校生共计 2235 人。学校共开设 3 个专科专业（藏医专科、天文星算、高护专科）、1 个本科专业（藏医、藏药、藏药营销）、1 个硕士研究生专业（民族医学）。

第三节　高等教育的成就

西藏高等教育办学四十多年来，从调整、稳定到改革、提高，都得到了党和国家以及西藏自治区党委政府的重视与关怀，先后制定了一系列促进高等教育改革与发展的方针政策，并投入大量的人力、物力和财力，使西藏各高等院校的面貌发生了巨大的变化，整体办学的质量和效益大为提高。同时，西藏高等教育为西藏输送了一批又一批民族干部和专业技术人才，他们中的许多人已成为西藏自治区机关和各条战线的骨干，不少人成了领导干部，在西藏的政治、经济、文化建设中发挥着重要的作用。西藏高等教育的成就主要表现在以下几个方面：

一、建立了现代高等教育的教学体系

西藏自治区对教育进行宏观管理的同时，对各高校的教育管理极为关注。1991 年，自治区教委会同有关厅局部门，联合对西藏大学、西藏民族学院、西藏农牧学院、西藏大学藏医学院等进行了全面的检查、评估，就学校的办学条件、办学形式、领导班子建设、教育教学、高校党建工作、科研、后勤管理等诸多方面，进行综合考评，并形成了综合的评估报告。在此基础上，进行分类指导，对存在的问题认真研究，并提出了可行性的改革意见，这样有力地促进了各高校对教育教学的管理，同时也为自治区制定西藏高等教育改革与发展的方针、政策奠定了基础。各高等学校在坚持以教学为中心，强化专业教育的同时，重视教学管理制度的建设和实施，形成了一整套符合教

藏医学院院长措加·才朗给研究生讲课

育规律、具有民族高等教育特色的教学管理体系。从专业机构设置、调整到专业培养目标、课程结构、课程教学内容和教学方法、学业成绩考核管理、教师队伍建设等，都始终坚持从西藏实际出发，服从服务于西藏的经济建设和社会发展对人才的需求，遵循教育规律，及时修订和不断完善专业培养计划，加强基础知识教育，提高学生文化素质的同时，加强面向现代化、面向未来、面向世界所需的知识、能力和思想素质的教育，提高学生的思想素质和适应未来社会的能力。

1995 年，西藏民族学院专业设置由过去的 7 个增加到 13 个，增设了行政管理学、文秘、档案学、法学、税务及预防医学共 6 个应用性较强的专业。在层次上形成以本、专科专业为主，兼办中专专业，开始研究生教育的探索；规格上形成以学历教育为主，兼办非学历教育，以普通高等教育为主，兼办成人高等教育；渠道上形成以培养任务为主，兼顾区内外兄弟院校联合办学，探索出了多层次、多规格、多渠道办学的新路子。

西藏大学根据学校特点和西藏社会实际需要，进一步解放思想，开阔视野，召开课程设置研讨会。经过各系调研、论证和反复修改，共修订了全校 19 个专业 31 种教学计划。修订后的教学计划具有规范性、可操作性和适用性等特点。

西藏农牧学院为使人才培养更好地结合本地区实际和社会需要，经过认真调查研究，重新制订了课程设置计划，调整了课程安排总表，修订了教学大纲，删减了不适用的教学内容，并根据培养目标和学生的实际以及专业特点，重新编写了部分有西藏特色、适用于本院学生水平的教材。学院本着有特色、出人才、出成果、出经验、上水平的原则，优化了专业机构，拓宽了专业方向。1995 年，共完成 11 个专业、3 个层次、26 份教学计划的修订工作。

西藏藏医学院始终坚持党的教育方针，牢牢把握育人主题，深化思想政治教育，紧紧抓住高校精神文明建设，以教学工作为中心，科研开发为动力，不断拓宽办学道路。学院制定并通过了《西藏藏医学院定机构、定编制、定任务、定职责实施方案》，切实加强高校内涵建设，向管理要效益，进一步深入研讨了学院教学、科研、开发、医疗、制药等多方管理工作。

教师集体备课

1996年底，西藏共有高等院校4所，设置有24个系（科、部），共开设有藏语文、藏医学、汉语文、政治、医学、数学、物理、化学、生物、地理、农业、林业、水电、畜牧、兽医等24个本科专业学科和英语、法律、经济、体育、财会、统计、新闻、藏医、文秘、税务、草原、植保、建筑、水电工程等33个专业学科。共有教职工1843人，其中专任教师849人，占46%。专任教师中具有博士学位的3人，硕士学位的17人，学士学位的546人，本科毕业未获学士学位的76人，专科毕业的154人，专科以下学历的50人。专任教师中具有高级职称的107人，中级职称375人，初级职称248人，没有职称的119人。共有在校生4000余人，其中本专科在校生3412人，少数民族学生1633人，占在校生总数的48%。

截至2010年年底，全区本专科院校6所，在校学生总数达30264多人，其中研究生520人，高等教育毛入学率达22.4%，高等学校硕士以上学历教师比例上升到38%。西藏高校有本科专业108个，专科专业126个，覆盖11个学科门类，硕士学位授予单位4个，硕士授予点19个。

二、加强了高等院校的管理工作

全区各高等院校为了培养适应西藏经济建设的各类人才，狠抓内部管理，深化各项管理制度改革。西藏民族学院为了使教学管理工作进一步科学化、规范化，先后制订了考试工作规程、招生工作规程、教材管理规程等，逐步理顺了一些常规教学工作程序。此外，调整和健全了学校学术委员会、学位委员会、教材委员会、职称评审委员会等机构。在教学管理科学化方面，以实行教学质量目标管理为起点，分解各项教学质量指标，建立教学数据统计制度，对教学工作情况定期检查、公布；在师资管理方面，陆续制定了《关于教师报考研究生及参加研究生班学习的暂行规定》《关于在青年教师中实行导师制的规定》《关于教师进修的规定》等项规章制度，鼓励青年教师努力提高业务素质。同时，学院修订教学计划，优化调整各类专业公共课的结构，统一开设了藏语文、英语和计算机应用课程；加大专业选修课比例，开设跨系科公共选修课32门，拓宽了学生的知识面，培养了学生自学能力，端正了学风。

西藏大学狠抓各教学环节的管理，不断稳定教学秩序，注重加强考试管理，组织有学校领导和有关负责人参加的巡考小组，推行教考分离的改革措施，建立学校试题库；加强教材的订购计划、采购、验收、保管和发放工作，使教材的供应率达 98% 以上；学校要求各系对历年的自编教材内容进行自查，并制定了实验室有关管理措施，积极创造条件提高实验开发率，对新上岗的实验教师进行考核、建档工作。同时，学校还制订、修订、颁布实施了一系列管理规章制度，其中主要有《关于聘请本校离退休教师的暂行规定》《西藏大学各类教学创收管理办法》《教育实习经费包干管理办法》等。

西藏农牧学院从整顿学生纪律入手，狠抓学生的管理，建立良好的校风，使学生管理制度化。在一段时间内，农牧学院的学生纪律涣散，学习积极性不高，法制观念淡薄，校园内经常出现打架斗殴、酗酒闹事、损坏公物等现象。学生在考试前后纠缠老师问考题、要分数的现象也时有发生。为了改变这种状况，建立良好的校风、学风，学校领导把整顿学生纪律、建立正常教学秩序作为突破口狠抓教学管理。与此同时，修订和完善了学院的《学生请假和销假规定》《学生违纪处罚条例》《禁止学生酗酒赌博、不准在公共场所吸烟的规定》《人民奖学金实施办法》等规章制度，全方位依法治校。此外，狠抓教学各环节的检查、督促和落实工作。每个学期开学前，检查教师的到位情况，要求教师提前两周备好课，并制订出详细的教学进度计划。开学后，根据学院制订的课堂教学评估指标体系，对每一名任课教师的授课情况进行评估，确保课堂教学质量不断提高；为严格考试纪律，保证教学质量，除加强监考、防止作弊外，制订了《标准化命题检查表》和《考试成绩统计分析表》，实行教、考分离和集体阅卷的办法，避免了考试过程中的漏洞。

西藏藏医学院坚持以教学为主的原则，从加强宣传入手，强化管理，坚持不懈地认真抓好学校的管理工作。既重视对学生的教育，又不放松对教职工的教育，经常利用大会、小会不失时机地进行宣传教育，强调教学管理的重要性，使全院师生员工养成良好的行为，形成人人守纪律、处处抓管理的良好氛围。同时，加强学院领导对管理工作的领导、检查、督促工作。学院的一名副院长专门分管此项工作。在办公室主任的领导下开展日常检查工作。此外，结合实际情况，还成立了由部门领导、班主任、学生干部等人员组成的学院管理领导小组，健全完善学校管理规章制度，做到工作中有章可循、有据可依，职责明确、责任到人。学院还将争创文明学校工作纳入学校的日常工作之中，制定了一级指标 5 个，二级指标 36 个，三级指标 146 个，出台了《西藏藏医学院精神文明实施方案》。近年来，各高校都认真贯彻落实《中国共产党普通高等学校基层组织工作条例》，思想建设、组织建设和作风建设得到加强。2001 年统计，自治区的 4 所高校共有 30 个党总支、86 个党支部，教师学生中有党员 1345 名，党员队伍不断扩大。

三、改善了高等院校的办学条件

由于历史的原因，西藏各高等院校都是在极为困难的情况下艰苦创建的。到 1985 年，除西藏民族学院条件稍好些，西藏大学、西藏农牧学院的办学条件还十分简陋，基本上没有像样的楼房、教室、学生宿舍和教师宿舍，学校的大部分房屋都是土木结构的平房，图书资料、教学仪器等教学设备紧张，

绘制唐嘎

绘制唐嘎

很大程度上影响了办学的质量和效益。为改变这一状况，自治区先后投入了大量资金，努力改善高校的办学条件。近年来，各高校加大了从教学楼、教师宿舍、学生宿舍楼、图书馆、实验室等基础设施建设到教育教学研究、高校科研等软件资金的投入，西藏各高校的整体面貌大为改观。目前，西藏各高校都建有学生宿舍楼、教学楼、食堂、实验室楼、电教中心、图书馆、办公楼、计算机教室、标准的体育运动场等，教学设备也较为齐全，基本能够满足各专业各学科教学的需要。据 1996 年统计，西藏全区高校占地面积达 181 余万平方米，其中建筑面积达 30 余万平方米，分别比 1990 年增长了 19% 和 20%。各高校图书馆藏书约 100 万册，比 1990 年增长 11 余万册。各高校固定资产累计达 12633.51 万元，比 1992 年增加 6239.45 万元，其中教学科研仪器设备所占资产额 963.99 万元，比 1992 年增加 457.76 万元。

目前，西藏大学现有拉萨校本部和林芝校区两个校区，其中拉萨校本部有新校区、老校区、医学院校区和财经学院校区四个校区，占地面积 1400 亩，建筑面积 32 万平方米，教学科研仪器设备总价值 1.5 亿元，图书总藏量 80 万册。

西藏大学现已发展成为一所拥有经济学、法学、教育学、文学、历史学、理学、工学、医学、管理学、艺术学等10个学科门类的地方综合性大学。

四、培养了大批少数民族干部和专业技术人才

第一，培养了大批少数民族干部，为西藏的社会主义建设做出了贡献。少数民族干部是建设西藏的主力军，少数民族干部来自民族人民群众之中，与当地群众有着密切的联系，熟悉当地民族历史和现状，熟悉当地民族的语言文字、风俗习惯、地理环境；了解当地民族群众的思想感情、愿望、要求和民族文化传统，爱护党的路线、方针政策。只要积极培养、坚决依靠少数民族干部，就能变民族猜疑为民族信任，化民族隔阂为民族团结，就能把民族自治地方的自治机关建成沟通民族关系的桥梁，使党和各少数民族人民息息相通，血肉相连。此外，少数民族干部又是发展民族经济的中坚力量，只要他们把群众紧密团结在自己的周围，齐心协力发展生产，提高社会生产力，就能逐步消除各民族之间事实上的不平等。西藏自治区的政治建设和经济建设，关键在于建立培养一支政治上过硬的、以藏族为主体的少数民族干部队伍。西藏民族学院办学初期以培养少数民族干部为主要任务，为西藏的民主改革和经济建设培训了许多藏族干部。随着社会主义四化建设的发展，党和国家提出要实现干部队伍的革命化、年轻化、知识化、专业化，西藏民族学院按照党中央的指示，办好各种类型的干部培训班，培养出一大批藏族“四化”干部。西藏农牧学院和西藏大学也培养出了一批批少数民族干部，他们都是西藏的重要力量，是西藏的宝贵财富。

第二，培养了不少专业技术人才，为西藏的经济发展与繁荣做出了应有的贡献。多年来，西藏各高等院校的教育坚持理论联系实际，坚持教学同生产相结合、同社会实践相结合、同科研相结合的方针。根据各个时期经济建设的需要，不断调整办学目标和具体的方针、政策。民主改革以后，西藏各高等院校及时转向以培养专业技术人才为主。1980年以后，西藏进入新的发展时期，对各高等院校的布局、专业设置、培养目标等进行了较大的调整。1985年以后，为适应改革开放的经济形势，西藏自治区对各高等院校的教育进行了再调整，并逐步增设理、工、农、医药、财经、政法等专业，增加应

用型学科，加强了对各类人才的培养。西藏高等教育的调整，使之更加适应西藏的实际，使高等教育的内部结构以及各校内部的专业设置趋于合理。

近几年，各高等院校在加强学生专业技术文化知识学习的同时，大力开展了第二课堂的教学。组织学生进行社会调查、资源调查等，使学生在实践中增长知识，增长才干。西藏农牧学院组织学生在林芝县建立科技推广示范点。林学系同嘎玛果园建立了经常性的联系，进行科技服务。水电系的学生对林芝地区的水电资源和小水电站进行了调查、检修。西藏大学成立了大学生科技学会等组织，经常到堆龙德庆、达孜和墨竹贡嘎等县进行社会调查，撰写专题报告。改革开放三十多年来，西藏各高等院校培养了许多各类专业人才，最主要的是培养了成千上万的藏族知识分子，培养了大批合格的藏族语言学家、历史学家、文学家、教育家、农学家、畜牧兽医学家、林学家、水电工程师和经营管理干部等。

第三，培养了大批少数民族教师，为西藏的文化教育事业做出了重大贡献。师资教育是教育工作中的一项基本建设。西藏人民文化水平的提高，在很大程度上取决于各级各类学校教育的水平。邓小平同志指出："一个学校能不能为社会主义建设培养合格的人才，培养德、智、体全面发展，有社会主义觉悟的有文化的劳动者，关键在教师。"①要发展西藏的教育事业，关键在于教师。教师是办好学校、提高教学质量、培养合格人才的主要条件。因此，西藏的高等学校也肩负着师资培养的任务。1986 年，西藏自治区成立了藏语师资培训中心，专门培养藏语授课的师资。1987 年，此中心并入西藏大学，成为西藏大学藏语授课师资培训部。西藏大学藏语授课师资培训部曾为全区培养了藏、汉、门巴、珞巴、纳西、满等民族和登人、夏尔巴人的中小学教师数千名。西藏其他各高等院校都十分重视培养民族教师，采取脱产和在职培训相结合的办法，有计划地为西藏培养师资，并且在本专科大学生中选拔品学兼优的毕业生从事教学工作。目前，在西藏大学、中学和小学的教师队伍中，有许多教师是西藏高等学校自己培养出来的，他们当中的许多人已经成为学有专长的教学骨干和学科带头人。多年来，西藏高校为全区社会各界培养了党政

---

①《邓小平文选》，人民出版社，1994 年，第 105 页。

作者与藏族著名教育家强俄巴先生合影

管理人才、企业管理人才、专业技术人才等6万多人。

五、促进了西藏的科学研究事业向前发展

西藏高等院校不仅是培养人才的基地，也是科学研究的中心，特别是藏学研究的重要阵地。西藏在创办高等院校的过程中，汇集和涌现了一批科学研究人才和骨干，在发扬藏民族的优秀文化遗产方面做了许多有价值的工作。全区各高等院校以加强科研管理机构、完善科研管理制度、注重教学科研队伍建设为重点，加大了科研工作的力度。西藏各高等院校都成立了专门的研究机构。如西藏民族学院民族研究所，是教学科研并重的业务单位。除了承担全院各系科的公共藏语文教学外，还担负《民族理论与民族政策》《宗教学概论》《西藏宗教》《西藏文史概论》《藏学基础》《藏族文学》等课程的教学。

先后组织教师编写了《基础藏语》《藏文》《实用藏语》《藏汉对照常用医疗用语》《民族理论纲要》《西藏宗教》等具有浓郁民族特色的较高质量的教学教材和大纲。《基础藏语》曾获西藏民族学院优秀教材奖，《民族理论纲要》获西藏自治区优秀教材二等奖，先后有 10 人次获院教学优秀奖和优秀教学成果奖。此外，科学研究也取得了丰硕的成果。十多年来，翻译出版了《玛尔巴译师传》《日琼巴师徒传》和《直贡法嗣》等噶举派著作。完成了国家“八五”社科重点项目《中国民族文化大观·门巴族卷、珞巴族卷》（合作）的编撰任务。在“七五”和“八五”期间，民族研究所已公开出版专著和译著（含合著）20 部，发表学术论文 300 多篇，参加国际、国内学术研讨会 50 多次，有 21 人参加了有关专业学会，任理事以上职务 11 人，全所共取得院级以上科研成果 212 项，获奖项目 58 项。其中获省、部级奖励的有 6 项，获院级优秀成果奖励的有 52 项。进入“九五”以来，在坚持原研究方向和重点的同时，调整了科研项目。目前即将完成和正在进行的科研项目主要有《西藏古代科技史》《中华佛教史·西藏卷》《西藏宗教与社会发展关系研究》《藏传佛教史》《西藏民俗文化》等。

西藏大学制订了《西藏大学优秀科研成果奖评审办法》，1995 年举行了首届优秀科研成果评奖活动，评出一等奖 2 名、二等奖 15 名、三等奖 14 名；举办了教学经验交流与优秀教学成果奖的评选活动，评出一等奖 11 名、二等奖 12 名、三等奖 20 名。召开了第十届学术交流会，提交学术论文 62 篇。利用社会捐资设立了“金桥奖励基金”。建立了专业技术人员科研档案。学校的科学研究取得了可喜的成果，已完成和即将出版社会科学方面的著作和教材 60 余种，发表社科

藏文软件推广应用

论文 680 余篇。录制藏族英雄史诗《格萨尔王传》25 部，共计 1200 多万字，其中《门岭大战》《天门占卜九藏》《松岭大战》3 部（60 万字）已公开出版。《藏、英、汉辞典》已正式出版。承担“863”攻关项目一项，国家级科研课题 6 项，自治区级科研课题 12 项。此外,“西藏濒稀动物调查”“西藏部分地区鸟类调查与分析”“西藏部分地区土壤分析”“羊八井光谱射线分析”等自然科学方面的课题也取得了重大成果。

近年来,西藏大学先后承担省部级以上科研项目 256 项,其中科技部“973”前期研究专项 2 项，科技部创新基金项目 1 项，国家火炬计划项目 1 项，国家软科学项目 1 项，科技部国际合作项目 1 项。2009 年，西藏大学藏文信息处理技术科研创新团队被列入教育部 2009 年度“长江学者及创新团队发展计划”。

西藏大学藏文软件开发荣誉证书

此外，西藏大学在藏族文学、藏族历史、藏族艺术、区域经济等方面取得了重大成就，先后获得国家科技进步二等奖 1 项，中国藏学研究珠峰奖 4 项，自治区科技进步奖13项，省部级科研成果奖20项。“藏族唐卡勉唐派”“藏族唐卡钦泽派”和“藏族矿植物颜料制作技艺”分别列入第一批、第三批国家级非物质文化遗产名录。

西藏大学农牧学院除进行教学外，还组织教师对高原生态、藏鸡、藏猪、藏绵羊的改良试验以及雅鲁藏布江沿岸地区的实地测绘、水利资源和小型水电站考察等项研究工作，并取得了丰硕的成果。教师们还编写了《西藏昆虫学》《西藏果树栽培学》《西藏森林生态学》等60余种教学讲义和教材。此外，近几年来西藏农牧学院制订了《西藏农牧学院科研工作管理暂行规定》、科研工作规划和远景目标，召开科研工作会议，调整了科研方向，使学院的科研工作与西藏经济发展需要和学校的学科建设紧密结合起来。1995年，学院科研立项达27项，有国家项目1个，自治区重点项目7个，大部分为开发型、应用型项目，其中同拉萨食品厂共同研制生产的“红景天袋泡茶”在全国第三届科技人才交流大会上荣获金奖；与自治区外贸厅合作研制成功了8个品类的“南美藜保健食品”和2个系列的“南美藜饮料”，成为外贸承担“510”工程的拳头产品；“红豆杉扦插培育”“苗木繁育”“果品加工”“玉米杂交育种”已得到有关部门的前期投入，与企业的横向联合及对外交流协作已经迈出了可喜的一步。高原生态研究所在徐凤翔教授的带领下，除抓好调查研究、基础设施和成果总结外，经批准与有关部门合作，在北京建立了“北京灵山生态研究所”，同时正在筹建“西藏博物园”。通过科学研究工作，培养和锻炼了一批教师，涌现出了一些新的学科带头人，促进了整体教学水平的提高。

西藏藏医学院藏药厂和门诊部发展很快。门诊部仅1997年就接待社会各界患者8000多人次；藏药厂与学院科研进一步加大藏医药的研究力度，在继续生产久负盛名的抗乙肝藏药（206、209）和“西藏补王”等名贵藏药的基础上，又研制出了防治糖尿病的新型藏药。1997年已有8种名贵藏药获得了药品生产准字号，其中“206”和“209”被评为西藏自治区的“五个一”工程之一，并列为“全国火炬”计划项目。门诊部和藏药厂不仅发挥着服务于教学的作用，而且社会效益和经济效益也日益显著。

第五章

成人教育

第一节　干部教育

大力培养民族干部，是党的民族政策的重要组成部分，是实行民族区域自治的关键，也是保障民族平等、增强民族团结、促进各民族共同繁荣、巩固祖国统一的重大问题，同时又是我们党的民族工作和干部工作的一项重要内容。为造就一支具有共产主义觉悟、坚持四项基本原则、适应四个现代化建设的民族干部队伍，就必须大力抓好民族干部的培养和教育。

早在解放初期，毛泽东同志就指出：“要彻底解决民族问题，完全孤立民族反动派，没有大批从少数民族出身的共产主义干部是不可能的。”中共西藏工委和人民解放军在进藏和开展地方工作的过程中，始终把大力培养民族工作干部放在重要位置。昌都解放后，人民解放军为了影响群众、团结上层、胜利进军，在昌都等地开办了地方头人和贵族的训练班，还

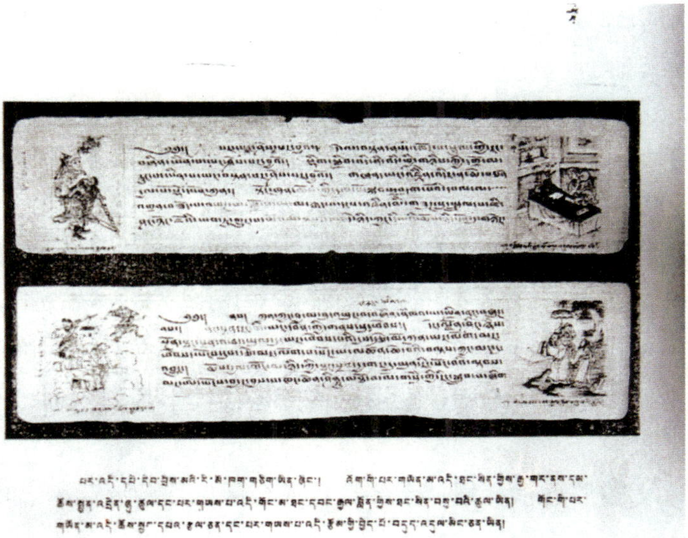

藏文典籍

派人到各宗（县）招收贫苦农奴举办文化班，用速成的方式培养民族干部。人民解放军进驻拉萨后，为适应地方工作的需要，西藏军区司令部在1952年初举办了藏语藏文短期训练班。同年12月，改为西藏军区干部学校。1956年8月，经国务院批准，改名为西藏地方干校，并移交西藏工委和西藏自治区筹委领导。从1952年至1956年，在拉萨还先后举办了共青团西藏工委青年训练班、社会教育班、农业技术训练班、财会训练班和电影技术训练班等。1956年10月，西藏自治区筹委通过了《大力培养藏族干部的决议》，各基巧办事处也“因地制宜”开办了各种干部训练班。1958年9月，成立了西藏公学和西藏团校，培养大批翻身农奴干部。这一时期培训干部的主要特点是以速成方式培养党政干部。藏族干部主要学习文化、政治和汉语，汉族干部主要学习藏语文。

到1959年，西藏地方干校、西藏公学和各级各类干部训练班先后共培养或轮训了各种干部近万名，有力地促进了西藏各项工作的开展，特别是为1959年的民主改革及各级人民政权的建立输送了大批干部，做出了重要贡献。

此后，党中央对西藏教育事业的发展，做出了一系列重要指示，指出：“西藏必须有自己的历史学家、语言学家、经济学家、法学家、医学家、文学家、艺术家、民族和民俗学家，还要有一批适合西藏需要的现代工程和科技人员。”并强调“培养这样一批本民族的人才和专家，是西藏进行现代化建设的一项迫切任务，是藏族人民充分行使民族自治权利，真正当家做主的长远大计和重要保证”。

20世纪80年代初期，西藏干部的水平普遍较低，多数达不到高中毕业水平。为了尽快改变这种现状，使全区干部的文化水平能够适应经济社会发展的要求，1982年，西藏自治区人民政府制订了西藏在职干部培训教育实施计划，要求：第一，自治区党校、各地委党校、各县委党校都要举办干部培训班，区内各大专院校要附设在职干部文化学习班；选送干部到区内外党校、院校干训部学习；抓好干部的业余学习。第二，办好理论培训班，提高干部政治素质和基础理论知识。第三，抓好各类干部的培训，不断提高专业知识和业务水平。

按照这个计划，干部教育在全区迅速开展起来。1984年，面向全区招收了设置在高等学校的干部、教师专修科以及中等专业学校设置的干部、教师中专班。专修科和中专班的学制视专业性质、学员入学文化程度等情况定为二年至三年，实行区内统一命题、统一评分标准、统一组织评卷录取。凡按规定的学习年限，修完按培养目标具备的基础理论课、专业知识和专业技能等确定证书，承认高等专科学校和中等专业学校的毕业学历。

新出版的藏文《西游记》

1981年至1985年，西藏共举办了各种类型的培训班554个，参加学习的干部、职工达16542人；业余培训班468个，参加学习的人数为10784名。在培训中，将藏族干部的培训放在了优先的地位，使藏族干部文化补习与政治理论学习紧密结合起来，提高了藏族干部的政治、业务和文化素质，促进了西藏干部队伍知识结构的更新。仅1985年西藏就先后有计划、有步骤地对146名领导干部以及529名科技人员和903名专业干部进行了培训，其中藏族干部占70%左右。中国人民银行西藏分行系统，通过培训使本系统内藏族干部的知识结构由原来高小以下的文化程度占48%的比例减少到35%左右，提高了藏族干部的文化水平，促进了本系统工作的开展。六十年来，主要做了以下几方面的工作。

一、各级党政干部的培养教育

科学技术在不断进步，新情况、新问题在不断出现。因此，要想跟上时代的步伐，更新知识，变革旧观念，与时代合拍前进，就必须不断学习。这对所有干部来说，都是不可缺少的，对于领导干部来说，尤其重要。干部培训教育涉及培养目标、学制、管理体制以及实施步骤等一系列问题。因此必须在教学计划、课程设置、教学大纲、教学方法的全过程上，建立一个具有西藏干部特色的教育体系。在课程设置上包括三个方面的内容：一是要有马列主义基本理论课，对学员进行历史唯物主义和唯物辩证主义世界观和方法论的教育；二是要有反映现代科学水平的理论、专业和文化基础课，使学员受到比较扎实的基本理论、专业和文化知识的全面训练；三是要有适合民族和民族干部特点的教材和教学方法。同时，还要重视民族干部藏语文的学习，以充分体现西藏特点和民族特色。

各级党政领导干部要继续加强马克思主义基本理论的学习，提高思想政治水平和理论政策水平，进一步坚定正确的政治方向，解决好为谁服务的问题。同时还要学习必要的现代科技知识和现代管理科学，提高科学文化素质和管理水平，改变原来不合理的知识结构，以适应藏族地区建设事业发展的需要。

二、科技干部和管理干部的培养

西藏科技干部和掌握现代管理知识的各类管理干部，不仅数量少，而且质量不高，这是影响西藏发展的一个重要原因。鉴于目前西藏科技干部和管理干部队伍实际文化水平偏低，专业素质较差的实际，专业培训可采取逐步过渡的方式进行，统筹兼顾，实行文化补习与专业培训并举。既办文化补习，又办专业培训，既办中专，又办大专，既办正规培训，又办短期轮训。随着干部文化和专业素质的提高，逐步向系统的专业培训过渡。即学员在完成第一阶段即初中或高中文化补习任务取得合格证书后，根据实际需要，从中择优选拔部分学员，分别转入第二阶段即中专或大专学习。初中以下干部的文化补习，原则上由地、县负责，除地区党校负责培训管理干部外，大部分科技干部则由各系统负责办一些岗位培训班、文化补习班进行培训。这样既可提高在职管理干部的文化水平，又可使经过培训的科技干部对所学知识进行巩固提高。

为了西藏经济的迅速发展，应该建立必要的机制和创造更优越的条件，稳住现有人才，大力培养藏族人才。为此，西藏自治区相继建立了自治区、地

（市）两级自学考试机构，配备了专职考试工作队伍。此外，还制定了西藏自治区高（中）等教育自学考试办法、报名工作细则、命题守则、考试工作细则、监考守则、考场守则等一系列规章制度。使自学考试的专业、考试计划的制订、报考、命题制卷、考场管理、评卷登分、考籍管理以及各类证件的审核颁发，做到有章可循，有据可查。

三、基层干部的培养和教育

西藏的建设和发展，和其他省市一样，根基在基层，在农村、牧区和林区，如果根基不稳固，不扎实，建设的大发展将无从谈起。根基的稳固和扎实与否，很大程度上取决于我们的基层干部的素质状况。因此，西藏需培养一大批政治素质、业务素质和管理水平较高的基层干部，才能正确贯彻执行党和国家制订的路线、方针、政策。所以大力加强对基层干部的培养已迫在眉睫，这是西藏干部工作中一项基础的工作，也是西藏加速发展的一个基本条件。

为了解决这个问题，西藏自治区做了一次非常有益的尝试。西藏自治区的领导和同志们根据本地区的客观需要和民族干部的特殊作用，把培养和造就大批藏族干部，作为西藏的一项系统工程来抓。先后设立了自治区党政干部自修大学、函授大学、中华律师函授中心西藏辅导总站、西藏大学自学考试辅导班、拉萨市委党校自考辅导站等社会助学单位。

四、妇女干部的培养和教育

党的十四大报告中强调指出："要重视培养选拔妇女干部和少数民族干部。"妇女是"半边天"，她们在西藏的经济建设及各项事业的建设和发展中的作用决不可忽视。

西藏妇女干部少、质量差尤为突出。为了扭转西藏妇女干部缺乏的局面，同时也为了提高现有妇女干部的水平和工作能力。近几年来，自治区在财政困难的情况下，增加对妇女干部培训的投入，选送妇女干部、妇女领导干部到北京和内地省市进行培训，这不仅提高了妇女干部的水平和工作能力，充实了妇女干部队伍，同时也将对今后的妇女工作产生深远的影响。

第二节 扫盲教育

和平解放西藏以前，西藏文盲的比例相当高，在广大农牧区，绝大多数农牧民都是文盲。和平解放西藏后，特别是1959年平叛改革，建立新的民族政权以后，西藏社会由封建农奴制社会跃进到社会主义初级阶段。为了改善和提高藏族人民的素质，当时大量的汉族干部到农村、牧区，宣传党的民族政策，选拔和培养藏族干部，进行扫盲教育。无论在十八军进藏途中或新建“八一”农场，都由人民解放军组织藏族民工和修路工人学习藏语和汉语，并教授公路养护知识和推广农牧业技术，为提高藏族劳动人民的素质做了大量的工作。

拉萨的扫盲教育

20世纪80年代，西藏的扫盲工作被纳入人民政府的工作日程。为满足广大干部

那曲县红旗乡的一座帐篷小学，老师曲珍（右二）在辅导孩子们温课

的愿望，西藏人民政府提出了一些应急措施，其要点是：第一，办学形式要因地、因时、因人制宜，灵活多样，不强求一律；第二，对职工、农牧民的学习条件进行调查，比较实际地提出培养目标，从而确定教学内容；第三，制订教学计划，编写教材，努力提高教学质量；第四，加强教师队伍的培养和提高工作；第五，注意克服一哄而上和改进一般化的工作方法。1984 年，在区党委、人民政府的支持下，先后建立了“西藏干部自修大学”“西藏函大辅导站”。1987 年，西藏自治区教委成立了“成人教育处”，其工作重点是扫除青壮年文盲的规划指导和脱盲后的各种适用技术培训。为了落实计划，当年在堆龙德庆县以“三教统筹”的方式建立了实验基地，开展了民族手工业加工和种养殖技术培训，使扫盲教育和脱盲后学习一技之长相结合。与此同时一些县还对脱盲人员在征兵、招工、经商等方面优先照顾，调动了广大农牧民群众参加扫盲学习的积极性。

从 1988 年开始，自治区教委每年投入 20 万元，用于扫盲奖励和资助，各地、县在财力相当困难的情况下加大了扫盲投入，如山南地区乃东县还在群众自愿的前提下，开展了群众性的集资活动，有力地改变了扫盲经费少、投入渠道单一的被动局面。到 1988 年底，乃东县已办扫盲夜校 113 所，入学人数达 3637 人，占全县文盲、半文盲总数的 54.3%。经过一年多的学习，1349 名青壮年摘掉了文盲的帽子。1988 年，乃东县被评为全国扫盲先进县。

进入 20 世纪 90 年代以后，西藏的扫盲工作有了较快的发展。1990 年，国家教委王明达副主任和民族教育司郭福昌司长对西藏的教育工作进行了考察，有力地促进了西藏扫盲教育工作的发展。全区出现了形式多样的扫盲教育活动，一个"子教父学""父教妻学""有文化户包教无文化户"的扫盲高潮在西藏兴起，并取得了可喜的成绩。是年，全区青壮年文盲率下降到 61.8%。此后，西藏自治区教委成人教育处为进一步搞好扫盲工作，对部分地（市）、县进行了实地调查，并和扫盲工作搞得较好的乃东县、堆龙德庆和林芝等 7 县、区签订了农牧民教育试点合同书，并将扫盲教育与实用技术培训，普及法律、卫生、自然科学知识结合起来。

1991 年始，山南地区乃东县教育部门先后与农牧、乡镇企业、科技、卫

青年们在学校上藏文文法课

生等职能部门合作，举办了科学种田、科学养畜、民族手工轻纺、木器加工、卡垫编织、蔬菜种植等数十余种适合当地经济发展优势、群众又乐意接受的“短、平、快”实用技术培训班，累计培训达3万余人（次），在农牧民群众中具体推广应用技术8项。1992年，先后举办了四期中草药加工、农区兽医、畜牧常规技术等培训班，受训688人（次）；举办玉米间作套种技术、农业常规技术培训班58期，参加乡、村干部、农牧民技术员、农牧民13387人（次）。通过培训，农牧民技术员基本能够独立工作完成任务，农牧民一般能掌握培训技术并运用到农牧业生产实践中去。到2000年为止，全县青壮年农牧民非文盲率达到90%以上，农村的各类实用技术人才已达3721人，占全县人口的10%以上，广大农牧民的科学文化素质和生产技能得到了培养和提高，治穷致富的门路也进一步拓宽。

据1991年统计，全区扫盲夜校发展为5453所，参加扫盲学习的青壮年达20多万人，专兼职扫盲教师达7000多名，文盲率下降到56.53%。

1993年，国务院发布了《扫除文盲工作条例》。1994年，《西藏自治区〈扫除文盲工作条例〉实施细则》明确提出个人脱盲的标准为藏语会读，会拼写常用的字词，会阅读较通俗的各种藏文书面文章，会写常用的应用文；数学能够掌握初小的计算知识并能记简单的账目；汉语会认、会写1500个汉字，能看懂浅显的报刊、文章，会写常用的应用文。

西藏在“八五”期间，全区成人高校、成人中专招生规模有所扩大，自学考试参加考试人数、取得单科合格证书的人数和取得毕业证人数均比“七五”期间有所增加，职工培训和农牧民实用技术培训进一步扩展。据1994年统计，林芝地区就有扫盲夜校237所，参加学习的有12276人，已脱盲的9431人，占76.8%。全国扫盲先进县林芝县，15岁至45岁的青壮年中的文盲率已经下降到5%左右。1995年，自治区教委为广大农村编印、供应了15万余册的扫盲教材和扫盲辅助读物，拨付扫盲奖励及补助专款8万余元，为有特殊困难的县、乡提供了汽灯、蜡烛、粉笔等价值2万余元的扫盲用品，为部分县、乡解决了开展扫盲工作的一些具体困难。此外，自治区教委对全区11个县的扫盲工作进行了督促检查。自治区妇联和自治区团委通过开展“双学双比”“巾帼建功”及“乡村青年小康行动”活动，有力地推动了全区的农村扫盲工作。1995年底统计，全区青壮年874532人，青壮年文盲507147人，参加扫盲的青壮年 85399 人，预计扫盲达标 46332 人，举办扫盲点（班）3957 个，实现“无盲乡”1587 个。

1996 年，随着初等义务教育的大力普及，大大减少了新文盲的产生，同时自治区采取了定目标、定任务、定脱盲期限的“三定”措施，各地区扫盲任务分年度签订责任书，每年扫盲达 3 万多人。为尽快扫盲，做好家庭教育，1996 年 10 月 26 日至 11 月 29 日，昌都地区由教体委、妇联、宣传部、卫生局、团委五家联合举办了首届家长培训班。参加培训的有 63 人，其中妇女 25 人，平均年龄 30 岁。培训班利用每周六授课，讲课的内容有：家庭教育的特点和规律、学校教育与家庭教育的关系、幼儿心理学、幼儿教育学、未成年保护法知识、中小学学生思想品德教育、妇女卫生保健常识等。培训班结束时，对学员进行了结业考试，并发给结业证书。

1997 年 8 月 13 日，昌都地区妇女儿童工作委员会在地区行署礼堂举行了家长学校成立揭牌仪式暨第二期家长学校开学典礼。这期为时两天的家长培训班，培训对象是地区所在地的小学、幼儿园、学前班入学新生的父母。参

职业学校的学生在练习打字

加培训人数达 830 人。授课采用藏汉两种语言进行。培训班结束时颁发了结业证书，并规定凭此次结业证，子女方可进入小学、幼儿园、学前班。无结业证书的家长补课后，子女方能入学。从而使家长接受家教培训成为儿童入学所必不可少的条件。

1998 年，西藏自治区人民政府为了进一步推进全区扫除青壮年文盲工作，提高民族文化素质，制定了《扫除青壮年文盲标准和评估验收办法》，本办法规定了个人脱盲和扫除青壮年文盲标准：

（一）个人脱盲标准

1. 藏文脱盲标准：会读且能拼写藏文常用字词，能阅读较通俗的藏文，会写常用的应用文，能够记简单的账目。

2. 汉文脱盲标准：会认、会写 1500 个以上的汉字，能看懂浅易的报刊、文章，能够记简单的账目和书写简单的应用文。

3. 凡达到藏文脱盲和汉文脱盲标准中的其中一个，均视为脱盲。

（二）县级行政区扫除青壮年文盲验收标准

15~45 周岁人口中脱盲人数所占的比例，牧业县达到 80% 以上，农业县和半农半牧县达到 85% 以上，城市达到 90% 以上。

普及六年义务教育。

所辖乡（镇）办有农牧民文化技术学校或班。对参加脱盲的农牧民开展了农牧业生产技能、致富技能培训。

扫盲工作制度健全，建有青壮年人口登记册、青壮年文盲花名册和脱盲人员花名册及其他登记表册。

有筹集扫盲经费的措施和正常的经费来源。

为贯彻《中国教育改革和发展纲要》和《扫除文盲工作条例》，西藏本着“面向大农业、面向人才市场、面向社会主义市场经济”和“以农为本、为农服务、助农致富”的办学宗旨，以培养经济建设急需的适用专业人才和家庭能手为出发点，集人才培养、科技推广、生产示范、技术服务、信息反馈等多功能为一体的一条龙教学，培养青少年的劳动技术，提高劳动者致富的本领。其次，在专业设置上，开设了农业技术、医疗卫生、民族手工艺、财会、兽医等五个专业；在教学安排上，需急用先学，多用多学，难用细学，将分流培训与分类培训有机结合；在学习方式上，灵活机动，采取课堂式、实践式、自学式、研讨式、交流式等；在培养对象上，则分门别类，充分考虑高、中、低三种文化层次的差异，因人而异；再次，针对目前农业生产要素管理、牲畜疾病防疫、医疗卫生、传统手工业等方面出现的新情况，在技术上、管理上，采取了“传、帮、带”的方法，重点灌输农牧业生产、卫生防疫、乡镇企业和家庭生产经营活动等各个环节的专业技术和文化知识，坚持夜校教学与教师操作讲授同实地示范相结合，培养掌握一定职业知识和技能的劳动者，使学员都能拥有一至两门实用技术，并覆盖千家万户。这样，脱盲扫盲教育充分体现了“科技兴民”“科学技术是第一生产力”的办学宗旨，实现了“边学习、边实践、边致富”和为社会经济的快速发展提供急需的专业技术人才的教学目的，扫盲脱盲学习也由“要我办”变为“我要办”，由“要我读”变为“我要读”，由“要我用”变为“我要用”，广大人民群众从担心到放心，从放心到欢心，极大地调动了全社会都来关心脱盲扫盲教育积极性。例如，林芝地区通过创办农牧民文化技术学校，把成人扫盲与成人学政治、学科技、学法律结合起来，促进了农牧民群众学习的积极性，收到了较好的效果。同时与妇联、农牧局等部门配合，举办了各种农牧民实用技术培训班，培训学员达 22300 余人次。据 1998 年统计，林芝地区参加成人自学考试的达 385 人次，参加成人高校、成人中考招生考试的达 144 人次，扫除青壮年文盲 2800 余人，林芝县于 1998 年 9 月顺利通过了自治区的扫盲验收，成为林芝地区第一个扫盲达标县。

2003 年 5 月，西藏自治区起草了“两基”攻坚计划，即“基本普及九年义务教育、基本扫除青壮年文盲”。“两基”攻坚是西藏自治区“十五”“十一五”期间重点实施的教育发展战略目标，西藏自治区始终坚持贯彻党的方针政策，坚持“科教兴藏”“人才强国”，不断推进教育改革。到 2007 年，西藏自治区基本完成了“两基”攻坚目标；2009 年全面完成了“两基”攻坚目标。截至 2009 年，全区全面完成了基本普及九年义务教育任务，“普九”人口覆盖率达到 100%。全区青壮年文盲率下降到 1.8%，全区人均受教育年限达 6.8 年。

第三节　职业教育

职业教育是国家教育事业的重要组成部分，是促进经济、社会发展和劳动就业的重要途径。大力发展职业教育是实现经济体制与经济增长方式两个根本性转变和提高劳动者素质的需要，是保持经济持续、快速发展的一条基本途径。西藏成人教育的发展可分为早期、步入正轨和巩固发展三个阶段：

第一阶段是早期分散的职业教育。早在20世纪六七十年代，为了发展农牧业生产，各地、市、县每年都举办一些短期农牧业生产技术、农机操作与维修等培训班。这些培训班一般都在农闲时举办，受训对象主要是农村基层干部和技术人员，培训班以短期为主，由自治区及地、市、县农牧系统的干部和技术人员担任专业教师。目前活跃在西藏广大农牧区的技术人员大部分是通过这种形式培训出来的。与此同时，各地、市、县也举办过一些其他专业的培训班，如组织部门负责干部培训；劳动部门负责职工培训；农牧、工交、科技等部门也是从自身需求，陆续举办了一些职业培训和技术培训，培养出了一批又一批农牧、工交、科技等方面的技术人员。

第二阶段是职业教育开始走上正轨。党的十一届三中全会以来，在西藏自治区党委和人民政府的领导下，职工教育正式列入各部门的工作日程。各部门、各单位均在青年职工中开展了学文化、学技术的“双补”活动。仅1984年—1985年，全区参加高等、中等、中学文化补习和培训的职工就有5600多人。其中干部参加学习的有1578人，占干部总人数的2.7%；参加技术培训的职工有1249人，参加青壮年文化补习班的有2799人，共占职工总数的5.8%。1988年，拉萨市二中、康马县中学、堆龙德庆县中学等在普通中学中附设职业班，开展了职业技术教育。是年，拉萨市教体委选择 15 名教师到内地进行职教培训，并在市二中增设职教设施，办起了烹饪、旅游、服装裁剪等三个专业，招收学生近百人。旅游服务专业学生全部被西藏宾馆接收。以后所办的文秘、财会两个班的学员也都陆续就业。1990 年，又办了建筑、美术、工艺三个专业，共计 11 个班，培养学生近 400 人。

第三阶段是巩固发展阶段。1993 年，各地、市、县都建立了职工教育中心，并培养了一大批人才。此后，职教在社会上引起了强烈的反响并逐步显示出旺盛的生命力。职中毕业的学生在社会上受欢迎，报考职中的学生也越来越多。根据这种情况，1995 年，全区职业教育现场会进一步明确了西藏职教发展的指导思想、主要目标和措施。据 1996 年统计，山南地区各类职业培训达 2250 人次，农村实用技术培训 2500 人次；昌都地区举办驾驶、农牧技术、缝纫、藏医、财会、木工、金银工匠等各种行业、不同层次、不同规格的培训班 192 个，受训人数达 6344 人次。是年，全区职业技术培训班共办 418 班（次），15247 人受到不同层次的职业技术培训。1997 年，自治区教委根据党的十四大重点加强基础教育，积极开办职业教育，努力抓好成人扫盲教育，逐步走基础教育、职业技术教育、成人教育三教统筹和“农、科、教”相结合以及一校多能的发展道路要求，制定出《关于大力发展我区职业教育的意见》，提出了开展多种形式的职业教育，调整中等及中等以下教育结构和教学内容，以中等专业学校、技工学校、职业中心为龙头，开展形式多样的实用技术培训。在职业教育中，走“宽、实、活”的发展路子，即为提高被培训者综合应用知识的能力，可以采用主学一门专业，兼学相关专业的办法，也可以社会需要什么，什么技能来得快，就办什么职业技术教育，这就是“宽”；所有培养途径与教学内容要实际、实用，加强实践环节，培养其动手能力和实际技能，这就是“实”；所谓“活”，就是学制要活，办学形式要活，学籍管理要活，招生对象和招生办法要活。要进一步完善各地（市）、各部门职教中心或职业学校的条件，使之发挥最佳效益，积极创造条件，尽快建立自治区职教及经济管理干部培训中心。从 1997 年起，有计划地把一些县中学、县完小和乡完小建成多功能学校，为实现基础教育、职业技术教育、成人教育的有机结合、协调发展创造条件。1998 年 11 月，自治区教委印发了《关于贯彻十五届三中全会精神，深化我区农牧区教育改革的意见》，明确了西藏农村教育改革的指导思想和方针任务。根据要求，西藏教委确定了贡嘎、堆龙德庆、乃东、日喀则市四个农村教育综合改革试点县，要建成100所劳动技术教育示范学校，50个“科技兴乡”的示范乡，培养农牧民科技骨干1000人。

1999年初开始，西藏在4个农村教改试点县和110所劳动技术教育示范学校中开展了农村基础教育办学模式改革实验。2000年，试点县的初中每个种养基地达到30亩以上，塑料大棚每校8个以上；示范小学平均每校基地达到5亩以上，温室大棚2个以上。据2001年统计，各试点县共有劳动培训实验基地近2000亩，拥有温室大棚100多个。此外，养殖业开展了鸡、鸭、鱼、猪、牛、羊等饲养项目，种植业开展了草莓、美国芦笋、黄瓜、番茄、苦瓜、玉米、新品种青稞、苹果等高原种植新品种项目，所有技术在当地都具有先进性。根据全员选修、分班组教学的思路，示范初中开设了农作物种植、蔬菜种植、养殖、园艺、民族手工艺、农机驾驶与维修、木工、缝纫、编织、理发等专业职教班，受到了学生和学生家长的热诚欢迎。后来，西藏的职工教育，与全国一样逐步扩大为职业教育。西藏职业教育主要采取了以下办学形式：

1. 培训班。开展培训班必须注意：（1）适应当地急需，考虑长远发展，调动各方面积极性，多层次、多形式、多规格、多类型办学。（2）要与当地经济发展的计划相衔接，因地制宜，灵活多样。当地经济发展需要什么技术就办什么样的培训班，同时还要挖掘出民间优良传统工艺技术并加以改造。（3）重视实际生产能力和操作能力的培养，使学员真正成为掌握一技之长的人。随着改革开放的深入和市场经济的发展，西藏职业技术教育为了适应市场经济的发展和藏族优秀的手工业生产技术的开发及满足农牧民群众的需求，开办了各种各样的培训班。如林芝地区教委先后在林芝、米林等县及察隅、米林两个农场，举办了文秘、汽车驾驶、农业生产技术、果树栽培、兽医等培训班36期，参加培训人员2450余人，他们中的大多数已成为生产能手和致富的带头人。据西藏自治区有关部门统计：1999年全区共举办各种类型的职工、干部、教师和农牧民培训班3681个，参加学习的达14500余人，其中参加文化补习班的3266人。此外，一些群众团体和个人集资，还举办了英语、藏语、民族手工技术、汉语言文学短训班，培养了一大批各种文化技术的人才。

2. 职业中学。20世纪80年代中期以来，西藏各地市许多普通中学举办了职业技术班，其中在西藏影响较大的有堆龙德庆县中学、康马县中学、拉萨市

山南职业中学

二中等。山南地区职业中学创办于1993年秋，占地21亩，建筑面积5100平方米，固定资产500多万元；有教职工22人，其中文化课教师5人，专业课教师14人，行政管理人员3人;教师中专以上学历的8人，中级以上技术职称的2人，民族教师9人，分别占教师总数的66.7%、16.7%、76.7%。教职工平均年龄不足30岁。学校先后开办了乡医、绘画、卡垫、缝纫、驾驶、机电维修、特教、礼仪公关、微机、英语导游、美容美发共计11个专业。1995年8月，中国民营企业家赴藏考察团来校考察后，决定投资近百万元，与学校联合开办一个四通打字机培训中心。2000年,学校设有9个专业教学班,在校生250人，且全部住校，其中农牧民子女占95%以上。学校先后开设的11个专业都是当地急需人才的“热门专业”，培养出的人才有的被有关单位聘用，有的成为乡镇或农村的致富能手。此外，他们还把教学与生产结合起来，积极发展校办产业。1994年，仅传统绘画班出售唐嘎、承接民房、家具绘画就获纯利7580元。1995年，缝纫、传统绘画、卡垫编织三个班的纯收入达15万元。1996年，创造经济效益20万元。以职教养职教，为职教拓宽了经费渠道。

3. 中等职业技术学校。中等职业教育是西藏经济发展的重要支柱，它直接影响到西藏劳动后备军的素质和西藏经济的发展。在目前西藏社会经济发展缓慢而不协调的情况下，中等技术人才是当前和今后几年内发展生产的主要中坚。因此，西藏发展中等教育要坚持两条腿走路和多种形式办学的方针，一方面要办好中等专科学校，另一方面要利用一切条件兴办各种类型的中等职业技术学校。这样打破了应试教育的单一模式，推进教育结构、教育体制和劳动人事制度的改革，使之适应社会主义市场经济和社会进步的需要，多渠道、多层次地培养各类实用型人才，缩短人才培养周期，提高人才培养效益，把教育与经济社会发展更加紧密地结合起来。西藏各地、市、县都办有职业技术学校，例如贡嘎县在乡镇建立了“职业技术学校”。学校针对全县实际，一是对专业技术人员进行培训。通过对在岗专业人员的培训，使这些人员更新知识，提高技术。二是对家庭致富能手进行培训。主要是对农牧民家庭成员中生产经营技能骨干的培训，其目的是通过培训，提高广大农牧民的经营水平和生产技能。三是对生产后续力量进行培训，培训的目的是确保经济和社会持久发展的活力。这些学校按照“按需办学、先易后难、由小到大、由简到繁”的原则，逐年扩大规模。1996 年，培训 350 名学员，设置 5 个专业，即农业技术员 150 名，农机修理 30 名，种植养殖专业 30 名，民族手工业 70 名，农村水电 70 名。1997 年，培训 650 名学员，开设 10 个专业，主要面向岗前岗后的定向培训和全县行政、企事业单位以及村组的干部。以后，随着职业技术学校设施不断完善，每年培训人数将扩大到 1000 人以上。2010 年，全区完成中职教育招生 13200 人，高职在校人数 5000 人。

4. 大学成人教育。根据西藏的特点，必须将职业技术教育与基础教育同步进行，原来的“小学—中学—大学”的单一封闭式的教育结构应转变为普通教育与基础教育并重的新型教育结构。将从中学阶段分流出来的初高中毕业生及时地吸收到大学成人教育中来。为此，西藏各大专院校都兴办了成人教育。如西藏大学开设了委派师资、函授、高等职业教育、高等教育自学自考辅导、进修生等五种成人办学类型。2000 年，全区共计有成人教育在校生 836 人，其中委派师资 201 人，函授生 272 人，高等职业教育学员 135 人，自考辅导学员 218 人，进修生 10 人。西藏大学已初步形成了以本、专科成人学历教育为主，非学历教育的短训、干训、师资培训为辅的成人办学体系。目前，西藏的6所高校均开展了成人高等教育，规模和数量逐渐上升，2010年全区成人高等教育人数为7991人，西藏大学招收了5109人（校本部），是1998年的12倍多。总体看，西藏成人教育呈快速发展。

5. 电视网络学校。电视网络教育是一种新兴的教育方式。互联网是一个社会大课堂，在这个课堂上学生不仅仅是从中接受知识，对他们来说更重要的是学习处理信息的方法、培养适应社会的能力、提高与外界接触的技能，让学生们意识到自我的存在。此外，通过电视网络教育，学生和教师的地位也发生了变化，不再是学校和教师选择学生，而是学生选择学校、教师和内容。只有通过电视网络教育，才能实现真正的个性化教育。近几年，西藏利用电视、网络等现代化的设施，兴办了不少中等专业学校。1986年6月，经自治区人民政府批准，成立了西藏城乡建设与环境保护电视中等专业学校，以建筑系统的干部、职工为招生对象，是一所多专业、多学科的综合性的中等专业学校。2001年9月30日，西藏160名学生走进西藏自治区财经学校的礼堂，参加了中国人民大学网络教育学院西藏教学服务站的开学典礼，成为西藏历史上第一批网络大学生。

6. 函授大学。函授教育不仅具有适应性、开放性、多样性、高效性、经济性等特点，而且还具有效率高、质量优、花钱少、收益大等特点，有益于实现教育的最优化。1984年8月，经西藏自治区人民政府批准，成立了中国逻辑与语言函授大学西藏分校，开设的课程有逻辑、现代汉语、写作、哲学等。当时有学员510人。同年8月，自治区教育厅和西藏高等教育自学指导委员会批准成立了中国逻辑与语言函授大学拉萨分校，招收学员45人。目前，全区函授教育人数7000余人。

第六章

双语教育

第一节　双语教育的重要地位

语言是人类最重要的交际工具，人类社会各项活动要保持正常进行，需要具备若干基本条件，语言使用就是其中之一。一个社会离开语言的使用，如同现代化的城市断水、断电一样，一切活动就会停止，运转就会中断。因此，一个地区语言使用的历史与现状以及交际中的语言障碍与问题，是影响、制约这个地区社会安定与发展的重要因素。

马克思主义认为，语言文字是人们日常联系和交流思想最重要的交际工具。民族语言是民族的一个特征。一个民族政治、经济、文化的发展和历史文化的继承，大都得依靠和使用本民族语言文字这一工具和手段。同时马克思主义又认为，各民族都有使用和发展本民族语言文字的自由和权利。语言是一个民族的重要标志之一，中国共产党一贯坚持马列主义的民族观，主张各民族一律平等，各民族语言一律平等，反对民族语言的歧视、限制和压迫。我国《宪法》和《民族区域自治法》都明确规定："各民族都有使用和发展自

双语识字班

己的语言文字的自由。”这就保证了我国各兄弟民族在政治上的平等地位和合法权利。

《民族区域自治法》和《义务教育法》中又规定 :“在以招收少数民族学生为主的学校或者班级，可以用本民族通用的语言、文字教学，并使用全国通用的语言、文字教学 ; 没有本民族文字的，直接使用全国通用的语言、文字教学，用本民族语言辅助教学。”同时还规定 :“国家推广全国通用的普通话和规范的文字。”这就是说，在民族地区的学校教育中，既要开展好民族语言文字的教学，又要教好汉语文，即所谓的“民汉双语”教学。这充分体现了党的民族平等、语言平等的原则。1986 年颁布的《西藏自治区学习、使用和发展藏语文若干规定（试行）的实施细则》规定 :“在我区逐步建立以藏语文授课为主的教学体系。”1994 年召开的第三次西藏工作会议指出 :“重视藏语文教学，积极推行双语教学，做到藏汉兼通。”这些都对西藏教育工作提出了以藏语文教学为主，培养藏汉两语兼通人才和公民的要求。

语言学认为，学好一种语言文字，是学习文化和科学技术的最基本的条件。而一个人的母语则是学习文化科学技术的最佳语言工具。1981 年，联合国教科文组织在巴黎召开的以母语为教育工具的专家会议上指出 :“本族语是入门教育和取得成功的关键，对于维持一个土著集团的文化，本族语教育是最好的向导和工具，本族语是号召大众参加开发民族最好的振奋剂和指南。使用本民族语言是进行扫盲教育，扫除愚昧、歧视和贫困的有力工具，对振兴民族具有潜在的催化作用。”①少数民族使用本民族的母语作为交际工具，特别是不会汉语的少数民族，使用本民族的母语和文字进行教学，不仅是各民族政治上的平等表现，而且也是发展民族教育事业行之有效的办法。

西藏自治区是我国藏族聚居的主要地区之一，藏族人口占全区人口的 95% 以上，基本属于单一民族聚居的自治区。就西藏现在所使用的交际语言看，也是以藏语和汉语为主要语言。藏语使用人口数量多，通行范围广，是本地区使用的主要语言，汉语、门巴语、珞巴语在不同地区、部门、场合与藏语同时并用，呈现出以一种语言为主、两种语言或多种语言并用的局面。

---

①龙文玉著 :《民族语文政策与民族语文教学》，第 37 页。

从目前语言使用的情况看，藏语是西藏使用的主要语言，同时藏汉双语的使用也在不断发展。为什么藏语是西藏使用的主要语言呢？这首先是由于藏语使用的人口多，范围广。据 1990 年统计，西藏自治区总人口 218 万人，其中藏族等少数民族人口 211.31 万人，藏族等少数民族占总人口的 96.91%。从上述统计数字中可以看出，全区操藏语的人口占绝大多数。藏语是藏族人民的生活语言，也是西藏的第一语言。日常生活中 96% 以上的人使用的是藏语，如果我们的学校教育再不加强藏语的教学，学校教育就不可能奏效，西藏全民素质的提高就是一句空话。其次，根据最新资料统计：在西藏 30 多万在校小学生中，大约只有 7% 的学生在城市小学就读，另有 13% 的学生在县镇小学就读，而将近 80% 的学生在农村小学就读。从以上西藏全区小学生的分布状况来看，大约有 90% 以上的小学生都生活在藏语环境中，他们从小接触的是藏语，使用的是藏语，熟悉的还是藏语，藏语是这些孩子最主要的交际工具和最有效的思维工具。再次，藏语文是一种很成熟的拼音文字，有 30 个辅音字母，4 个元音字母，基本能记载人类口头发出的所有音和音节。藏族学生从语言的学习实际看，由于藏文和藏语是一致的，读出声音就能了解意思，不存在语言障碍，再加上藏文是拼音文字，易读、易记、易写，无论是高等教育或普及教育，在短期内均可见成效。因此，使用本民族语文在开发民族智力，提高民族素质和科学文化方面非常有效。从这二方面看藏语不仅现在是西藏使用的主要语言，而且将来仍是发展西藏教育和经济所使用的主要语言。

为什么藏汉双语的使用在不断发展呢？因为我国是一个统一的多民族国家，汉族人口占全国的 92%，汉语是我国的国语，是国内各民族的共同交际语。因此汉语是功能大的语言。一般情况下，在同一语言使用范围内，使用功能大的语言，在社会交际中占优势。为了交际的需要，学习、使用交际中占优势的语言的人也就越来越多。着眼于藏族更加繁荣发展，学习和赶上政治、经济、文化先进的民族，那么仅有藏语是不够的。随着现代信息社会的发展，藏族学生仅靠母语能力接受新知识、新信息是远远不能够适应时代要求的。其次，汉文历史悠久，记载着丰富的科学文化知识。藏族要发展教育，提高民族文化和民族素质；要发展西藏经济，学习先进经验，掌握现代科技，使自己的民族繁荣昌盛，最好的途径就是在学好藏语文的基础上，兼学汉语文。

特别是在对内搞活、对外开放的今天，西藏要尽快改变落后面貌，有必要学习、使用汉语文，逐步扩大双语教育的队伍。当然必须看到，藏族兼用汉语文并非短时间所能完成，而要经历一个长期积累、逐步发展的过程。就目前来说，西藏各地兼用汉语的情况发展不平衡。各地兼用汉语的人员主要集中于城镇，集中于干部职工中，集中于受过中等以上教育的人中。但随着西藏经济与社会的发展，城镇人口将不断增加，范围也会不断扩大，从事第二、三产业的人也将逐渐从农牧业生产中分离出来，人数越来越多。随着西藏教育事业的不断发展，受中等教育的人也会逐年增长，这是西藏经济与社会发展的总趋势。这种总的发展趋势也就决定了藏汉双语的使用将会不断发展。

藏语是西藏使用的主要语言，藏汉双语的使用将不断发展，这是由民族人口构成及其稳定程度、经济与社会发展及教育不断普及等诸多社会因素所决定的。因此，我们既要认识到藏语是西藏使用的主要语言这一特点，又要看到藏汉双语在使用上的发展趋势，二者均不能偏废。如果我们忽略了主要特点，就会放松、削弱对藏语文的研究、规范、翻译、使用等一系列工作，就会脱离广大藏族人民群众，就会贻误西藏社会主义现代化建设。如果我们对双语使用的趋势没有充分的认识，就会忽视双语教育与使用，就会妨碍与其他民族的交流和往来，同样不符合藏族人民的利益与愿望。因此，以藏语文为主，开展双语教育是西藏进行社会主义建设的主要任务，对西藏实现四个现代化具有十分重要的意义。

第二节　双语教育的发展过程

西藏和平解放以来，党和国家根据马克思主义在民族问题方面的原理，结合西藏少数民族的历史情况以及各民族关系的具体实际，一贯坚持各族人民都可以使用本民族语言文字的政策。20 世纪 60 年代初期，进藏的各级领导和工作人员对学习使用藏语文非常重视，并以身作则带头学习使用藏语文。当时在昌都、拉萨、日喀则等地创办的一大批中小学里，藏汉等各族教师密切合作，相互学习，采取了藏汉两种语言教学，充分发挥了母语的优势，取得了可喜的成绩。如拉萨中学在办学初期，在课程设置和教学内容方面，开始完全用藏语文授课，随着数、理、化、生物等学科内容的深化，以及师资、教材编译工作又远远跟不上需求情况的出现，他们逐步改用汉语讲授高年级数、理、化等学科的课程。对于藏语文教学，则完全尊重藏族传统的分科讲授的办法，即分为语法、修辞、文学、书

双语教学课

法等几个方面。此外，学校为解决数、理、化教师不懂藏语文和藏族学生不懂汉语文的困难，认真探讨了藏汉双语教学的问题。学校组织汉族教师一面教书，一面学习藏语文，藏汉教师互帮互学，蔚然成风。

学生不仅藏语文学得好，而且汉语文也学得不错。大多数学生基本解决了汉语“听、说、读、写”的能力。“听”，基本能听懂老师讲授的课；“说”，基本能与老师相互对话；“读”，基本能阅读课文；“写”，基本能写出简短的作文。1963年，西藏向内地高等院校（清华大学、北京大学、北京师范学院、北京医学院、北京地质学院）选送了两批民族学生共12名。他们经过一年的补习，在各院校中学习成绩达到中等和中上等的水平，现在已成为西藏教育、卫生、文化、地质等部门的骨干力量。此外，当时拉萨中学高中毕业的其他学生，其藏语、汉语以及各科的成绩也很不错，这批学生刚进入初中时，除藏语文稍好外，用汉语讲课都听不懂，由于采取了正确的双语教学的方法，因而取得了良好的成绩。

1966年，由于“文化大革命”“左”的思想影响，严重忽视了对藏语文的学习和使用，致使西藏的教育质量有所下降。在“左”的思潮影响下，大部分学校不重视利用本民族的语言文字授课的问题，老师、家长、学生普遍认为升学考试特别是高考，既不用藏语进行考试，又不把本民族的文字作为一门学科进行考试，所以学习藏语文是“瞎子点灯白费蜡，与其学习藏语文，还不如学好数、理、化”。在这种思想影响下，许多学校只偏重于汉语文教学，忽视了藏语文课的教学和研究。双语教学开展得不好，也是当时的学生知识水平大大下降的主要原因。

进入20世纪80年代后，西藏全区在进一步加强和完善小学双语教育的基础上，开始探索中学阶段新的双语教育形式。20世纪80年代初期，在拉萨市三中、江孜县中学等校试办了以藏语文授课为主的双语教学班。但当时因教材、师资、管理以及其他方面的配套措施没有跟上，因而有的教学班没有取得好的效果，有的教学班被迫停办。

党的十一届三中全会以来，教育语言政策问题得到了党中央和西藏自治区各级政府的高度重视。1987年7月，西藏自治区四届人大五次会议通过了《关于西藏自治区学习、使用和发展藏语文的若干规定（试行）的决定》，共计十六条。根据这一决定，西藏自治区人民政府于1988年颁行了《西藏自治区学习、使用和发展藏语文的若干规定（试行）的实施细则》。1987 年召开的国务院第二次援藏会议又出台《关于改革和发展西藏教育若干问题的意见》。这三个文件明确提出了“在我区要逐步建立以藏语文授课为主的教学体系”。并规定西藏自治区各级各类学校“要重视藏语文的学习和使用，在学校教育中要积极创造条件首先学好藏语文，加强藏语文教学，在基础教育阶段应以藏语文教学为主，在学好藏语文的同时，注意打好汉语文的基础，逐步做到学生在高中毕业时能够藏汉兼通。……在中专和高等教育阶段，藏族学生要继续学好藏语文，努力提高藏语的水平，同时也要重视学好汉语文，以利掌握迅速发展的、内容浩繁的现代科学技术知识”。

此后，西藏教育部门认真总结了双语教学的经验，在大学、中学、小学中均进行了双语教学。如 1989 年秋季，西藏自治区教科委在师资力量、教学条件较好的日喀则地区中学、山南地区第二中学、自治区拉萨中学和拉萨市第一中学等四所中学开展双语教学试点工作。四个试点班共有 161 名学生，女生 68 人，占 42.2%，男生 93 人，占 57.8%。四个试点班的情况如下：

1. 学生来源。这些试点班既有干部子女，也有城市居民子女和农牧民子女。其中农牧民子女 63 人，占 39.1%，干部职工子女 53 人，占 32.9%，城市居民子女 45 人，占 28%。他们的学习成绩优、中、差的都有，藏语文基础普遍较差。

2. 师资情况。各试点班所在学校领导按照有关文件精神和本校师资队伍的实际情况，优先考虑试点班的教师，坚持本校自己能解决的尽量自己解决的原则。一般都选派藏语文和汉语文水平较高的、具有双语教学经验的教师。他们不仅具有一定的组织教学能力和工作责任感，而且也有较扎实的专业知识水平和教学经验。

3. 使用教材。各试点班使用的都是五省区统编教材。除音、体、美教材外，其他都是藏文版，并且做到了课前到书，人手一册。政治教材全部使用《青少年修养》上下册。

4. 教学情况。四个试点班的课程基本是统一的，课时安排则根据各校的情况略有不同。各试点班除正常的教学计划外，还利用寒暑假和早晚自习给学生补课，解决由于藏文版教材分量重等原因而难以完成教学计划的问题。试点班学校领导经常检查教师的教案、备课笔记、学生作业和教学计划的执行情况，组织听课、观摩等教学活动。

5. 学制。四个试点班没有设初中预备班（而当时的民族初中班基本上是四年制，预备班一年补习汉语文），中学阶段的学制为六年，初中三年，高中三年。

经过教学实践，证明各试点班的教学符合藏族学生的实际，受到了藏族学生和家长的欢迎。

第一，由于使用母语进行教学，消除了语言障碍，学生听得懂、看得懂、容易记；教师讲课得心应手，教学效果明显。学生各科目的成绩都比汉语授课好，其中数学课的成绩尤为突出。如拉萨市一中试点班，经过一段时间的教学，采用天津红光中学和上海育才中学的试题进行测验，结果 45 名学生中数学成绩 90 分以上的 20 名，80 至 90 分的 20 名，75 分的 1 名，不及格的 4 名。日喀则地区中学试点班数学阶段测验，成绩最高的 95 分，最低的 72 分，平均分比用汉语文授课的同级班要高出 10 分以上。到 1995 年，西藏首批中学藏语文授课试点班的学生参加了全区的高考，结果试点班的 129 名考生中有 103 名上线，上线率为 79.8%；而普通民族班考生的上线率为 39.34%，试点班比普通班高出 40 个百分点，高出近一倍。

第二，由于使用母语进行教学，使学生能够直接用自己的母语表达感情和思维，用本民族的文字进行写作、阅读、计算，较好地解决了小学和初中教学用语完全脱节，使藏汉两种语言在学生的头脑中混乱不清的老大难问题，因而在教学实践中容易实现因材施教、循序渐进的教学原则，从而提高了教学质量。

第三，由于使用母语进行教学，学生的学习积极性和家长送子女上试点班的积极性很高。这样大大地提高了升学率，据日喀则地区中学和拉萨市第一中学试点班的反映，要求上试点班学习的人很多，因名额有限未能满足他们的要求，试点班的开办吸引着越来越多的学生。

此后，为适应建设团结、富裕、文明的社会主义新西藏的需要，西藏的大、中、小学各级各类学校都认真总结双语教学的经验，继续进行和深化双语教学。1992 年，西藏教科委又在四所中学内举办用藏语文授课试点工作。同时，山南地区在 5 所县中学举办藏语文授课班，全区小学则基本实现了用藏语文授课。到 1995 年，山南地区在全地区所有中学的藏族班实行初中各科用藏语文授课；西藏其他地市的初中藏族班则有用藏语文授课的，也有用汉语文授课的。

第三节　双语教育的现状

西藏双语教育能否得到有效发展，这不仅是大家十分关注的问题，而且也是当前西藏教育亟待解决的问题。如何更好地发展双语教育，事实上与采用有效的双语教学模式有着密切的关系。

双语教育的模式，实际上是实施双语教育的基本形式。六十年来，双语教育的模式较多，仅西藏的双语教育就有多种，现归纳如下：

第一，汉语为主的模式。即把藏语文、汉语文作为一门单独的课程开设，其余课程均使用汉文版教材。这种模式是指主要教学用语全部为汉语。这种教学形式的教学对象主要是汉族学生，还有少部分藏族学生。这种模式过去曾开设过藏语文课，但因种种原因，目前基本不开设藏语文课。

第二，藏语为主的模式。即把藏语文、汉语文作为一门单独的课程开设，其余课程全部使用藏文版教材。在开设藏语文的前提下，对少数民族学生的教学用语全部用藏语。这种班级在教学过程中使用藏文版教材，教学用语、板书等全部用藏语。

第三，口语辅助的模式。这种模式是指在开设藏、汉语文的前提下，对少数民族学生教学用语，主要以汉语授课为主，用藏语作辅助讲解。这种班级在教学过程中教材、板书等全部用汉语，授课中遇到难点、重点部分用藏语作辅助解释。

第四，先藏后汉的模式。这种模式一般是在小学阶段全部用藏语文授课，升入中学后改为用汉语授课。目前，西藏大部分学校采用这种教学模式。

第五，先汉后藏的模式。这种模式一般是在小学和中学阶段用汉语授课，等到考入大中专学校的藏语专业后改为用藏语授课。这种学生大多数来自城镇。

目前西藏双语教学的基本状况是：在农牧区的小学里，一般全用藏语授课，到三年级开始增设汉语文课。城镇小学里，实行双轨制的教学体系，小学汉族学生班（也有个别藏族学生）以汉语授课为主，从三年级开设藏文课，课本是由西藏等五省区合作编写的藏文教材，对藏文课教学的具体要求要比藏族学生班低一些；小学藏族学生班以藏语授课为主，一般也从三年级开设汉语文课，也有少数小学从二年级开设汉语课，所采用的教材也是西藏等五省区合作编写的汉语文教材，对汉语文课教学的具体要求要比汉族班低一些。从小学升入初中后，原来在小学以汉语授课为主的学生，从升学的第一年起，所有课程都用汉语讲授，只是加授藏语文课；原来在小学以藏语授课为主的学生，升入初中后的第一年为预备班，用一年时间突击学习汉语文，从第二年起用三年的时间学完初中的全部课程，除藏语文外，其他课程全用汉语讲授。西藏区内的高校和中等专业学校中，学生不按民族分班，而是按所学专业编班，藏语文和汉语文都是西藏所有大学各个专业和绝大部分中等专业学校的必修

札木中学电教中心

课。其藏语文教材由各院校的藏文系或藏文教研室编写，汉语的每门课程则采用全国统一的教材。

2000 年，西藏全区中学共有藏语授课班 102 个，其中初中班 93 个，高中班 9 个。其分布情况为：拉萨市 35 个初中班，山南地区 35 个初中班、9 个高中班，日喀则地区 15 个初中班，昌都地区 5 个初中班，那曲地区 3 个初中班。全区初中藏语授课班在校生近 4000 人，占少数民族初中在校生总数的 13% 左右；高中藏语授课班在校生 381 人，占少数民族高中在校生总数的 5.7%。

西藏全区小学自 1988 年颁布《关于西藏自治区学习、使用和发展藏语文若干规定的实施细则》以来，已有 90% 以上的小学基本上建立了以藏语授课为主的教学体系。目前教学秩序基本稳定，教学质量在逐年提高，办学规模和办学效益等各方面亦有新的起色。然而，目前西藏双语教育中还存在着一些问题：

第一，教学用语的衔接问题至今没有得到解决。

西藏全区小学普遍实行了以藏语授课为主的教学模式以后，小学与初中、初中与高中，甚至整个中学阶段的教学用语和大中专学校教学用语之间出现了相互脱节的现象。其初中新生多数来源于用藏语授课的小学，这部分学生汉语水平多数在初小左右的程度，很不适应初中以上用汉语授课的要求，这是藏族学生学习质量差的一个重要原因。汉语授课学校中的藏族学生和大中专学校中的汉族学生均开设了藏文课，但由于受社会不重视藏语文的影响，藏文课有名无实，致使许多藏族学生成了“四不像”，汉文不过关，藏文没学好，外文也不会用。这是汉语授课学校中的藏族学生适应能力差的一个不容忽视的重要原因。如果初中仅用藏语授课又难以与高中或中专学校教学语言衔接。因语言衔接的困难和汉语文基础差，适应不了以汉语为主，藏语作辅助的教学形式，造成了高中藏语文授课试点班的学生毕业考入高等学校后，听不懂高校用汉语讲授的课程，学习跟不上，既给学生本人造成了很大的困难，又影响了高校教学质量的提高。加之双语教学一定程度上影响着教学进度，为赶教学进度又保证不了教学质量。

第二，师资结构不合理，双语教师满足不了教学的要求。

双语教师是指接受过师范教育和训练，掌握藏、汉两种语言文字，并能用两种语言文字讲授一门专业课程的教师。从西藏的双语教学现状看，主要是以农牧区学生为主要对象的，并是以藏语文授课为主的双语教学。而农牧区所需要的师资既不是单用汉语授课的师资，也不是单用藏语授课的师资。而是需要一支学历合格、藏汉两种语言兼通，具备较高专业素质的能用双语授课的、合格的师资队伍。为了满足这一需要，西藏大学从1989年起扩大招收师范专业，重点培养初中双语师资。到1998年已培养了数、理、化、生、地、史、政治等七个专业的毕业生近900人，全区初中双语教师资格过关考试合格人员99名，其多数分布在拉萨、山南、日喀则三个地、市。就目前西藏培养出来的双语教师来看，不仅数量少，而且他们的整体素质不十分理想，不少教师专业知识不过关，部分教师藏文程度很低或汉语文水平不过关，不能用藏语授课或不能用汉语授课。此外，西藏培养出来的双语师资分配到基层的专业结构相当不合理，有个别学校同一个专业教师有4~5名，某些专业一名或一名都没有。目前基层最需要的数学、物理等专业教师紧缺，而生物、地理、历史等专业教师过剩。致使有的学校所开设的数学、物理等课程由其他专业的教师代课，因教师本身不是教此类专业的，故专业名词术语不熟悉，直接影响着教学效果。

第三，教材的名词术语不规范、不统一，缺乏相应的辅助教材。

藏语文教学也和其他任何一门学科一样，有其自身的特点和规律。在教学中，如果背离了它的规律，就不会收到应有的效果。和平解放西藏以后，党和政府就十分重视西藏双语教育的教材建设，特别是改革开放的十几年来，这方面的工作有了长足的发展。但是，当前藏语文授课教学班的教师和学生的教材品种短缺、不配套、教材内容脱离实际、编辑出版机构不健全、印刷设备陈旧、教材供应不及时、出版经费严重短缺以及藏、汉对照的工具书极其缺乏等问题还存在，教材供应慢、乱、差以及缺乏相应的辅助教材是严重影响中小学教学质量的一个“老大难”问题。此外，在数、理、化、生、地、史等现代学科的民族文字教材方面，有的翻译还不太准确，名词术语不规范、不统一。这样就制约着双语教学的健康发展，对教学质量的提高也有一定的影响。

面对西藏双语教育的现状，如何正确解决双语教学问题，确定以哪一种语言作为教学工具的问题，在教学工作中占有很重要的地位。笔者认为，要搞好双语教学，最有效的办法是从母语入手。如果用学生熟悉的母语进行教学，使学生能够直接用自己的母语表达感情和思维，用本民族的文字进行写作、阅读、计算，对调动学生的学习积极性，开发学生的智力，提高教学质量都将有极其重要的意义。反之，如果学生缺乏一定的母语基础，而用另一种语言进行思维，其对译阶段将大大增加，有的词语甚至无法对译，造成一种似懂非懂的状态，严重影响学生理解的能力和学习的积极性，直接影响着教学质量的提高。因此，对藏族学生从小学一年级的拼读学习开始，要抓好藏语文教学的质量问题，充分认识打好母语教育基础的重要性，每一年级必须达到每一年级应该达到的藏语文的要求。根据目前现有师资条件，各级各类学校尽可能实行以藏语授课为主的教学方法。但是在实行以藏语授课为主的教学过程中，也要注意以下一些问题：

第一，初中阶段开始分流，两种教学体系并行。为给初中以后的分流打好基础，要在初中一年级的时候坚持和完善藏语教学体系的同时，特别加强汉语文的教学，一方面要选配好得力的汉语文教师；另一方面，也要选好汉语文的教材和课外辅导学习材料。此外，要根据学生的志愿，做好藏语授课班和汉语授课班二种教学体系的分流工作。

第二，大力培养和培训能够使用藏汉双语教学的师资。目前，用汉语文为主进行教学的体系早已存在，并且比较完善。而藏语文教学的体系至今还没有完全建立起来。造成这一现状的主要原因是缺乏能够使用藏语文进行教学的双语师资。目前，中小学藏文版各科教材已全部编译完，只是因为缺乏能使用这种教材的教师而未能在初中或高中推广使用。为此，各级各类学校要大力培养和培训能够使用藏汉双语教学的中小学师资，并努力做到初中和小学教师来源地方化。

第三，编好适合于藏族学生的教材。目前，西藏大部分中小学使用的是藏族五省区教材协作委员会编译的教材。笔者曾对此教材进行过调查，结果发现大部分学校反映这套教材难度大、负担重，而且有关内容与西藏实际脱离，不利于组织教学。因此，要认真编写好教材。在编写适合西藏使用的教材方面，主要应遵循四个原则，即基础性、科学性、可行性、稳定性。

第四，制订好招生办法。首先，要制定出一个比较合理的比例，使藏语文教学体系的学生占三分之二左右为宜。然后，根据学生的志愿，择优录取。考虑到两种教学体系的特点，应以藏语文教学体系先录取为好。

第五，处理好升学的问题。藏语文教学体系的毕业生升学时，主要面向区内有关大中专（含职高）学校，也可报考内地的学校；汉语文教学体系的毕业生主要面向区外大中专学校，也可升入区内的学校。

第七章

内地开办的西藏中学和西藏班

第一节　开办西藏中学和西藏班的过程

1984年初，中共中央书记处召开了第二次西藏工作座谈会，转发了《西藏工作座谈会纪要》。要求充分认识西藏教育的特殊性,对西藏进行“再认识”，一切工作从西藏的实际出发。会议认为，要发展西藏教育，加速培养西藏人才，单纯以西藏的力量和内地派人进藏就地办教育还是很不够的，必须打破封闭状态，实行立足本地力量辅以内地支援的多渠道办学的方式。中共中央发出（84）22号文件指出：“要采取集中与分散相结合的原则，在内地省市办学，帮助西藏培养人才。可考虑在北京、兰州、成都等地相对集中办西藏班，其他有条件的省市分配一定名额，西藏选送10至12岁的小学毕业生，以培养中等专业技术人才为主，其中少数优秀的可以选送高等院校深造。”为加速西藏人才的培养，根据中央的指示，经国家计委、国家教育部、西藏自治区人民政府研究，并与有关省、市共同协商，决定在上海、天津、辽宁、河北、河南、山东、江苏、陕西、湖北、重庆、安徽、山西、湖南、浙江、江西、云南等十六省、市中等以上城市举办西藏初中班，在北京、兰州（或西安）和成都筹建三所西藏学校。1984年11月全国计划会议期间，向各省、市传达部署了创建西藏学校和举办西藏班培养人才的任务。决定1985年首批招生1300名西藏小学应届毕业生，分别按对口支援的形式安排。

招生原则：（1）完全自愿；（2）只招收藏族学生；（3）要德、智、体合格，能坚持长期学习。

招生名额：上海市100名；天津市100名；辽宁省100名；河北省100名；河南省100名；山东省100名；江苏省100名；陕西省100名；湖北省100

名；重庆市 100 名；安徽省 50 名；山西省 50 名；湖南省 50 名；浙江省 50 名；江西省 50 名；云南省 50 名。

学制：学制为四年，补习小学文化一年，初中三年。初中毕业后大部分升入当地中专或技校，少数成绩优秀的学生分别转到北京、兰州、成都三所西藏学校入高中学习三年，高中毕业后择优升入大学本专科学习。

教学用语：西藏班以汉语文教学为主，也可以视情况加授藏语文和英语。

师资：办西藏班的学校，要充分挖掘潜力，利用本校的师资力量和设备。藏语文教师要由西藏选派，每校派 5 人（其中教师 3 人，行政管理人员 2 人），共 130 人。实行定期轮换，其任务除进行藏语文教学外，还要管理学生生活，进行思想工作，同时还可进修提高业务水平。

1985 年秋，西藏教委通过对应届小学毕业生的考核，1300 名学生被选送到内地十六省、市学习深造。其中拉萨市 500 名，送往上海市、重庆市、陕西省、江西省、浙江省、安徽省、湖南省；日喀则地区 250 名，送往山东省、河南省、云南省；昌都地区 200 名，送往河北省、湖北省；山南地区 200 名，送往辽宁省、江苏省；那曲地区 100 名，送往天津市；阿里地区 50 名，送往山西省。

1986 年 5 月 16 日至 19 日，国家教委在湖南省岳阳市召开了十六省、市西藏工作会议。会议着重研究了以下问题：1. 1986 年西藏班的招生办法；2. 1985 年所招学生升入初中的问题；3. 清退不合格学生的办法。会议经过充分讨论，解决了开办西藏班一年来的一些实际问题。

1987 年 9 月，中央领导在全面考察了西藏之后，为了适应西藏经济建设的需要，针对西藏教育落后、人才匮乏的状况，国务院在北京专门召开了以教育为主要内容的第二次援藏工作会议，明确了发展西藏教育的指导思想及有关政策措施，特别对内地办学这一具有战略意义的决策给予充分肯定。此年，北京、成都、兰州三所西藏中学开始招生，每所中学计划每年招收数百名初中毕业生，学生全部是西藏的少数民族。

1989 年，又在内地举办西藏高中班（校）以及各类中专班。首届内地西藏班初中生毕业，进入中等技术专业学校 862 人，300 名学生进入高中进行学习。从 1992 年起，每年不仅有近千名藏族中等专业技术人才回到西藏参加“四化”建设，而且还会有一大批藏族高中毕业生考入大学深造。

1993 年 3 月，国家教委受国务院委托在北京召开了教育支援西藏工作会议。会议明确提出今后内地办学的方向是“长期坚持、努力搞好、逐步扩大的方针，实行对口、定点、包干责任制”。此次会议，就对口单位对教育援藏的任务、形式、经费、责任、义务等进行研究，签订了协议，使内地办学又步入了一个新台阶。

1994 年 7 月，国务院又召开了第三次西藏工作会议，会议根据西藏教育的实际，总结了内地十年办学的经验，并提出了“长期坚持，逐步扩大，不断完善”的长远发展方针。

到 2000 年，内地办学累计初中招生 2.27 万人，高中招生 4800 余人，中师招生 3000 余人，中专招生 6500 余人，职高招生 80 人，大学招生 2800 余人。“九五”期间，内地办学规模进一步扩大，初中年招生 2000 人，高中年招生 1000 人，内地办学高中已增至 9 所，扩大了培养高级专门人才的比例。到 2001 年，全国已有初中校 21 所、高中班（校）9 所、中等师范校 2 所以及各类中专班遍及全国 28 个省（市、区）。已有 8760 余名各类中专中师毕业生、1780 余名大学生返回西藏参加建设事业。2008 年，全国各地内地西藏班在校学生人数为初中 13689 人，高中 4401 人，合计 18090 人。

2001 年，中央召开第四次西藏工作座谈会后，国家根据西藏社会经济发展需要，对西藏班的建设提出了改革意见。2002 年教育部办公厅颁布了《教育部办公厅关于做好全国教育支援西藏工作会议筹备工作的意见》，第二次提出调整内地西藏班结构：“减少中专层次，适当调整和扩大内地西藏班初中、高中和内地普通高等学校招生规模，扩大师范类办学规模。”

2010 年，国家进一步调整了内地西藏班（校）办学结构，完善了中职教育。首届内地西藏中职班在内地 12 个省、市 42 所国家级重点职业学校中设立，主要以培养技能型人才为主，专业门类根据西藏经济社会发展的需要而开设，主要包括学前教育、资源与环境、交通运输、水利水电、乡村卫生等 9 类专业。首届内地西藏中职班招生 3000 人。目前，内地西藏班在校总人数约为 26900 人，其中初中 5200 人，高中 10100 余人，中职 3000 余人，高校内地西藏班生源学生 8800 余人。

二十多年来，中央和内地省市已为西藏班（校）投了大量资金，并且建立了一支素质较高能够从事西藏班（校）教学和管理的基本队伍，涌现出了一批德才兼备的先进教育工作者和品学兼优的学生。同时进行了大量有益的教改探索，积累了一些宝贵的教学和管理经验。实践证明，内地办学不仅是发展西藏教育事业的重要组成部分，而且也是培养西藏人才的一条重要途径，它具有以下几点好处：

第一，可加强各民族的团结，使少数民族学生从小树立中华各民族团结起来共同建设祖国的观念。

我国是一个由多民族共同缔造的社会主义国家，因此搞好民族团结的教育，对于巩固和发展社会主义民族关系，促进我国社会主义现代化建设具有极为重要的意义。但是，如何对少数民族学生进行爱国主义的民族团结教育，在方式和方法上是值得考虑的。如在当地进行民族团结的教育，当然可以提高青少年一代的政治思想觉悟。可是从历史的经验来看，让少数民族的学生到内地与汉族的学生一块学习和生活，其效果更佳。

二十多年来，西藏选送的学生一踏上内地的土地即受到各族人民的热烈欢迎，学校的领导和老师们不仅全心全意地为藏族同胞培养合格的人才，而且在学、住、吃、穿等方面像对待自己的亲生儿女一样关心和照顾少数民族的学生。许多汉族学生及其他少数民族学生同藏族学生成了互相关心、互相爱护、互相帮助的好朋友。内地人民的深情厚谊，学校领导和老师的辛勤劳动，学生们铭刻在心中，使他们从小就认识到了“少数民族离不开汉族，汉族离不开少数民族”的思想是颠扑不破的真理，从而牢固树立中华各民族团结起来共同建设祖国的观念。同时，这种内地办西藏中学和西藏班的办学方式在广大的学生家长以及藏族人民心中也必将产生日益深远的积极影响，它为内地和西藏之间的相互了解，开辟了广阔的途径，对于维护国家统一、民族团结和西藏的发展都具有深远的重大意义。

第二，可开发藏族学生的智力，使他们的学习成绩不断得到提高。

在科学技术发展日新月异的今天，内地教育以一日千里的速度迅猛向前发展。在内地已成为历史的东西，而在西藏的边远地区，却还闻所未闻。今天内地大部分中小学已经使用上了先进的电化教学设备，而西藏的部分学校且不说电化教学设备，就是能做到桌椅板凳不缺，有间教室，有位老师能把书本上的知识传授给学生就算不错了。现在西藏边远地区的个别小学因没有教室，只好在简陋的房屋或仓库中上课；因没有课桌、板凳，学生上课只好就地而坐，用一块小木板当作课桌。这种教学条件，怎么能培养出高水平的学生呢？藏族学生的智力与其他民族学生的智力是没有差别的，藏族学生的学习之所以差，主要是因为社会环境以及学校条件差而影响了他们的智力发展。二十多年来，内地各省、市皆为西藏班配备了得力的领导和最优秀的教师，各学校充分利用电脑、电影、电视、幻灯等先进的教学设备，进行了形象化的教学。此外，还组织学生到先进的工厂、农村和科研机构参观访问，亲眼目睹了社会主义现代化建设的丰硕成果，从而开发了藏族学生的智力，使他们的学习成绩有了显著的提高，个别优秀学生的学习成绩已超过了当地的学生。济南十四中的两个初一西藏班期中考试成绩，在同校同级的 8 个班中，藏二班名列第一。全校平均成绩 80 分以上的 57 名同学中，两个西藏班的学生占 34 名。1992—2001 年，参加全国普通高校招生考试，内地西藏班学生比区内学生平均成绩高出 100 分（不含藏语文成绩）；内地西藏班学生（初中毕业生）返藏参加统考，他们的平均成绩高出区内学生 150 分左右。

第三，可以缓解西藏师资严重缺乏的矛盾。

由于西藏海拔高，高寒缺氧，生活又艰苦，20 世纪 50 年代至 60 年代进藏的一批有丰富教学经验的教师，大多数已退休返回内地。70 年代援藏的教师，而今已年过半百。他们中有的多病，有的因气候等原因，不适宜在西藏工作而早已调回内地，也有的由于其他原因，离开了西藏。据不完全统计，自 1978 年以来，约有 4000 多名大、中、小学教师内调或外流，如此造成了西藏师资严重短缺。笔者于 1990 年，在西藏调查的 20 多个地、市、县中，没有一个县或一所学校不喊短缺教师的。康马县中学每位教师要担任三四门课，课时多的教师一周达 20 多个。米林县中学 16 位教师中，就有 9 位是从社会上招聘的代课教师。江孜全县历史、地理、音乐、美术教师一位也没有，生物教师只有一位，汉语教师也极缺，许多课程不能正常开设，常常是明天就要开课了，今天还未找到任课教师。在教师这样短缺的情况下，每年选送一大批藏族学生到内地学习，可以大大缓解西藏师资严重缺乏的矛盾。

第四，可节省一大笔教育经费，用以改善目前西藏的办学条件。

西藏地域辽阔，人口稀少，居住分散，交通不便，自然地理环境艰苦，办教育的难度大。西藏地处青藏高原，面积 120 多万平方公里，平均海拔 4000 米左右，高寒缺氧，素有世界屋脊之称。1990 年第四次人口普查统计，全区总人口 219.6 万人，人口密度为每平方公里 1.6 人，是全国人口密度最小的省区。全自治区分为六个地区和一个市，共有 75 个县（含四个县级区、口岸、办事处），其中以农业为主的县 36 个，纯牧业或以牧为主的县 24 个。少数大的县五六万人口，多数县仅有一二万人口，还有一些不足一万人口的县。虽然除墨脱县以外县县都通了汽车，但各县内的交通工具则主要依靠马匹和牛羊。牧区学生上学骑马往往要走几天甚至十几天的时间，由于缺乏交通工具，学生的生活、学习资料和学校基建材料等运输很困难，故培养一名学生费用极为昂贵。据统计，西藏培养一名中小学生的费用要比内地同类学生高出 2~3 倍。内地为西藏办学可以用较少的投资获较高效益的办学效果。这样可为西藏教育节省一大笔经费，用以改善目前西藏落后的办学条件。

二十多年来的内地办学实践表明，这一办学形式有利于加速西藏人才培养步伐，有利于各民族青少年之间的相互交流和团结，有利于内地和西藏的相互了解。总之，内地办学是中央和地方帮助西藏发展教育事业，促进西藏繁荣昌盛的重大战略措施，应该长期坚持下去，其重大作用和深远意义将愈加明显。

第二节　内地西藏中学和西藏班的简况

一、北京西藏中学

北京西藏中学位于北京亚运村东侧的朝阳区北四环东路高原街1号。1987年5月奠基建校，学校占地3.2万多平方米，建筑面积1.9万多平方米，包括教学楼、科技楼、办公室、学生宿舍、教工住宅楼、食堂、健身房、阶梯教室、音乐舞蹈室、电视播映室等。在科技楼还设有物理实验室、生物实验室、化学实验室、语音教室、电子计算机房等。每个教室都有彩电，电化教学设备先进，为北京市重点中学之一。

为了孩子们有个良好的学习环境和生活环境，学校在近两年先后对教学楼、宿舍楼里外进行了粉刷，教学楼进行了内部装修，教室里为学生添置了装书用的铁柜，宿舍里也添购了存放衣物的铁柜，所有的窗子都换成了铝合金的推拉窗。学校改造了6个实验室，新装了多媒体语言教室、美术教室、教师用电子备课室和多功能厅，基本实现了教学设备现代化，节假日学校资料室长期开放。学校又花巨款重修了供暖系统、重建花房等，为学生们创造了一个良好的文化氛围。学生们称赞说："我们的家更美了。"

在学校和社会各界的共同关心和努力下，北京西藏中学办出了自己的特色和水平。藏族学生在这里健康成长，生活自理能力、思想品德、学习诸方面进步很快。二十多年来，同学们在市、区级的各种竞赛中，取得了优异成绩。有800人加入了共青团，有市、区三好学生70余人，受市、区表彰的优秀团员、

北京西藏中学

少先队员 80 余人。学校也曾多次受到北京市、国家教委、国家民委的表彰。

学校现有教职工 172 名，专任教师 58 名，其中高级教师 18 名，中级职称 28 名。现有预科、初中、高中三个学段，学制七年，初、高中各三年，初中预备班一年。共计 14 个教学班，学生总数 700 余人。学生来源，由自治区每年从拉萨、日喀则、昌都、山南、林芝、阿里、那曲等地区的 60 多个县中，经统考择优录取。从 1987 年至 1997 年的十一年间共计招生 1896 人，其中 1987 年招初中生 100 人；1988 年招初中生 100 人；1989 年招初中生 100 人，高中生 100 人；1990 年招初中生 102 人，高中生 100 人；1991 年招初中生 87 人，高中生 66 人；1992 年招初中生 88 人，高中生 100 人；1993 年招初中生 85 人，高中生 95 人；1994 年招初中生 93 人，高中生 99 人；1995 年招初中生 90 人，高中生 100 人；1996 年招初中生 90 人，高中生 101 人；1997 年招初中生 100 人，高中生 100 人。到 2001 年已累计招收初中生 1180 余人、高中生 1590 余人，在校生 760 余人。2008 年，学校被奥组委、教育部、北京市政府评为“奥林匹克教育示范校”；2009 年，被北京市民委、市教委授予“北京市民族团结教育示范校”称号。

截至2010年，已有13届初中毕业生1135人，19届高中毕业生3132人，近3000人大学毕业后返回西藏工作。

二、成都西藏中学

成都西藏中学位于成都市南一环路四段。1988年9月奠基建校，学校征地46亩。学校实用面积1.7万多平方米，包括教学实验综合楼、办公室、宿舍、食堂、健身房、游泳池、运动场、校办厂等。学校还建有物理、化学、生物实验室以及微机室、录音室、图书室、阅览室等。学校图书室藏书一万余册，订阅杂志二百余种，报纸三十多种，教学设备、实验仪器齐全，是四川省重点一类中学。

学校现有教职工90人，其中专任教师60人，党员29人，教职工中具有高级职称的14人（其中特级教师1人），中级职称31人，初级职称18人，教职工中大学本科毕业41人，专科毕业18人。

按国家教委规定，内地西藏中学的学制为初中四年（含预科一年），高中三年，初中招收西藏区内合格的藏族和其他少数民族小学毕业生，高中招收内地西藏初中班中的优秀毕业生。初中班要加强藏语文和汉语文教学。第一学期为实习文化时间，原藏语文授课班学生突击实习汉语和小学文化；原汉语授课班学生突击实习藏语文和小学文化。

学校从1989年开始招收第一批学生，从1989年至1997年的九年间共计招生1167人。其中1989年招高中生100人；1990年招高中生100人；1991年招高中生109人；1992年招高中生100人，初中生43人；1993年招高中生100人，初中生43人；1994年招高中生82人，初中生45人；1995年招高中生101人，初中生45人；1996年招高中生104人，初中生45人；1997年招高中生150人。到2001年已累计招收初中生230余人、高中生1450余人。

2008年，全校共有教职工126人，其中特级教师4人，高级教师52人，中级教师41人。教学班15个，在校学生500多名。学校自成立以来为西藏地区已经培养了初、高中毕业生近3000人。

三、天津红光中学

天津红光中学位于天津市河北区水产前街。此校于1949年10月1日成立，与共和国同龄。1985年开始办初中西藏班，1989年，开始办高中西藏班。校园占地面积46000平方米，建筑面积17000平方米。1986年，新建教学楼5000平方米，包括教室、实验室、计算机房、语音教室、藏书39000册的图书馆；1990年，建成1200平方米的体育馆；1989年，新建3100平方米学生宿舍楼；1992年，扩建装修3500平方米的医务室以及供千名学生就餐的食堂和男女浴室、洗衣房、供水、供暖等完备的生活设施；1996年3月，还新建有容纳千人的大礼堂和2600平方米实验楼。红光中学是一所具有先进教学设备、生活设施功能齐全、环境幽雅的中学。

天津红光中学从1985年9月招进第一批藏族学生到现在，先后有近三千名藏族孩子，在这所郁郁葱葱、香飘四季的园林式学校，沐浴着党的阳光雨露，吮吸着知识的甘泉健康地成长。学校多次得到天津市、西藏自治区乃至国家教委的表彰和肯定。

全校教职工总数179人，教师94人，其中特级教师16人，中级教师63人。现有教学班21个，在校学生928人。其中初中汉族班6个，学生280人；初中西藏班9个，学生374人；高中西藏班6个，学生274人。学校从1985年至1997年的十三年间共计招生2071人。其中1985年招初中生100人；1986年招初中生70人；1987年招初中生50人；1988年招初中生100人；1989年招初中生80人，高中生100人；1990年招初中生100人，高中生100人；1991年招初中生120人，高中生96人；1992年招初中生90人，高中生100人；1993年招初中生90人，高中生100人；1994年招初中生90人，高中生95人；1995年招初中生90人，高中生100人；1996年招初中生90人，高中生100人；1997年招初中生110人，高中生100人。到2001年已累计招收初中生1580余人、高中生1400余人。截至2005年，红光中学共为西藏培养了1575名初中毕业生、1577名高中毕业生，总计3152人。

2006年10月红光中学新校区落成，新校区总投资8148万元，占地36100平方米，建筑面积33164平方米，建有综合教学楼、行政办公楼、图书馆、体育馆、学生宿舍楼、操场、四个篮球场等。

2006 年，红光中学被中共中央统战部、教育部等单位授予“全国教育援藏先进集体”称号；2009 年，被天津市教委、市民族委员会评为“天津市民族教育工作先进集体”；2010 年 10 月，荣获“全国艺术教育先进单位”称号。

四、重庆藏族中学

重庆藏族中学位于澄清市沙坪坝区歌乐山。此校原名重庆市 31 中，1953 年建立，是一所完全中学，占地面积 4.5 万多平方米。1985 年，开办西藏班后，学校更名为重庆藏族中学，同时升格为市重点中学。学校撤销了高中建制，设 14 个初中班，其中藏族 8 个班，学生 400 人，学制 4 年；汉族 6 个班，学生 300 人，学制 3 年，是一所汉藏合校的新型民族中学。

学校自办西藏班以来，先后建起了大礼堂、图书馆、电教楼、游泳池、健身房等，共新建校舍一万多平方米，扩建和改建校舍近七千平方米，总面积达 1.8 万多平方米，同时还修了七彩亭、喷水池、花台、葡萄架等，大大改善了办学条件。学校教学安排合理，教师对学生坚持“爱、严、细”三字方针，把爱无私地奉献给学生。由于全校师生员工的努力，使学校的教育管理走上正轨，教学秩序有条不紊，师生关系和谐亲密，学生德、智、体、美、劳得到全面发展。学校先后有九个班级被评为“市优秀班集体”，校党支部连续六年被评为重庆市沙坪坝区“先进基层党支部”。1993 年和 1994 年，连续两年被四川省委、省政府授予“省级文明单位”称号。广大藏族学生家长评价说：“重庆藏族中学是全国西藏班（校）中办得好的一所学校，把小孩放在这样的学校读书，我们放心。”

学校现有在编教职工 103 人，其中校级干部 5 人，中层干部 6 人，高级教师 6 人，中级教师 30 人。学校从 1985 年至 1997 年的 13 年间共计招初中生 1255 人。其中 1985 年招生 100 人；1986 年招生 100 人；1987 年招生 100 人；1988 年招生 100 人；1989 年招生 100 人；1990 年招生 100 人；1991 年招生 90 人；1992 年招生 90 人；1993 年招生 95 人；1994 年招生 90 人；1995 年招生 90 人；1996 年招生 100 人；1997 年招生 100 人；2001 年已累计招收初中生 1630 余人、高中生 90 余人；2008 年，在校学生 1100 名（西藏学生 990 名）。

2005年，学校建校二十周年之际，重庆市、沙坪坝区两级财政拨款近三千万元改善学校办学条件，促进学校建设发展。近年来，学校在市、区的大力支持下，在全校师生共同努力下，取得很好的成绩，先后被重庆市人民政府命名为市级“重点中学”“重庆市文明单位”“沙坪坝区师德先进集体”，连续四年被授予“沙坪坝区高考突出贡献奖”等多项荣誉。

五、上海市回民中学

上海市回民中学位于上海市泸太路1000号。此校创立于1945年，1985年接受党中央援藏的任务，开办了西藏班，每年从西藏招收100名藏族小学毕业生。上海市教育局为加强民族教育，已拨款500万元，作为专款经费用于改善办学条件，占地57.5亩的校园建筑群、环境优美。学校根据党的教育方针和培养目标，二十多年来积极稳妥地开展了一系列以减轻学生负担、培养能力、提高教学质量的教改实验，取得了瞩目的成效。

学校教职员工134人，专任教师102人，其中特级教师1人，高级教师11人，一级教师45人。学校从1985年至1997年的13年间共计招初中生1400人。其中1985年招生100人；1986年招生100人；1987年招生100人；1988年招生100人；1989年招生50人；1990年招生100人；1991年招生100人；1992年招生90人；1993年招生90人；1994年招生105人；1995年招生105人；1996年招生135人；1997年招生175人；1998年，兴建了上海共康中学；到2001年已累计招收初中生1850余人。

2007年，学校被上海市教委命名为“上海市实验性示范性高中”；2011年，学校被评为“全国首届百强特色学校”。

六、济南玉函路中学

济南玉函路中学位于济南市玉函路88号。此校前身为济南十四中和济南回民中学西藏班，于1991年3月合为一校，即济南玉函路中学，也称西藏中学。学校占地30亩，建有教学实验楼、多功能楼、学生宿舍楼等，济南市将此校定为市重点学校，从师资配备到设备配置都放在优先地位。

自 1985 年起，每年从西藏招生 100 名小学毕业生，现有在校生 410 人。学校为了培养建设西藏的一代新人，始终把德育工作放在首位，采取各种形式对学生进行爱国主义、民族团结、理想和道德等方面的教育，注意自理能力和良好习惯的培养，促进学生素质的全面提高，先后有 420 名学生光荣地加入了共青团，33 人被评为省、市级三好学生、优秀学生干部。

学校现有教职员工 61 人。学校从 1985 年至 1997 年的 13 年间共计招初中生 1280 人。其中 1985 年招生 100 人；1986 年招生 100 人；1987 年招生 100 人；1988 年招生 100 人；1989 年招生 100 人；1990 年招生 100 人；1991 年招生 90 人；1992 年招生 90 人；1993 年招生 90 人；1994 年招生 100 人；1995 年招生 100 人；1996 年招生 100 人；1997 年招生 110 人。到 2001 年已累计招收初中生 1480 余人。

2008 年，学校教职工 78 人，其中高级教师 17 人，中级教师 29 人；4 个年级，16 个教学班，610 名学生。学校成立至今，共接收了 2800 多名西藏学生。

七、辽阳市第一中学

辽阳市第一中学是辽宁省的一所重点中学。学校自 1985 年 8 月开办西藏班以来，曾为西藏学生建有一座宿舍楼和 926 平方米的大食堂。学校还设有图书室、阅览室、生物实验室、物理实验室、化学实验室、音乐教室、劳技教室、语音室、微机室等，供学生学习和教学使用。

学校自创办西藏班以来，一贯重视加强对藏族学生的政治思想教育工作，办班二十多年来，硕果累累。先后有 8 个教学班 12 次被评为市优秀班级，共有 412 人加入共青团，300 多人被评为市优秀学生，3 人被评为省优秀学生，2 人受到自治区和国家教委的表彰，涌现出市、校优秀干部 90 多人，校文明学生 80 多人，优秀团员 90 多人，400 多人获学习奋进奖，500 多人（次）被评为单项标兵。与此同时，同学们知识水平、学习成绩普遍提高，6 届学生的毕业率为 100%，583 名毕业生就有 582 名考入北京等十几个省市的高中或中专继续深造，升学率为 99.83%。辽阳市一中连续两次被评为市、省、国家“民族团结进步先进单位”。

学校从 1985 年至 1997 年的 13 年间共计招初中生 1272 人。其中 1985 年招生 100 人；1986 年招生 100 人；1987 年招生 100 人；1988 年招生 100 人；1989 年招生 90 人；1990 年招生 100 人；1991 年招生 90 人；1992 年招生 87 人；1993 年招生 90 人；1994 年招生 90 人；1995 年招生 90 人；1996 年招生 100 人；1997 年招生 135 人。到 2001 年已累计招收初中生 1820 余人。辽阳市第一中学西藏班的教学水平在全国内地西藏班中处领先地位，2003 年、2004 年连续两年升学率均为 100%。2011 年底，学校共有 86 个教学班，学生 4700 余人，其中西藏班 16 个，西藏学生近 700 人。

八、常州西藏民族中学

常州西藏民族中学位于江苏省常州市常锡路育英桥。此校创建于 1985 年 7 月，是一所为西藏培养人才的江苏省重点中学。学校占地 45 亩，主要建筑有教学综合大楼、学生宿舍楼、教工宿舍楼、餐厅、浴室等。还建有家长接待室、商店和储蓄所。

自 1985 年创办以来，学校注意提高教师队伍各方面的素质，调动班主任的积极性和责任性，坚持不懈地开展爱国主义、集体主义、民族团结、革命传统、艰苦奋斗等方面的教育，使学校在教育教学方面取得了一定成绩，受到有关方面的好评。全校有 452 名同学加入了共青团，34 名学生被评为省市级三好学生、优秀团员，200 多人次在市局级各类比赛中获奖。学校还多次被评为“全国民族团结进步先进集体”“全国民族教育先进学校”“江苏省德育工作先进学校”等光荣称号。

2000 年，学校共有 8 个班级，学制 4 年（预科 1 年，初中 3 年），在校学生 420 人，汉族教职工 58 人，藏族教师 6 人。学校从 1985 年至 1997 年的 13 年间共计招初中生 1280 人。其中 1985 年招生 100 人；1986 年招生 100 人；1987 年招生 100 人；1988 年招生 100 人；1989 年招生 90 人；1990 年招生 100 人；1991 年招生 90 人；1992 年招生 90 人；1993 年招生 90 人；1994 年招生 100 人；1995 年招生 100 人；1996 年招生 130 人；1997 年招生 90 人。1995 年，又在南通创办西藏中学。到 2001 年已累计招收初中生 2030 余人、高中生 170 余人。截至 2009 年，学校共招收了西藏山南、日喀则、拉萨地区的学生 2143 名，已有 19 届学生 1881 人毕业。

九、南昌市第十七中学

南昌市第十七中学位于江西省南昌市上海路16号。学校于1958年创办，是一所市属完全中学。学校占地面积近60亩，建有教学大楼、办公大楼和综合实验大楼。实验大楼内除大型分组实验室外，还有电化教室、语音室、阶梯教室、图书室、阅览室等。自1985年开办西藏班后，省、市政府每年拨给南昌第十七中学西藏班14万元，补助学生伙食费、医疗费和假期活动经费。学校还为西藏班的学生专门建有食堂、阅览室、活动室、电视录像室以及宿舍大楼等，并为西藏班装备了语言实验室、微机房，添置了洗衣机、彩电，成立了医务室，为藏族学生创造了良好的学习和生活环境。

江西省和南昌市党政领导和教育行政部门对南昌十七中开办西藏班非常重视。每逢重大节日，特别是藏历新年、毕业典礼、教师节等节日，省、市有关领导都亲临学校看望藏族师生，和学校共商办班大事，部署办班工作，帮助解决办班困难。学生住院，南昌市政府、市教委领导都前往医院亲自守护，进行慰问，让藏族学生深受感动。

在党和政府的关怀下，全体藏族学生学习非常努力，并取得了显著的成绩。目前共有200多名藏族学生光荣加入了共青团组织，毕业以后升入高一级学校的学生有20多名同学光荣地加入了中国共产党，30多名学生被评为省、市级三好学生和优秀学生干部，138名学生被评为校级三好学生，192人获得了中央、省、市的各种竞赛奖励，学生在德、智、体各方面得到全面发展。1993年7月，国家教委表彰全国内地高中、中专西藏班优秀毕业生36名，榜上就有8名该校毕业的。1992年，被南昌市教育部门、市教育工会评为“园丁杯”竞赛活动先进集体，同年还被南昌市教委授予“民族教育奖”。1993年10月，国家教委和共青团中央授予南昌十七中90级西藏班为“全国先进班集体”的光荣称号。1998年，被国家民委、江西省政府授予“全国民族团结进步模范单位”光荣称号。

学校有教职工163人，其中高级教师18人，一级教师54人。西藏班在编专职教学及管理人员共21人，其中具有高级职称教师3人，中级职称教师5人，具有大学学历的教师10人。学校从1985年至1997年的13年间共计招初中生 681 人。其中 1985 年招生 50 人；1986 年招生 50 人；1987 年招生 50 人；1988 年招生 50 人；1989 年招生 45 人；1990 年招生 45 人；1991 年招生 45 人；1992 年招生 45 人；1993 年招生 46 人；1994 年招生 70 人；1995 年招生 45 人；1996 年招生 70 人；1997 年招生 70 人。到 2001 年共招收西藏班 17 个，学生共计 970 人，已培养 12 届毕业生 579 人，西藏学生四个年级 8 个班，共计学生 290 人和 4 名西藏籍老师。

到 2007 年，学校创办 22 年来，共招收西藏班 34 个，学生 1451 名。学校先后荣获“全国民族团结先进单位”“全国民族团结进步模范单位”“全国民族团结教育工作先进集体”“全国教育援藏先进集体”等多项荣誉，并被中央电视台（新闻联播栏目）、新华社、人民日报等报道。

十、合肥市第六中学

合肥市第六中学位于安徽省合肥市寿春路 234 号。此校创建于 1954 年。学校占地面积 3.5 万多平方米，主要建筑有教学楼、科学楼、办公楼、综合楼以及教师宿舍等，科学楼设有微机房、语言室、电影放映厅和物理、化学、生物实验室等。自 1985 年开办西藏班以来，学校还为西藏班建有一栋宿舍楼以及含有厨房、餐厅、浴室等设施的生活楼，为藏族学生提供了良好的学习和生活环境。

学校把坚定的政治方向、健康的心理品质、良好的行为习惯、优秀的学习成绩、强健的身体素质作为育人目标，培养德、智、体、美、劳全面发展的合格初中毕业生。德育工作始终摆在首位，经常开展以爱国主义教育、集体主义教育、民族团结教育、革命传统教育、艰苦奋斗教育、立志成才的遵纪守法教育，“团结、文明、勤奋、守纪”的校风已经形成。在各级党组织关怀、各有关部门大力支持以及全体教职员工的共同努力下，各项工作均取得了较好的成绩，受到了中央、省、市的肯定和表彰。据统计，先后加入共青团组织的同学有 186 人，被评为市级三好学生的有 28 人，校级三好学生 192 人。学校于 1988 年被安徽省人民政府授予“安徽省民族团结进步先进集体”称号，1990 年被国家民委授予“全国民族团结进步先进集体”称号。

为办好西藏班，合肥市第六中学专门成立了西藏班工作领导小组和西藏工作部。在配备西藏班教师队伍时严格把关，由学校择优聘用。学校在编教职工168人，其中一级教师67人，在西藏班教学的就有8人。学校从1985年至1997年的13年间共计招初中生605人。其中1985年招生50人；1986年招生50人；1987年招生50人；1988年招生50人；1989年招生50人；1990年招生45人；1991年招生45人；1992年招生45人；1993年招生40人；1994年招生45人；1995年招生45人；1996年招生45人；1997年招生45人。到2001年已累计招收初中生820余人。

十一、湖南省岳阳一中

湖南省岳阳一中位于湖南省岳阳市洞庭湖湖畔。学校于1949年创立，与共和国同龄，是湖南省的一所重点中学。学校占地面积8万多平方米，建有教学楼、办公楼、宿舍楼、理化实验室、语音室、计算机房、音美劳技专用教室、图书馆、阅览室以及体育馆和田径场。

自1985年开办西藏班以来，为了提高藏族学生学习兴趣，拓宽学生的知识面，学校首先在教师的选聘上，把热爱民族教育事业、教学经验丰富、身体健康、家庭负担轻、有奉献精神、会说普通话和有母爱精神等七条作为西藏班教师的基本条件。同时选聘教师不受工资限制、不受人员编制限制、不受工资总额限制,在岳阳市“出榜招贤”。对在西藏班工作的教师实行专兼结合，以专为主；藏汉结合，以汉族教师为主；流动与稳定结合，以相对稳定为主。二十多年来，学校先后从校内外挑选156名骨干教师担任西藏班的教学工作。其中党、团员占71%，有大专以上学历的占86%，教龄在十年以上的占85%，年龄在50岁以下的占92.5%，高级和一级教师占88%，形成了一支政治素质较高、学历合格、老中青比例合理、具有较高教育教学和管理水平的教师队伍。学校的姚金波老师根据藏族学生的特点，进行了教学方法的改革，创立了五段学习法指导、知识归纳法指导、科学记忆法指导、类比法指导。他还积极参加教改科研和撰写教学研究论文，他参与的《进行学习策略指导，提高藏族学生的学习能力》教改课题得到了国家教委民族教育司的好评。他撰写的《化学实验课教学中观察能力的培养》和《实施素质教育重在转变观念》等多篇论文获奖。近几年来，先后有4名教师获国家奖，40名教师获省级奖，10名教师获市级荣誉称号，学校的教师在国家、省、市级报刊发表教育教学论文58篇。

在老师们的辛勤努力下，办班以来每届初中预科的学生通过一年补课都顺利地升入初中，六届275名初中毕业生参加湖南省初中毕业会考，及格率100%，升学率100%，特别是升入高中的比例大大超过国家教委下达的指标，升学后的学生没有一个被退回，绝大多数学生担任了学生干部。藏17班的学生2000年返藏参加全国内地西藏班统考，总分居全国第三名。据2001年统计，共有580名学生加入共青团，2名学生被评为全国内地西藏班优秀学生，58名学生被评为湖南省内地西藏班优秀学生，135名学生被评为岳阳市三好学生。由于学校成绩突出，多次受到国家教委和西藏自治区教委的通报表扬，并被评为“全国民族团结进步先进集体”。

学校从1985年至1997年的13年间共计招初中生906人。其中1985年招生50人；1986年招生50人；1987年招生50人；1988年招生50人；1989年招生45人；1990年招生35人；1991年招生85人；1992年招生90人；1993年招生91人；1994年招生80人；1995年招生80人；1996年招生100人；1997年招生100人。2001年已累计招收初中生1130余人、高中生230余人。

截至2011年4月，学校拥有汉、藏两教学部，共58个教学班，其中西藏班9个，藏族学生473人。教师近百人，本科学历拥有率为100%，近年来学校教师科研水平不断提高，已有20多部专著公开出版，300多篇论文公开发表。学校先后荣获“全国德育先进校”“全国中小学德育工作先进集体”“全国民族团结进步先进集体”“全国五一劳动奖”等殊荣。

十二、临潼华清中学

临潼华清中学位于陕西省西安市临潼区骊山脚下的华清池畔，创建于1939年，是陕西省的一所重点中学。学校历史悠久，生活和教学环境优美，素以美丽幽雅而闻名。校园占地面积8万多平方米，建筑面积1.8万平方米，建有教学楼、办公大楼、图书楼、实验楼等，实验楼内设有化学实验室、物理实验室、微机室和电教室等。

学校的各项管理工作逐步走向科学化，教育教学、规章制度、师资队伍、学籍管理以及安全保卫、伙食后勤诸方面的管理基本做到井井有条，已由粗放管理逐步走向精细管理，由经验管理转为科学管理。1986 年以来，一直被评为县教育系统先进集体，1992 年被国家教委和国家民委评为全国民族教育先进集体。学生们坚持德、智、体、美、劳全面发展，先后有 368 名学生加入共青团组织，受到县级以上表彰的三好学生和优秀班干部有 89 人，受到学校表彰的三好学生和优秀班干部有 489 人次。

为了加快建设西藏，加强民族团结，受国家教委委托，1985 年开办了西藏初中班。此后，学校为藏族学生建有名为“兴蕃楼”“和同楼”的二座宿舍大楼以及设施先进的厨房和大礼堂等。学校从 1985 年至 1997 年的 13 年间共计招初中生 1070 人。其中 1985 年招生 100 人；1986 年招生 100 人；1987 年招生 100 人；1988 年招生 100 人；1989 年招生 50 人；1990 年招生 90 人；1991 年招生 80 人；1992 年招生 90 人；1993 年招生 90 人；1994 年招生 45 人；1995 年招生 45 人；1996 年招生 90 人；1997 年招生 90 人。到 2001 年已累计招收初中生 1470 余人。到 2011 年，学校为西藏共计培养了 2300 余名毕业生。

十三、郑州市第四中学

郑州市第四中学位于河南省郑州市京广北路 86 号。学校创立于 1938 年 12 月，学校环境优美，地处火车站繁华区，交通十分便利，是我国建校较早、条件较好的完全中学之一。学校占地 50 亩，建筑面积两万多平方米，有二幢教学楼、三幢办公楼、五幢教职工宿舍、一幢学生宿舍以及大礼堂和实验楼等，实验楼内有微机房、电教室、实验室、放映厅等，教学仪器齐全，实验设备先进。

自 1985 年开办西藏班以来，学校为了加强西藏班学生的思想政治工作和日常生活管理工作，特组成了包括学生干部、班主任和学校领导在内的管理小组，配备了优秀的教师担任授课任务。特别是 1991 年新的领导班子到任后，制定了“团结奋进，办好藏班，振兴四中，争创一流”的宏伟办学目标，实行了“一校一制、藏汉合校、四处一室、统一管理”的崭新管理模式，取得了丰硕的办学成果。使西藏班的学生学习成绩及格率达 100%，优良率达 70% 以上。学校特别注重西藏班学生的身体健康，除加强平时的身体锻炼外，还积极开展各项文体活动。在校内外举办的各种比赛中，西藏班皆取得了较好的成绩。1999 年，全国内地西藏班第一次统考中，西藏班的藏族学生名列全国第四，汉族学生名列全国第二，受到学校的好评。2001 年统考，藏族学生名列全国第二，汉族学生名列全国第三，特别是数学学科，满分 120 分，西藏班的学生平均分高达 109.56 分。

学校已初步探索了一套科学的管理方法，取得了可喜的成绩。有 930 人加入了共青团组织，市级以上的三好学生 62 人，优秀干部 48 人。400 多名学生被评为校级三好学生、优秀干部、学习标兵、学习突击手等光荣称号，860 余人受到了各种奖励，90 余人递交了入党申请，30 余人参加了青年党校学习。学校还多次被评为郑州市先进集体，并于 1986 年被评为河南省教育先进单位，1988 年被评为“全国民族团结进步先进集体”。近几年来，学校先后荣获“全国五一劳动奖状”“全国民族团结先进单位”“河南省食品卫生先进单位”“郑州市民族团结进步模范单位”“郑州市文明学校”“郑州市教育教学先进单位”“郑州市花园式单位”等荣誉称号，国家教委两次内地西藏班评估，郑州四中均名列前茅，受到国家教委和兄弟学校的肯定和赞誉。2003 年，学校被评为首批郑州市示范性高中。2005 年被评为首批河南省示范性高中。

学校从 1985 年至 1997 年的 13 年间共计招初中生 1115 人。其中 1985 年招生 100 人；1986 年招生 100 人；1987 年招生 100 人；1988 年招生 100 人；1989 年招生 100 人；1990 年招生 100 人；1991 年招生 45 人；1992 年招生 50 人；1993 年招生 90 人；1994 年招生 80 人；1995 年招生 80 人；1996 年招生 80 人；1997 年招生 90 人。到 2001 年底，学校共招收了十六届 1550 名藏汉族学生，已毕业 1200 余人，半数的学生升入高中就读，98% 的学生到高一级学校进行深造，已有一大批学生学有成就，返藏投身到社会主义建设中，不少人还担任了重要岗位工作。到 2005 年，学校为西藏共培养 2300 余名毕业生。

十四、沙市第六中学（现更名为武汉西藏中学）

沙市第六中学位于湖北省沙市市北京中路 139 号。学校创建于 1956 年，是湖北省的一所重点初级中学。学校占地面积 2.8 万多平方米，主要建筑有教学楼、办公楼、实验楼、图书馆、阶梯教室以及二幢藏族学生宿舍楼等。学校生活环境优美，教学设备良好，为藏族学生学习生活创造了很好的条件。

学校坚持社会主义办学方向，走理论与实践相结合的道路。学校重视学生的德、智、体全面发展，开展多种形式的教书育人活动，注重以加强基础、重视实践、培养能力、增强适应性为原则的教学改革，使学生掌握了比较扎实的基础知识，成为德才兼备的优秀人才。学校除了正规的教学外，还开设了第二课堂，讲授摄影、书法、文学、微机、美术、缝纫等方面的知识，发展学生的个性特长，培养学生的劳动观念和技能。

二十多年来，藏族学生政治上积极要求进步，学习上刻苦努力，纪律上严格要求，受到全校师生及各级领导的好评。学生的学习成绩不断提高，优秀、良好率呈平稳上升，思想政治素质也有明显提高。先后有 306 人加入了共青团组织，89 人被评为市级三好学生，许多同学被评为校级三好学生和优秀干部，46 人次先后在全国、省、市征文竞赛和学科竞赛中获奖。八五级学生古如多吉荣获全国数学竞赛优胜奖，八六级的泽仁达瓦同学荣获中国——南斯拉夫联合征文奖。藏族学生学业上的飞跃，表明他们具有极大的智慧潜能。办内地西藏班，正是开发他们的潜能、培养藏民族人才的有效途径。

学校从 1985 年至 1997 年的 13 年间共计招初中生 1060 人。其中 1985 年招生 100 人；1986 年招生 100 人；1987 年招生 100 人；1988 年招生 100 人；1989 年招生 50 人；1990 年招生 90 人；1991 年招生 45 人；1992 年招生 45 人；1993 年招生 90 人；1994 年招生 80 人；1995 年招生 80 人；1996 年招生 90 人；1997 年招生 90 人。到 2001 年已累计招收初中生 1430 余人、高中生 90 余人。

2006 年，西藏中学由荆州迁往武汉，12 月正式成立武汉西藏中学，该中学是湖北省唯一一所西藏学校，也是全国最大的援建西藏中学。2010 年，该校获得"湖北省示范中学称号"。2010 年，学校共有 8 个高中班、8 个初中班，教职工 81 人，在校生 721 名（均为西藏籍）。

十五、山西大学附属中学

山西大学附属中学位于山西省太原市坞城西街 3 号。其前身是山西省干部子弟学校，目前是山西省的重点中学之一。学校占地面积 9 万多平方米，建有二幢教学楼、一幢实验楼、一幢图书电教楼、二幢学生宿舍楼、二个学生食堂、三个运动场等。学校环境优美宁静，各学科实验实习设备均较完备。

学校认真贯彻党的教育方针，坚持社会主义办学的方向，不断推进教育改革，创建了“严谨、朴实、文明、奋进”的优良校风。学校师资力量雄厚，教学水平较高。建校以来，学校建立了一支热爱教育事业，具有良好的政治和业务素质，结构合理，相对稳定的教师队伍。学校在编教职工 180 人，其中专任教师 110 人，具有高级职称的教师 47 人，一级教师 45 人，本科学历教师 101 人。

1985 年开办西藏班以来，学校领导十分重视这项工作，专门成立了西藏班工作班子，挑选经验丰富的老师担任班主任，配备素质高的教师承担教学工作。近三年来，学校先后把 6 名骨干教师调入西藏班从事语文、数学、物理、化学、政治等学科的教学。在学校领导和老师们的关怀和努力下，学生们的德、智、体诸方面均得到了发展。先后有 238 名同学加入了共青团组织，27 人被评为省市级三好学生和优秀学生干部，被评为校级三好学生、优秀学生干部及单项积极分子的占 10% 以上。学校于 1990 年被评为“太原市民族教育先进集体”，1992 年被评为“全国民族教育先进集体”。

学校从 1985 年至 1997 年的 13 年间共计招初中生 879 人。其中 1985 年招生 50 人；1986 年招生 20 人；1987 年招生 20 人；1988 年招生 50 人；1989 年招生 60 人；1990 年招生 75 人；1991 年招生 95 人；1992 年招生 99 人；1993 年招生 90 人；1994 年招生 80 人；1995 年招生 80 人；1996 年招生 80 人；1997 年招生 80 人。到 2001 年已累计招收初中生 1200 余人。

到 2010 年，学校建校 25 周年之际，共培养初、高中毕业生 1700 余名。学校多次荣获“民族团结进步模范集体”“教育援藏先进集体”等称号。

十六、河北师范大学附属民族学院

河北师范大学附属民族学院位于石家庄市红旗大街 102 号。此校前身是于 1985 年建立的河北师范学院附中西藏班。1989 年 3 月，经国家教委和河北省政府批准，正式成立了河北师院附属西藏学校。1993 年 3 月，经河北省政府批准，更名为“河北师院附属民族师范学校”。1996 年，随着新的河北师范大学的合并成立，学校随原河北师院并入河北师范大学，更名为河北师范大学附属民族师范学校。2000 年，随着教育援藏工作的层次提高，学校又开始承担招收中师毕业生起点的两年制大专的办班任务，学校更名为河北师范大学附属民族学院。

学院占地44亩多，主要建筑有教学楼、实验楼、办公大楼、综合大楼、宿舍大楼、图书馆、音乐美术教室、餐厅等，学校设备及固定资产由1998年的60万元发展到现在的400余万元；教职工年福利待遇提高了4000元；学校规模为在校生1100余人；办学层次由单一初中变成初中、中师、大专并存；专业设置由义务教育、普师教育扩及义务教育、普师教育、信息技术、英语、音乐等。学校设中等师范和初中两部分。现有中师三个年级6个班，初中（含预科）四个年级6个班，共计12个教学班。15年中，河北省投入资金3440.64万元用于学校的建设，河北省委、省人大、省政协、省政府等各级领导到校视察、指导工作、慰问藏族师生，现场办公将近500人次，每年藏历年省四大班子领导都要到校看望藏族师生。石家庄市各界也对学校建设和藏族学生在河北健康成长给予了大力支持，平山县元坊村、西柏坡镇、少年炮校、石家庄市内的八所小学以及一批企业事业单位成为学院长期发展的教育实习和假期实践基地。石家庄火车站、白求恩国际和平医院、河北省第三人民医院、邮电局、派出所、保险公司等单位为学生的健康成长提供了有力的保障。

学院注重民族教育的特殊性，西藏班的课程、思想政治工作、班主任和辅导员配备以及日常生活管理等方面均与普通班有所不同，从而促进了西藏班的学生健康成长。在学校领导的关怀下，全校教职工努力为西藏学生创造良好的学习和生活条件，使他们在德、智、体诸方面得到全面发展。藏族班的学生热爱专业，勤奋好学，艰苦朴素，积极参与各项健康的校园文体活动，师生、同学之间团结融洽，曾多次受到上级领导和学校领导的表扬。15年来，共为西藏昌都地区培养（对口支援）初中生922人，培养大专生189人。共为西藏自治区培养初中、中师、大专生合计2203人。中师及大专毕业生被分配在区内七个地市工作。仅从中师生的培养比重看：截止到2000年，全国内地西藏班共培养中师生2300名，河北师范大学附属民族学院培养的占近一半。全院自1989年至2000年，共有46名教职工受到国家、省、市的表彰；有30名优秀毕业生受到教育部的表彰；有百余名优秀毕业生受到省、市、教育厅、局的表彰。学院先后八次被石家庄市政府、河北省政府、西藏自治区政府、国家民委、省民族宗教厅授予“民族团结进步模范集体”和“先进基层党组织”

等荣誉称号,1999年被国务院授予“全国民族团结进步先进集体”的光荣称号。

学院从1985年至1997年的13年间共计招初中生880人。其中1985年招生100人;1986年招生100人;1987年招生100人;1988年招生100人;1989年招生70人;1990年招生50人;1991年招生90人;1992年招生45人;1993年招生45人;1994年招生45人;1995年招生45人;1996年招生45人;1997年招生45人。到2001年已累计招收初中生920余人、师范生1010余人、大专生290余人。到2005年,学院共招收西藏初中、中师、师范专科生2800多人。

截至2010年,学校共有高中班、少数民族大学预科班、西藏大专班3个办学层次。全校在校生2016人。

十七、绍兴市第一中学(现更名为浙江省绍兴县西藏民族中学)

绍兴市第一中学位于浙江省绍兴市胜利路41号。此校创建于1897年,至今已有一百多年的历史,是浙江省的一所重点中学。

学校拥有一支优秀的师资队伍,教职工130人,其中具有高级职称的32人,中级职称的54人,2名省特级教师、4名全国劳动模范和先进工作者。自1985年开办西藏班以来,学校把办好西藏班作为完成中央交给的政治任务,当成加强藏汉团结的大事来抓。教学、生活设施不断完善,汉藏教师相互团结,密切配合,加强管理,培养优良学风,教学质量不断提高。

为了使藏族学生顺利完成在内地的学习任务,学校建立了严格的管理制度,坚持严格要求、细致工作、爱护学生的工作原则。二十多年来,通过多种形式的教育和活动,西藏班的学生普遍树立了正确的思想政治观点。在学校日常生活和学雷锋树新风活动中表现出勤劳、勇敢、善良和助人为乐的优良品质。仅今年以来,西藏班的同学就有拾金不昧、给困难者捐赠钱物、助人为乐等好人好事62人次。

在老师的精心指导下,西藏班的学生勤奋努力,智力水平有很大提高。据上学期期末考试成绩统计,各科学业成绩全部及格的达98%,优良成绩占72%以上。先后加入共青团组织的有120人,被评为各级三好学生和优秀团员、优秀学生干部的有278人次。学校从1985年至1997年的13年间共计招初中生 605 人。其中 1985 年招生 50 人；1986 年招生 50 人；1987 年招生 50 人；1988 年招生 50 人；1990 年招生 45 人；1991 年招生 45 人；1992 年招生 45 人；1993 年招生 45 人；1994 年招生 45 人；1995 年招生 45 人；1996 年招生 45 人；1997 年招生 90 人。1998 年，又投入巨资兴建柯桥中学。到 2001 年已累计招收初中生 970 余人。

2004 年，浙江省和绍兴县共投资 3800 万元新建校舍，正式建立了浙江省绍兴县西藏民族中学，学校现共有 16 个教学班，94 名教职工，800 多名藏族学生。

十八、云南师大附中

云南师大附中位于四季如春、风景宜人的春城昆明市。此校于 1940 年创立，校园内树木葱郁，环境幽雅。现在是云南省的一所重点中学。

1985 年 9 月，学校开办了西藏班，首次从西藏招收了 50 名小学毕业生。这些学生在校学习期间，热爱社会主义祖国，热爱自己的家乡，大部分同学积极要求进步，尊师守纪。几年来，学校为保证内地西藏班的教学质量和培养目标，各班都配备了业务水平高、思想素质好的教师和管理人员。在各级领导的关怀和学校的教育下，他们的学习都有不同程度的进步，入学时平均成绩为 18.28 分，毕业时平均成绩达 62.85 分。

从 1985 年至 1992 年的 8 年间，学校共招收 5 个初中西藏班，共计学生 230 人。其中 1985 年招生 50 人；1986 年招生 50 人；1987 年招生 50 人；1988 年招生 50 人；1989 年招生 30 人。这五个班均被评为学校的“文明班”，有 152 人加入了共青团组织，14 人次获省、市各学科竞赛奖，77 人评为校级以上三好学生。1988 年学校被评为全国民族团结进步先进集体。

此外，福建省于 1997 年在三明市列东中学开办了西藏班，到 2001 年已累计招收初中生 340 余人。广东省于 1995 年在惠州八中、佛山一中、中山中等专业学校开办西藏班，到 2001 年已累计招收初中生 990 余人。从 1989 年开始，黑龙江省卫生学校、营口职业高中、山东省卫生学校、大同电力技工学校、华北广播电视学校、内蒙古邮电学校、呼和浩特交通学校、河北师范学院藏族学校、合肥师范学校、江苏句容农业学校、江苏江宁卫生学校、扬州水利学校、上海行政管理学校、上海交通学校、浙江省警察学校、福建省福州卫校、江西省卫生学校、开封第二师范学校、福建税务学校、襄樊财税学校、漯河师范学校、许昌师范学校、沙市财经学校、武汉市农业学校、武汉市司法学校、湖南省林业学校、湖南省建筑学校、青海省邮电学校、广东省对外贸易学校、陕西乾县师范学校、成都水力发电学校、重庆税务学校、湖南省建设银行学校、西安电力学校、重庆民政学校、昆明冶金专科学校、黑龙江省粮食学校、四平市卫生学校、四川统计学校、浙江省银行学校、黄河水利学校、浙江第二警校、湖南省财会学校、山东省法律学校、四川省银行学校、武汉电力学校、广州商业学校、辽宁省印刷出版学校、济南交通学校、四川广播电视学校、陕西省邮电学校、甘肃省邮电学校、贵州省邮电学校、民航上海中专、昆明陆军学院、西藏大学少年班、泰州畜牧兽医学校、南京卫校、福建工商行政管理学校、岳阳师范学校、南京气象学校、湛江气象学校、南京地质学校、昆明地质学校、兰州气象学校、四川邮电学校、湖北省啤酒学校、广州轻工业学校、河南省邮电学校等69所学校，采取合校单班和合校混班的形式招收西藏的初中毕业生。

第三节　开办西藏中学和西藏班的成就及经验

一、开办西藏中学和西藏班的成就

（一）培养了一大批藏族人才

开办内地西藏班（校）20多年来，取得了令人瞩目的成就。到目前为止，全国已有各类内地西藏初中班（校）及中专西藏班（校）140多所，遍布全国28个省、市、自治区。已累计招收西藏区内以藏族为主的各少数民族及部分进藏干部职工子女小学应届毕业生20余万人，这些学生来自西藏7个地市，农牧民子女约占70%以上。目前有各级各类内地西藏班在校生10000余人，其中3000余名各类中专生（含中师）分布在全国69所中专学校学习；2000余名大学生分布在内地63所高校和西藏区内四所高校学习。所学专业涉及经济、教育、管理、卫生、邮电、交通、机械、税务、财经、商业、外贸、建筑、地质、农业、林业、轻工、电力、气象、司法、民政等70余个。1992年第一批中专毕业生走上建设西藏的工作岗位，1994年首批进入高校的大学生，也毕业返藏工作。到目前为止，已有中专毕业生4000余人，中师毕业生4000余人，高校毕业生1700余人。这些学生不少已成为西藏建设事业的骨干，受到西藏用人单位及社会的普遍好评。有些毕业生在很短的时间内已成为乡村学校的校长、乡镇企业的负责人、中层领导干部、业务技术骨干。内地西藏班（校）已为西藏建设事业输送了一批比较合格的专业人才，他们为西藏的经济建设和精神文明建设起到了不可估量的作用。

截止到2011年，全国先后有21个省、直辖市的30所学校开办内地西藏班（校），有53所内地重点高中、92所高等学校招收西藏学生，内地先后为西藏培养输送了1.8万名各级各类建设人才。

（二）藏族学生的思想素质有很大提高

广大藏族学生经过在内地十多年的学习，思想素质有很大提高。特别在维护祖国统一，加强民族团结，反对分裂，坚持四项基本原则方面，立场坚定，态度鲜明。1987年，拉萨发生骚乱事件后，北京、重庆、上海等西藏班学生立即在《西藏日报》《拉萨晚报》及所在省、市的报刊上纷纷发表谴责少数分裂主义分子制造骚乱的罪恶行径。有些学生在接受外国记者采访时，用自己从山沟里到内地上学的亲身经历和感受，说明中国共产党对西藏人民的关怀，谴责少数分裂主义分子在西藏搞独立、破坏民族团结的罪行。他们说："西藏是祖国的一部分，五十六朵民族之花，谁也离不开谁，西藏和祖国就像雪莲离不开高山，鱼儿离不开水，儿女离不开妈妈一样，是不可分割的。"据不完全统计，内地各级各类西藏班（校）的学生有10000多人已加入共青团组织，有8000多人次被评为校级以上三好学生，有近万人次受到校级以上各类表彰。在高中、中专班学生中，有200余名品学兼优的同学被吸收为中国共产党党员，还有大批的学生参加业余党校学习，积极要求入党。1992年，国家教委、国家民委、中央统战部和西藏自治区首次授予西藏班高中、中专、中师39名毕业生"优秀毕业生"称号。到2000年为止有180余名毕业生获此殊荣。

（三）藏族学生的学习成绩普遍得到提高

20多年来，在内地各级各类学校广大教师的悉心教育、耐心辅导下，藏族学生的学习成绩都在原有基础上有了显著提高。从1992年连续三年内地西藏班高中毕业生参加全国普通高考，文、理科人均分数都高出区内考生100分以上。1993年，北京西藏中学的一位农村学生以456分的成绩达到了北京高等院校的本科录取线。1994年，北京、天津、成都三所西藏中学的32名学生的高考成绩达到了北京高等院校的大专录取线，其中有3名学生的分数达到了北京市的重点大学录取线。仅1992年—2001年参加全国普通高校招生考试而言，内地西藏班学生比区内学生平均成绩高出 100 分（不含藏语文成绩）；1999 年—2001 年内地西藏班学生（初中毕业生）返藏参加统考，其平均成绩高出区内学生 150 分左右。这些学生到大学后，充满自信，学习刻苦努力，有的已成为尖子学生。如湖南省岳阳市一中的白玛多吉同学获初中奥林匹克化学竞赛湖南赛区三等奖；湖北省沙市第六中学的古如多吉同学荣获全国数学竞赛优胜奖。

（四）形成了一支热爱西藏教育事业的管理干部和教师队伍

20 多年来，培养了一支忠诚党的教育事业、热爱西藏教育工作、无私奉献的教育管理干部和教师队伍。各西藏班（校）的管理干部，付出了艰辛的劳动。他们以校为家，不管春夏秋冬，他们总是第一个起床，最后一个上床，检查督促学生起床、就寝、自习、训练。学生违反了纪律，他们与之促膝谈心，反复讲清道理，想方设法让他们口服心服。西藏班（校）学生的吃、穿、住、行、医各方面都离不开管理干部的辛勤劳动。学生有病，他们自己掏钱购买营养品前去探望；衣服破或脏了，他们主动拿去缝补或洗净；生活上有了困难，他们总是给予最热情的关心、照顾、帮助。西藏班的学生年纪都很小，他们既当管理学生的老师，又当生活的“保姆”，严格教育中又渗透着一股兄弟般的热情。

各西藏班（校）的教师为了搞好教学工作，除四处收集资料、抓紧时间认真备课外，还通过各种渠道了解藏族学生的年龄层次、性格、脾气、习惯等。由于藏族学生和汉族学生有许多相异之处，所以他们组织实施教学，就得花更多的精力，去摸索比较适合于学生的教学方法、教学手段。如他们采用的精讲多练、现场绘图、理论联系实际以及集体讲授与个别辅导相结合等教学方法，得到了藏族同学们的一致好评。除了组织实施正常的教学工作，各科任课老师还注重教书育人，通过经常与学生接触谈心，了解学习、生活、思想状况，改进教学方法，配合班干部做学生的思想教育工作。目前，西藏班（校）已形成了一支政治素质较高，学历合格，老中青比例合理，具有较高教学和管理水平的教师队伍。

（五）各地西藏班（校）的办学条件不断得到改善

20多年来，国家和各省、市、自治区以及各部门，为办好内地西藏班（校）投入了大量的人力、物力和财力。内地办学经费1996年达到1500万元，办班以来西藏教育事业费列支的内地办学经费累计达一亿余元，国家财政部对内地西藏班的补贴也从1986年的每年200万元增加到1996年的700万元。从1992年起，国家每年拨款400万元，作为西藏班学生到内地上学的路费、伙食费、医疗费等经常费用。为使藏族学生健康成长，各省、市和部委不但给学生提供了衣、食、住、行以及学习用品和看病等费用，还减免学生的各种学杂费，并给每个学生补助了生活费，少的每个学生每年500余元，多的达到1000余元。由于国家和各省、市、自治区的教育经费大幅度增加，故各西藏班（校）的办学条件不断得到改善。各学校采用了诸多现代化的教学手段，不仅拥有设施较先进的语言实验室、计算机房和仪器配置较为完善的物理、化学、生物等各类专门实验室，而且还建有宽敞明亮的教室、整齐舒适的宿舍、功能齐全的生活设施以及环境幽雅的校园。

二、开办西藏中学和西藏班的经验

第一，办好内地西藏教育，必须加强各级党委和政府的领导。

中央和各有关省、市、部门领导的高度重视是办好内地西藏教育的根本保证。各省市十分重视对西藏班（校）的领导，并指定一位领导专门负责这项工作。如广播电视部、邮电部、交通部、国家气象局等许多部委和省市都是部长、省长亲自过问，主动承担任务，订计划、拨专款，派专人管理等。1985年以来，内地西藏班（校）在各级党委和政府的关怀下，通过内地广大教育工作者的辛勤努力，越办越好，深受西藏各级干部和广大农牧民群众的欢迎。

第二，办好内地西藏教育，必须要依靠全国各族人民的支持。

内地西藏班（校）的基建费、开办费、经常费等，本着“全国支援西藏”的精神，由承担任务的有关省、市、自治区财政部门和部委负责解决。二十多年来，除国家在创办初期的3000万元基建专项经费和1987年“二援”会议安排的1360万元补助经费之外，各省市还从地方财政中拿出5000多万元，帮助学校改善办学条件。各省市为学生提供了优越的学习、生活条件，学生入学后的衣、食、住、行、用、看病等项费用实行了专项补助。例如陕西省人民政府决定，从1988年开始，每年拨给临潼华清中学40万元专项经费，作为400名西藏学生的补助费，平均每个学生达1000元；天津市人民政府做出决定，今后红光中学西藏班经费不足部分，由市政府按西藏班学生人头进行定额补助，老生每年补助400元，新生每年补助500元。近几年有关省市的财政虽然都比较紧张，但对西藏班（校）所需经费都给予了充分照顾。

第三，办好内地西藏教育，必须要从西藏学生的实际和特点出发。

从西藏学生的实际出发，精心组织教学，严格要求，严格管理，是不断提高办好内地西藏教育质量的可靠保证。内地各学校从西藏学生的身心特点和知识基础出发，依据教学大纲的基本要求，制订教学计划。各学校的课程设置、教学内容和课时安排，均根据藏族学生的实际而定。尽可能地安排了一些选修课和讲座，使学生经常了解西藏的发展和建设成就，激发他们热爱西藏、建设西藏的感情；同时，还组织同学们参加社会实践和劳动，使他们既学到较扎实的文化知识又懂得一定的实用技术。针对学生的实际情况，各学校及时修改调整教学计划，采取增加辅导课时及重点学生重点辅导的办法，使藏族学生的成绩很快得到提高。

第四，办好内地西藏教育，必须要有一支热爱西藏教育的师资队伍。

教师是人类科学文化的传播者，他们在办好内地西藏教育中起着桥梁和纽带的作用。在内地开办西藏班（校）的20多年来，各地都选派政治和业务素质好、有奉献精神并有管理和教育经验的教师队伍。其特点是拥有相当大的数量，较高的政治修养，一定的科学文化素质，较多的教学经验，具有兢兢业业献身于西藏教育事业的精神。他们怀着深厚的民族感情，以培养藏族人才为己任，呕心沥血。他们终年与学生朝夕相处，教学、辅导、管理工作格外辛苦。他们既做师长又做父母，从生活上手把手帮助藏族学生，使他们逐渐养成健康、科学、文明的生活习惯。近年来，涌现出一批热爱藏族教育事业、乐于奉献、责任心强、素质高、经验丰富的教工队伍。

第五，办好内地西藏教育，各方面必须通力协作、互相支持。

内地开办西藏班（校）是一项艰巨而又复杂的政治任务和教育活动。任务的完成不仅涉及人、财、物、信息、时间等多种条件，而且涉及上下左右、方方面面，是一件涉及面广、计划性和政策性很强的工作。此项工作不是学校一家能办好的事，它的影响和需要涉及社会生活的各个方面。因此，政府和各部门通力协作、互相支持是办好内地西藏教育的重要条件。20多年来，在各地政府的大力支持和积极协调下，各地各部门都把援藏办学视为己任，皆给予支持和配合，形成了内地为西藏办学的良好社会环境。

第八章

西藏教育的可持续发展

第一节　西藏教育的成就及经验

一、西藏教育的成就

在西藏和平解放前，由于深受政教合一的封建农奴制的压制以及其他一些社会客观环境的影响，广大藏族人民没有受教育的权利，更没有一所任何意义上的由西藏人民建立并服务于广大人民的现代化新型学校！在和平解放后，在党和政府的正确领导下，西藏各族人民经过五十余年的艰苦奋斗，西藏人民教育规模不断扩大，教育体系和结构逐渐优化，取得了历史性的突破和发展。

第一，初步形成了社会主义的民族教育体系。

西藏教育事业持续快速发展。今天的西藏教育与人才培育已基本与国家进步繁荣同步。全自治区普遍建立了小学教育,创办和发展了中等和高等教育，各级各类学校均已基本具备，教育网遍及各地、县、区、乡，已形成一个涵盖幼儿教育、义务教育、特殊教育、职业教育、高等教育和成人教育在内的较为完备的民族教育体系。

——1996 年西藏全区有幼儿园 46 所，共计有 158 个班级，在园幼儿数 5141 人，共有幼儿教职工 416 人，全区有特殊教育小学 1 所，弱智儿童在校学生 51 人。[①]如今，西藏已有公办、民办、集体办三种类型的幼儿园、保育院、

①周润年《西藏教育五十年》，兰州：甘肃教育出版社，2002 年，第 312 页。

庆祝教师节座谈会

托儿所140多个，入托幼儿4800多人。其中自治区实验幼儿园是西藏规模最大、设备最完善的幼儿园。国家机关、厂、矿、企事业单位自办和农牧区集资办的简易幼儿园遍布全区。2004年，全区幼儿教育在职教职工616人，在园幼儿8204人。目前，拉萨城区在园幼儿已达到万人以上。

——1996年，全区有小学790所，共有13011个班级，在校学生284350人，教职工14712人，其中专任教师13916人，中教高级教师1人，小教高级教师509人。①到2000年，全区已有2个县实现了普及九年义务教育目标，“普九”人口覆盖率6.9%；已有37个县（市）实现了普及六年义务教育目标，“普六”人口覆盖率50.8%。全区的适龄儿童入学率为85.8%，在校学生的年巩固率为91%。与“八五”末相比，小学在校生增加5.5万余人，小学入学率提高16个百分点；到了2004年，小学在职教职工14378人（其中少数民族12845人，占89.3%），有专任教师13610人，其中本科133人，专科3823人，中师8801人。小学在校生327067人，小学适龄儿童入学率达到94.7%。全区已有63个县

①周润年《西藏教育五十年》，兰州甘肃教育出版社，2002年，第307页、308页。

基本普及六年义务教育，31 个县基本普及九年义务教育，“普九”人口覆盖率达到 46.2%。2004 年 10 月，拉萨在全西藏自治区率先实现“两基”目标，即实现基本普及九年义务教育和基本扫除青壮年文盲。这比国家在西部地区攻坚 2007 年的规划提前三年。

——1996 年，全区普通中学 88 所，其中初级中学 69 所，高级中学 1 所，完全中学 18 所。总计有 836 个班级。全区中学在校学生 34957 人，其中初中 28877 人，高中 6080 人。全区中学教职工总数为 3982 人，其中专任教师 3142 人（高中教师 630 人，初中教师 2512 人），专任教师中有副高职称的 37 人，中级职称的 667 人。到 1998 年西藏有普通中学 90 所，共有学生 39838 人。初中毕业生升学率为 47.1%。“九五”期间，初中毛入学率达到 32%；与“八五”末相比，初中在校生增加 61%；普通高中在校生已增加到 1.2 万余人，比“八五”末增加 1.3 倍，高中阶段毛入学率提高到 13%；截止到 2003 年底，拉萨市有高中 4 所，在校生 5534 人，初中 15 所，在校生 22035 人，西藏 2004 年考入内地高校的学生比 2003 年增加了近 500 名，区内高校招生也由 2003 年的 4620 名增加到 9000 多名，其中本科计划由 2800 名增加到 4200 名，增长达 50%。2004 年底，西藏全区共有中学 110 所，另有教学点 1850 个，中学在职教职工 8247 人（其中少数民族 4495 人，占 54.5%），有专任教师 7371 人，其中研究生 17 人，本科 3893 人，专科 3130 人。初中、高中专任教师学历合格率分别达到 94.7% 和 78.2%。

——职业教育和成人教育发展态势良好。1996 年，西藏全区共有中等专业学校 16 所，在校学生 5383 人，教职工总数 1419 人，其中专任教师 794 人，副教授 23 人，讲师 296 人。全区有职业中学 1 所，共有学生 230 人，其中初中 7 个班级，学生 180 人，高中 1 个班级，学生 50 人。全区职业中学教职工 16 人，其中专任教师 9 人。2004 年底，中等职业学校发展到了 10 所，中等职业学校在校生 8549 人，在职教职工 1155 人（其中少数民族 499 人，占 43.2%），有专任教师 774 人，其中研究生 12 人，本科 511 人。1996 年底，西藏参加成人高等自学考试的人员共计 25614 人，其中获得大专毕业证书的有 300 多人，颁发单科合格证书 11000 多张。西藏 205 个国营县级厂、矿、企事业单位的厂长、经理中，有 110 人参加全国经理、厂长考试，合格 90 人，占参考总数的 81.8%。从 1984 年到 1997 年西藏有 3496 人被录取到各类成人高等学校，其中少数民族占35%以上。这一时期，干部、职工教育也得到较快发展，16000余名干部、职工接受了各种培养、培训。

——1998年底，西藏全区高等教育在校学生3447人，教职工总数1843人，其中专任教师849人，其中具有高级职称的107人，中级职称的375人，初级职称的248人；2002年7月17日，西藏大学和西藏藏医学院的首批10名藏族传统专业的研究生获得了硕士学位，填补了西藏高校无研究生教育的空白。2003年，西藏三所本科院校均成为硕士学位授予单位，共有13个硕士学位授予点；部分学校还与内地高校开展了联合培养博士研究生工作。截止到2003年底，西藏共有高等院校4所，其中本科院校3所，高等专科院校1所，高等院校各类在校生10409人，比1998年的3447人增加了近3倍，高考录取率连续4年超过65%，西藏高等教育步入快速发展阶段。

——“十五”期间，全区共有普通本专科在校生1.9万人，高等教育入学率达到13.2%，与“九五”末相比，在校生增加1.35万人，增加245%，毛入学率提高了8.2个百分点。在专业设置上，西藏高校开设有70多个本科专业、60多个专科专业和高等教育专业，涉及理、工、农、文、史、哲、经、管、法、医、教育11个学科门类。形成了学科门类齐全，专业设置科学合理，密切联系西藏实际的学科体系。到2005年底，全区已有3个研究生授予单位、13个硕士授予点。研究生规模由“九五”末的14人增加到128人，在校生规模由“九五”末的24人增加到230人。目前在西藏接受大学教育的人有3.3万，占总人口的1.3%，高于全国平均水平。西藏现有25个科研院所，专业科技人员3.5万人，学校领域涉及数十个门类，其中藏学、高原生态学、藏医学等学科研究在全国乃至世界处于领先水平，产生了一批有世界影响的学术成果。迄今为止，西藏大学、西藏民族学院、西藏藏医学院等3所高校共培养了毕业生6万名，其中包括从中专到研究生、从普通教育到成人教育的多个学历层次的人才。

——2009年底，全区共有小学884所，教学点819个，在校学生达305409人，小学适龄儿童入学率达到98.8%；初级中学94所，初中在校生143187人，初中入学率达到96.4%；高级中学24所（含完全中学9所），在校生38383人，中等职业学校6所，在校生达21003人，高中阶段入学率达到56.5%。全区本专科院校6所，在校学生总数达30000多人，其中研究生520人，高等教育毛入学率达到22.4%，“普九”人口覆盖率达到100%。实现

拉萨市第一小学

基本扫除青壮年文盲目标，青壮年文盲率下降到 1.8%，扫盲人口覆盖率达到 100%。全区人均受教育年限达到 6.8 年。

——2011 年，全区共有各级各类学校 995 所。其中普通高等教育院校 6 所，年内招生 9836 人，在校生 33198 人；中等职业学校 6 所，招生 5286 人，在校生 19446 人；中学 123 所，高中招生 16720 人，在校生 44676 人，初中招生 44567 人，在校生 136371 人；小学 860 所，招生 49536 人，在校生 294725 人；特殊学校招生 27 人，在校生 246 人；年末幼儿园在园幼儿 41751 人，比上年增加 18337 人。小学学龄儿童入学率达 99.4%。

——内地西藏学校蓬勃发展。1984 年国家为加大西藏各类人才的培养力度，帮助西藏更快更多地培养人才，决定在北京等省市筹建 3 所西藏学校，在上海等 16 个省（市）的中等以上城市各选择条件较好的一两所中学举办西藏班，从 1985 年起招收以藏族为主体的西藏学生到内地学校学习。到 1999 年，内地举办的西藏中学班、中专班共有在校生 14000 多人，分布在 25 个省、市、自治区和 19 个部委所属的 100 所学校，绝大多数将从中学过渡到中专、大学学习。现已有北京市等 21 个省（市）为西藏办有 33 个西藏班（校），其中独立设置的内地西藏班高级中学 3 所，内地西藏高中班办班学校 8 所，内地西藏初中办班学校 20 所、内地西藏班师范院校 2 所。20 多年来，已累计招收培养内地西藏初中班学生 29500 余名，现已有 2900 余名大学本科生、11000 余名中专生毕业返藏参加工作。有些毕业生已成为各行各业的业务技术骨干，受到用人单位的一致好评。2004 年，内地各类西藏班（校）在校生达 14500 人，其中内地西藏班初中在校生 6700 多人，高中在校生 4300 多人，中师在校生 600 多人，中专在校生 100 多人，高等学校在校生 3154 人。2004 年内地西藏初中班招生规模达到 1800 名，高中班招生规模达到 1600 名，五年制师范类招生达到 200 名，普通高校招生规模达到 1100 名。

第二，教育经费逐年增长，教学设施面貌一新。

国家一向重视发展西藏的教育事业，经费从宽从优。1951 年至 1987 年，西藏的公办中小学所需一切经费均由国家财政拨款。党的十一届三中全会以来，国家对发展和加强西藏的教育给予了高度重视，教育经费逐年增长。如 1976 年西藏全区教育事业费只占全区财政投资总额的 2.7%，1980 年占 3.69%，1983 年占 9%，1984 年占 10%。1987 年到 1992 年的六年间，教育事业费累计支出达到 8.7 亿余元，还挤出专款 1.4 亿元用于改善办学条件，地方政府教育基建投资 2.6 亿元用于新建、改建和扩建校舍。到 1992 年底，全区学校校舍面积达到 186.15 万平方米。

1993 年，《全国第三次教育援藏工作会议》决定①，拨出 5100 万元支援西藏教育事业。会议还确定了 9 个大项目（子项目 14 个），其中区内项目 8 个，投资 4670 万元；区外项目 1 个，投资 430 万元。区内项目实施，新增校舍面积 92500 平方米。其中扩建 4 所师范学校，新建 2 所职业中学，新建普通中学 8 所，新建 96 所乡完小，扩建 50 所县完小，在村办学校基础上改建乡完小 49 所，新建地区小学 3 所，扩建地区中学 1 所，小学 7 所，新建骨干教师住房 50 套，同时还支持电教软件制作和设备改善。

---

①周润年《西藏教育五十年》，兰州：甘肃教育出版社，2002 年，第 222 页。

近几年，教育经费又有大幅度的增长，西藏1994年的教育经费是3.17亿元，1995年增长为4.2亿元，增长比例为32.49%。1996年教育经费支出达到4.2401亿元，比1983年增长7.1倍。1984年至1996年的十三年内，教育经费支出达17.7亿元。1996年教育基建投资达到4551万元，比1983年增长3.2倍，十三年基建投资累计5.4亿元。1996年，全区各级各类学校校舍总面积达到221.7万平方米。从1979年至1999年的20年内，全区教育的总投入达50.5亿元，其中正常事业投入37.5亿元，基建专项投入13亿元，区财政投入44亿元，地县两级财政投入1.7亿元（不包括劳务投入），中央专款3.2亿元，对口援藏0.6亿元。近五年间，新建中学21所，新建小学及教学点1020所，新建校舍86万平方米，校舍中的危房面积由10%下降到3%。2003年中央政府投资5.33亿元，实施西藏大学改扩建工程，现已完成投资8200万元。2004年全区教育经费总投入23.4亿元，2007年投入27.8亿元，2008年投入49.58亿元，到2009年全区财政预算内教育投入达创纪录的57.6亿元，其中教育事业费48.24亿元，基本建设投入9.36亿元，与上年同口径相比增加10.1亿元，增幅为21.26%。①

通过教育经费投入的加大，使西藏各级各类学校的基础设施建设、教学仪器设备更新等得到了大力扶持，办学条件明显改善。全区大部分中小学的校舍已由土木结构改为砖石或混凝土结构，不少学校建立了现代化的教学楼、实验楼、宿舍楼、图书馆和阅览室，充实了图书、仪器、药品、标本、课桌、凳子、文娱和体育用品等教学设备，并购置了汽车、烤箱、电冰箱、柴油机、发电机以及床铺、卡垫等生活设施。昔日破旧不堪的学校，今日面貌变新颜。

第三，教学内容和方法得到改进。

六十年来，西藏各级各类学校探索和掌握藏族学生的思维规律和学习特点，逐渐摸索出一套藏族学生乐于接受的讲授方法。课程设置不仅开好继承藏族传统文化的藏文文法和正字法等课程，而且还开设了政治、历史、地理、自然、物理、化学、音乐、美术、体育等现代自然科学和社会科学的课程。教学方式也由私塾教育死记硬背的教学方式以及传统的“满堂灌”“填鸭

①西藏年鉴编辑委员会《西藏年鉴·2010》，拉萨：西藏人民出版社，2010年，第153—155页。

式”的教育转变为以教育学、心理学和教育管理学等现代教育理论为指导的教学方式和方法。丰富的教学内容和科学的教学方法,开发了藏族学生的智力,学习成绩得到明显提高。

此外，近几年来西藏各级各类学校狠抓教育教学改革，促进了教育质量和办学效益的提高。一是抓教学计划、教学大纲、教学内容、教学手段的修订和更新，按照社会对人才的需要，修订教学计划、调整课程设置、充实教学大纲、更新教学内容，教学手段也逐步得到了完善；二是抓课堂教学的质量和组织，规范课堂教学，使教师做到有备而教，改进课堂教学方法，鼓励学生独立思考，发挥学生的学习积极性，提高学生独立分析问题和解决问题的能力；三是抓学生专业基本技能和基本功的训练，加强实践、实验、实习等环节，使学生把所学到的知识运用到生产、工作实践中，除熟练掌握专业基本技能外，面对社会多方面的要求，还要掌握一些社会通用的基本功。许多学校都制定了学生应知、应会和应达到的标准，提高了学生的综合能力。

此外，西藏自治区电化教育发展迅速。1984 年，自治区修建了电化教育馆，并制作了小学至初中有关课程的藏语教学片和专题讲座片，录制了中央电视大学、电视师专、电视中专的专业课程节目以及中小学师资培训等教学片 2000 多个课时。1985 年 5 月 1 日，西藏电化教育馆和西藏电视台联合开通了西藏教育频道，节目内容主要由西藏电化教育馆提供。1987 年，建立了拉萨卫星上行站以及在各地（市）、县建立教育卫星地面接收站共计 100 座，初步形成了电化教育网络。从 1988 年起，西藏电视教育用藏汉两种语言播出中小学的课程，用藏语编译录制了全国统编小学数学教材 1 至 12 册，后陆续又将初、高中全国统编教材全部编译、录制成藏语，用于藏区的电视教育。目前，西藏电化教育网络已基本形成，许多学校配备了电视机、收录机、幻灯机、投影仪等,有的学校还配备了摄像机和放映机,有的学校还设立了电教室（馆）。作为全区电化教育的管理机构——自治区电化教育馆 20 世纪 80 年代以来，负责组织全区中小学电化教育工作，对全区 1000 多名教师进行了教育理论和技能的培训，为各级中小学教师利用幻灯机、投影机、录音机等常规电教设备和软件进行辅助教学提供设备、技术支持和服务。制作了《小学藏语文》《小学数学》（藏语）1~12 册,《初中代数》（藏语）《藏语扫盲》《初中藏文文法》《因明学》《天文星算》《农牧区实用技术》等系列录像教材；《小学藏语文》1~12

现代化的教学楼

册录音教材和幻灯片。

近年来，西藏自治区建设光盘教学播放点1763个，覆盖全区95%的教学点；建设卫星教学收视点903个，覆盖全区98%以上的中小学校；为中学建设多媒体计算机教室52间。随着信息技术的发展，网络素质教育也已走进西藏，2001年9月26日，中国人民大学网络学院在西藏自治区财经学校举行了网上人大西藏教学服务站开学典礼，来自西藏自治区各行各业的160名学生作为网上人大西藏学区第一批学生。网络教育在西藏开通，标志着其教育观念和教学水平正在逐步缩小与东、中部地区的差距。遏制西藏经济发展的人才匮乏状况已有所缓解。实现了从传统教育向网络教育的跨越。此外，从2003年起，自治区教育厅每年拨出500万元教育信息化建设专项经费，已为210个乡镇小学建立了有线教育电视系统。现代教育技术和远程教育项目的实施，极大地改善了西藏自治区现代教育技术环境，改变了西藏自治区信息技术教育落后的局面，也为西藏自治区中小学校开展信息技术教育提供了基本条件。

到2009年，更大力推进了教学管理制度改革，结合西藏经济社会发展和当地人民的生活实际，加快建设畜牧兽医、计算机、电工电子、铁路运输、建筑、旅游等重点专业，同时，教学内容、教学方法和评价体系的改革，加强内部管理，全面提高教学质量。

第四，民族教材建设成绩显著。

60年以来，西藏自治区教委将编译藏语文教材作为工作的重点，组织力量编译教材。为了保证教材编译的质量和数量，先后设立了教材编译组、教材编译室、教材编译局等机构，并逐步建立健全了教材编审制度。对各科教材的编译，制定了质量标准和保证质量的具体措施，实行“四定三审”制度。“四定”即定人、定任务、定时间、定质量；“三审”即编译、科长、室主任三级审稿。自1982年五省区协作编译教材以来，又确定了协作的任务、范围、方式和编译原则，制订了工作规划。西藏承担的教材协作任务是，除汉语文外，小学全部课程的教学大纲、课本、教学参考书和初、高中教学大纲、课本、教学参考书等。1983年，完成了中小学65种教材的编译修订再版任务，已在五省区发行通用。1985年，承担了小学六年制藏文全套教材的编译任务，1988年春季出齐。同时，参与了初、高中部分理科教材的编译工作。经过全体编译人员的努力，已编译出从小学到高中的各种藏文教材，其中初、高中的数、理、化藏文版教材在藏族教育史上均是首创，结束了藏民族长期以来没有统一的现代中小学需要的理科藏文版教材的历史。同时还编译了部分藏文教学参考资料，大专院校和部分中专也编译出各校使用的藏文教材。近几年来，西藏自治区教材编译局已编译出中小学全套藏文教材共计200余种，印刷出版了上千万册藏文课本和教科书，填补了西藏过去无中小学藏文教材的空白。在内容上西藏教材由往日以宗教教义、宗教仪规为主转向以传授科学文化知识为主，教学内容逐步现代化，这为促进藏族语言文字、提高全民素质做出了显著的成绩。截至2010年，以服务新课程改革为重心，为进一步做好基础教育阶段的教材编译工作，完成了小学阶段藏语3种课本、3种教参、5种教学辅助用书、初中教材的编写工作和高中新课改藏语语文4种课本、2种教参的编写工作。编写、修订、再版教材68种，总字数约500万字。

第五，培养了一支以民族教师为主的师资队伍。

60年来，党和国家一面调派大批汉族教师支援西藏的教育事业，一面采取多种形式加强民族教师的培养和培训工作，使得西藏的教师队伍不断发展壮大，逐步形成了以藏族为主体、结构合理、满足教育发展需要的教师队伍。1978 年以来，全区中等师范学校共培养出 2500 余名小学教师，西藏师范学校共培养出中学教师 800 余人。从 1976 年以来，通过内地有关高等师范院校委托代培中学以上的师资共计 1500 余人。1980 年至今，区内高校培养师范生 3037 人，其中 1990 年以后的区内高师毕业生为 1817 人，占 59.8%；1980 年至今，区内中师毕业生为 6125 人，其中 1990 年以后的区内中师毕业生为 3766 人，占 61.5%。[①]到 2004 年底，全区各级各类学校共有教职工 29941 人（其中援藏教师 179 人，离退休教师 3496 人），比 1965 年提高 8.8 倍。高等学校在职教职工 1870 人（其中少数民族 778 人，占 41.6%），有专任教师 1081 人，其中博士 14 人、硕士 109 人、本科 836 人。中等职业学校在职教职工 1155 人（其中少数民族 499 人，占 43.2%），有专任教师 774 人，其中研究生 12 人、本科 511 人。中学在职教职工 8247 人（其中少数民族 4495 人，占 54.5%），有专任教师 7371 人，其中研究生 17 人、本科 3893 人、专科 3130 人。小学在职教职工 14378 人（其中少数民族 12845 人，占 89.3%），有专任教师 13610 人，其中本科 133 人、专科 3823 人、中师 8801 人。小学、初中、高中专任教师学历合格率分别达到 93.7%、94.7%、78.2%。到 2009 年，全区教育系统在职正式教职工 36740 人，专任教师 33637 人。小学、初中、高中专任教师学历合格率分别达到 98%、98.2%、94.6%。此外，对大中专院校的教师队伍进行了调整和充实，使他们的整体素质有所提高。进入“九・五”期间以来，已有 1000 多名教师参加了学历补偿教育的学习，有近万人次的教师接受培训。广大教师为了提高教学质量，努力提高自身的政治、业务素质，形成了师生共学、水涨船高的良好局面。60 年来，西藏的教师队伍基本实现了由以“民办教师为主、援藏教师为主、汉族教师为主”向以“公办教师为主、西藏区内教师为主、少数民族为主”的转变。据 2011 年 6 月统计，全区教育系统共有教职工 4.95 万人，其中专任教师 4.08 万人，专任教师中：双语教师 2.89 万人，占幼儿园、中小学专任教师（3.69 万人）的 78.32%；本科以上学

①周润年《西藏教育五十年》，兰州，甘肃教育出版社，2002 年出版，第 226 页。

历和专科学历专任教师分别为2.20万人和1.66万人，分别占专任教师总数的53.92%、40.69%；高级、中级职称专任教师分别为0.93万人、1.69万人，分别占专任教师总数的22.79%、41.42%。[1]全区已建立起了一支数量基本满足、结构和水平基本适应现代教育发展需要的教师队伍。

第六，各族人民的文化素质有了很大提高。

西藏教育事业的发展，提高了各族人民的科学文化素质。近60年来，西藏教育事业为社会各行各业培养了大批人才。据全国第四次人口普查统计，西藏全区人口中具有大专以上文化程度的有12610人，中专、高中文化程度的有46590人，初中文化程度的有84539人，小学文化程度408384人。全区藏族干部共计3.7万人，占干部总数的66.6%；各类专业科技人员已发展到2.6万余人，其中藏族科技人员占总数的54%；各类干部中具有大专以上文化程度的占19%，中专、高中文化程度的占39%，初中文化程度的占23%。全国第五次人口普查结果表明，西藏总人口为261.63万人，其中接受大学教育的3.3万人，占总人口的1.3%；接受高中、中专教育的8.88万人，占3.4%；接受初中教育的80.1万人，占30.6%。与1990年第四次人口普查相比，2000年西藏每10万人中具有大学受教育程度的由565人上升为1262人；具有高中受教育程度的由2120人上升为3395人；具有初中受教育程度的由3849人上升为6136人；具有小学受教育程度的由18576人上升为30615人。有49个县基本扫除青壮年文盲，脱盲县人口覆盖率达到70.8%，全区青壮年文盲率下降到22%。与和平解放前的封建农奴制社会相比，西藏教育事业发生了翻天覆地的变化，昔日的奴隶成为新中国有文化的主人。文化素质得到了提高，精神文化生活得到了丰富和发展，人民群众投身建设新西藏的热情也空前高涨。广大群众的思想观念有了很大改变，人们对美好生活充满向往，为了追求更美好的生活，不断学习以加强自身发展能力建设，逐渐形成一个良性循环。精神风貌的转变是西藏教育60多年的发展带给西藏人民的最大变化。

①此数据调查组调查于西藏自治区教育厅。

二、西藏教育的基本经验

西藏60年的教育工作，虽然经历了艰难、曲折的发展道路，其中也不乏很多不尽如人意的地方，但是总的来说，西藏的教育从无到有，从小到大，一直处于稳步发展的过程当中，60年以来也取得了巨大的成就。回顾60年来西藏教育事业走过的路程，其主要经验有以下几点：

第一，发展西藏教育，必须切实加强各级党委和政府的领导。

加强各级党委和政府的领导，切实把西藏教育工作认真抓起来，这是发展民族教育的根本保证。近几年来，西藏各级党委、政府把西藏教育工作列入重要议事日程，并建立了领导干部亲自抓教育的责任制，有专人分工负责。各级领导分期分批深入学校过问学校教育的情况，听取教育部门的汇报，及时研究解决教育工作中出现的新问题，为学校排忧解难。自治区政府还多次组织人大代表和政协委员深入边远、贫困地区视察民族教育的情况，及时讨论、审议和通过加强民族教育工作的有关决定和决议。60年来，在党的领导下，西藏完成了对旧教育的改造，确立了社会主义现代化的教育制度。

第二，发展西藏教育，必须贯彻执行党的民族政策。

正确、全面地贯彻执行党的民族政策，是发展民族教育的根本前提。60年的实践证明，党和国家针对西藏的实际情况，制定的各项民族政策和一系列行之有效的措施是完全正确的。和平解放初期，创办的一大批中小学中，藏汉等各族教师密切合作，相互学习，采取了以藏语文为主的教学，充分发挥了母语的优势，取得了可喜的成就。1987年以来，根据西藏自治区人大常委会关于《西藏自治区学习、使用和发展藏语文的若干规定》的精神，各级各类学校从培养目标、教材、教学内容、教学计划等方面都做出了明确规定，提出了具体要求。从此，学习、使用藏语更为广泛，从小学、中学到大学的各科教学都尽可能地创造条件使用藏语言文字，并收到了很好的效果。

第三，发展西藏教育，必须从西藏的实际出发。

60年来，西藏各级教育部门从西藏的实际出发，在办学形式、学校规模、招生办法、教学内容、教学方法、师资培养等方面，都充分考虑到西藏民族的特色和西藏地方的特点。根据西藏地广人稀、居住分散、各地之间经济文化发展不平衡、教育基础差异大等现象，采取了若干特殊政策和具体措施。诸如：对民办教师实行工资制；对边境地区以及农牧区的中小学实行“三包”（包吃、包穿、包住）；对不通晓汉语的农牧区和边远山区，采取双语教学，推行民族文字扫盲，采取全日制、半日制、早晚班、复式班、巡回定点等灵活多样的办学形式；在招生中，对少数民族考生采取单独划线、优先录取等等。

第四，发展西藏教育，离不开内地的支援和帮助。

西藏的教育事业只有在伟大社会主义祖国和我国各族人民的巨大支援下，才能取得重大的成就。如果没有祖国和全国各族人民的大力支援，也就没有西藏教育空前发展的今天。和平解放西藏以来，党中央、国务院和全国各族人民在人力、物力、财力等各个方面都给予了无私的巨大援助，国家和兄弟省市多次投资支援西藏教育。1984 年，国家投资 2700 多万元，帮助修建西藏电化教育馆；此后，中央有关部委投资 1000 多万元，帮助兴建西藏医学院；1988 年，国家拿出 5000 多万元，用于加强师范教育和边境民族教育；1984

逸夫电教楼

年 12 月，国家先后投资 3000 多万元，承担兴办西藏中学和西藏班的兄弟省市也拿出 1000 多万元，共同资助内地西藏班或校。进入 20 世纪 90 年代后，国家在西藏实施了“全国地区义务教育工程”“中小学危房改造工程”“农村中小学现代远程教育工程”等基本设施建设。1995 年至 1997 年的三年间，对口支援省市对西藏教育事业投入资金达 8488.13 万元。1998 年国家贫困地区义务教育工程中央专款中，为西藏下拨 1.37 亿元，按人均计算，居西部九省区之首。2001 年中央第四次西藏工作座谈会召开，至 2004 年底，全国 17 个省市，17 个大型国有企业对口支援西藏地区 7 地市教育援藏项目 188 项，资金总额 2.37 亿元；30 所内地高等院校对口支援西藏地区三所高等院校项目 38 项，师资援助和培训 70 人次，援助资金总额达 970 万元。

国家和兄弟省市不仅在物资、财力方面给予帮助和支持，更重要的是在智力上为西藏师资队伍和教育行政管理队伍建设注入了活力，并为西藏教育发展带来了先进的管理经验和办学思路，起到传、帮、带的作用。60 年来，国家和兄弟省市积极动员和选派大批骨干教师和优秀教育干部进藏，长期或定期支援西藏的民族教育事业。从 20 世纪 60 年代到 2000 年，全国共选派了 6800 多名教师援藏。从 1985 年 9 月开始，内地西藏班累计招收初中生 29500 余名，中专、中师、高中生 21000 名；内地高校招收西藏本专科生 6500 余名。20 年来，累计向区内输送大中专毕业生近 15000 人。

西藏教育发展的事实有力地证明了没有党中央、国务院的亲切关怀，没有全国人民的大力支援，西藏教育事业就不可能取得今天这样的成果，就不可能打开像现在这样对外开放的局面，就不可能有这样快的发展速度。

第二节　西藏教育存在的问题及其原因

一、西藏教育存在的问题

认识任何事物都应该全面地、整体地看待。西藏教育经过60多年的发展确实取得了可喜的成绩，教育事业有了很大的发展，但是也必须看到西藏教育的发展水平同全国其他一些地区相比，差距还是不小的，很不适应西藏改革开放及现代化建设的形势和任务的要求。我们必须看到西藏教育目前存在的问题与困难，以便采取措施加以解决。最终达到发展教育、解决贫困、实现西藏经济跨越式发展的目的。目前，西藏教育存在突出的问题和不足主要有以下几个方面：

1. 基础教育发生"断层现象"。

这一问题主要表现在"三低"，即学龄儿童入学率、巩固率和合格率比较低。究其原因，除了上述原因外，还有受应试教育的影响。为了应付层层的考试，一些农牧区中小学的课程设置，除了必考的科目外，音、美、生物、地理、劳技等课几乎不开，学生没有学习兴趣，再加上学生作业负担过重，每天都有做不完的作业，从而导致了一部分学生厌学、畏学，进而流失。此外，农牧区中小学地处偏僻，图书少，信息闭塞。同时部分老师教学方法简单、粗暴、宽严失当、体罚后进学生，也在客观上挫伤了一些学生的求学积极性。所以，一方面是学龄儿童入学率低，或在农牧闲时上学，农牧忙时回家劳动的不稳定状态；另一方面是年级越高学生越少，年龄越大学生越少，能够读完小学和升入初、高中读书的学生人数与应上学的青少年人数相比少得可怜。故目前有些地方已出现了“旧的文盲不但没有扫除，新的文盲又在不断出现”的情况。

2. 教师职业吸引力不强、队伍不稳定、教育教学能力亟待提升。

目前西藏的教师队伍还不能完全适应教育改革和发展的需要，主要存在的问题：一是西藏农牧区中小学教师课堂教学水平、运用现代教育技术能力低，双语教学观念亟待转变，双语教学能力亟待提升。二是学前教育人员培养机制、补充渠道、用人机制相关政策的实施还跟不上学前教育快速发展步伐，缺口较大。三是西藏 90% 以上学校为寄宿制学校，按现有编制，基层教师除日常教学外，普遍参与学校管理和维护稳定工作，压力大、任务重，需要尽快调整完善学校编制标准。四是艰苦边远地区自然环境更加恶劣、工作生活条件更加艰苦，待遇不具有吸引力，难以吸引和留住优秀人才。五是 2003 年西藏实施“两基”攻坚以来，补充了大量年轻教师，导致西藏中小学教师年龄结构不尽合理，在婚姻恋爱、产假、住房、职称评聘、教学传帮带等方面引发的问题较为集中，同时通过“1+1”等形式和向社会公开招录了大量非师范类毕业生进入教师队伍，提升这部分人的教学能力和水平需要一定时间。六是鉴于存在待遇、机制、工作生活条件差等因素，高校高层次创新型人才引进困难，缺乏学科带头人和领军人物。据 2009 年统计，西藏大学的实际情况是拉萨校区共有专任教师 756 人，具有硕士以上学位的 301 人（博士 16 人，硕士 285 人），占专任教师总数的 39.8%；正、副教授 206 人，占专任教师总数的 27.2%。聘任了 29 名高级专业技术职务人员和 2 名校内高级专业技术职务人员，引进了各类人员 32 人，其中硕士 16 人。整体情况有所好转，但仍需努力。

3. 语文教学未“通车接轨”。

首先是对藏语文的认识问题没有从根本上得到解决。现在西藏还有相当一部分学校的老师、学生家长乃至学生本人对学习藏语文不重视，他们认为学习藏语文是“瞎子点灯白费蜡”，与其学习藏语文，还不如利用此时间去学好数理化等课程；有的学生公开说：“学习藏语文是个形式，除了当教师、记者和编辑外，别的没啥用处。”其次，缺乏科学的规范化的整体安排，学校各行其是；由于各地各校执行的教学计划不统一，藏语文教学从小学到初中、高中乃至大学形成断层。部分双语教学的学校也仅限于语文教学，在政治、史地、数理化等课程中还没有使用藏语教学。再次，现行的藏文中小学课本是藏族五省（区）协作教材编译委员会编译的。由于方言的原因，现行的课本难教、难学、难懂，与其用此课本讲授，还不如用汉语课本讲授简便；同时适合双语教学各学科配套的教学参考书以及工具书、系列教材、挂图、课外读物等几乎是空白。

4. 教育观念、意识滞后，部分地区对教育的战略意义认识还不够深入。

由于西藏经济、文化不发达，生产方式落后，生活水平较低，人们基本上还忙于衣食住行等基本的物质需求上，教育意识整体仍很淡薄。同时，政府教育行政部门由于种种原因，缺乏对教育地位和作用的宣传，人民教育人民办的意识不强，社会办学力量很小。现代先进的教育观念意识并没有植根于人民心中。人们普遍认为，让子女上学是为了当干部、找铁饭碗，并不清楚义务教育是为了提高整个民族的素质。加之各类学校的教学质量没有明显改善，每年小学毕业生考上内地西藏班和初中毕业生考上中专以上学校的学生不多。因此，许多农牧民不愿意把小孩送到学校，极大影响了适龄儿童的入学率和中学招生的任务。广大藏族人民缺乏让子女成才的迫切要求，上学与否不认为是大问题。

5. 西藏高等教育的发展还存在着一定的问题。

其一，由于西藏的生产力水平相对较低，经济不发达，导致对高等教育的需求不强，这必然阻碍高等教育在西藏的发展。西藏大部分地区都比较贫瘠，因此对于西藏的教育而言，最主要的是普遍提高广大群众的文化素质，培养大批适应当地经济发展的低层次人才，而对于高等教育所培养的高层次人才的需求很低，使得西藏的高等教育发展的持续性、适应性受到严重影响。

其二，西藏的人才培养与发展现状脱节。这主要是由西藏经济、社会各个方面的原因以及西藏高等教育发展历史的局限造成的。其主要表现就在于其专业设置和师资等配套设施上呈明显的与社会经济发展不相适应，从目前的状况看，英语、计算机、市场营销等新设的本科专业师资薄弱，有待加强这些专业的建设，而原来一些相对具有较强师资力量的专业则面临转向、停招等情况；学科门类比较单一，综合型办学水平不足，文科强理科（特别是工科）弱的现象十分明显，重文轻理、重理论轻视应用的现象十分突出；学科分布不合理，特别是工程技术类专业太少，那些适应性强和较有比较优势的学科专业布局比较分散，不能形成凝聚力；教育类型单一，主要为普通高等教育，高等职业教育发展不够，远程教育发展缓慢。

其三，西藏高等教育多是引进甚至照搬内地高等教育的一般模式，而西藏长期的计划经济体制与缓慢而迟滞的体制过渡，使西藏高等教育在整体上具有较强的依赖性与消极性，缺乏自我积累、自我创新和发展的能力以及对经济、社会发展的主动适应性，这样就不能建立起与经济、社会发展相适应的良性循环机制，所以与内地高等教育相比，西藏教育还缺乏开拓创新与自我发展提高的能力。

其四，基础教育薄弱严重影响了西藏高等教育的生源质量，生源文化水平普遍未达到高等教育要求应具备的基础，使得高等教育人才培养规模要求与实际培养水平之间存在较大差距，人才培养质量难以提高，直接影响了西藏高等教育的办学声誉及发展后劲。

其五，西藏办学点分散、规模较小，办学的效益低。近年来，西藏四所高校生均预算内教育事业费每年均在 1.5 万元左右，高投入既与低水平、低效益的办学状况形成强烈反差，又和普遍落后的经济状况产生鲜明对比，不利于形成西藏高等教育正常发展的良好社会氛围。

二、教育问题存在的原因

西藏教育事业中存在的上述问题，有多方面的原因，但主要有以下四个方面：

第一，受历史原因和社会原因的影响。千百年来，在封建农奴社会制度下，广大藏族人民学习文化的权利被剥夺了，和平解放前，全西藏基本上只有寺庙教育，现代学校教育是从和平解放以后才起步的，加之起初的办学条件很简陋，历史欠账太多，所以现在学校的数量、设备、规模、水平、质量等各方面和内地省市及其他地区的少数民族相比有很大差距。虽然经过 60 年的努力，但这种差距绝不可能在短期内全部消除。

第二，受经济条件和自然环境的影响。西藏经济发展缓慢，人均收入不仅落后于全国各省市，而且也落后于其他少数民族地区。1984 年，每人拥有的工农总产值，全国为 1005 元，其他少数民族地区为 528 元，西藏只有 412

教学大楼

元。1999年，内蒙古的工农业总产值是1635.29亿元，新疆的工农业总产值是1205.15亿元，而西藏的工农业总产值只有63.18亿元。截至2010年，西藏自治区207.46亿元，人均GDP17319元，一般预算收入也只有27.4亿元。[①]由于经济收入不高，西藏各级地方财政无力拿出资金来发展教育，西藏教育所需经费仍然主要靠国家拨款。此外，由于西藏地域辽阔，人口稀少，交通不便，自然地理环境艰苦等原因，给发展西藏教育造成了大于内地若干倍的困难。目前，西藏在经济、文化上信息还比较闭塞，封闭或半封闭状态还没有从根本上得到改变。

第三，受教学用语的影响。西藏是以藏族为主体的少数民族聚居区，全区人口中藏族人占95.2%，就是区内的回族、门巴族、珞巴族、夏尔巴人和登人一般也习惯使用藏语文[②]。就是在这样一个通用藏语的民族地区，现在还没

①西藏年鉴编辑委员会《西藏统计年鉴·2010》，拉萨：西藏人民出版社，2010年，第16页。

②周润年《西藏教育五十年》，兰州：甘肃教育出版社，2002年，第237页。

有形成一套完整使用藏语文的教学体系。目前，在小学教育阶段已经基本上做到了用藏语授课，中专和高校阶段有了不少用藏语授课的学校或专业，但在初中和高中这个中间衔接阶段却是空白，还未能成为一个完整的藏语授课的体制，这些学校只好依附于汉语授课体制而生存。这样在中间衔接阶段就出现了一个教学用语的转换环节，正是这一环节影响了教育质量的提高。此外，从小学到大学，藏文各科教学还没有全国统一的教学大纲及配套教材，藏文专业还没有全国统一的教学方案。目前使用的大纲和教材主要是协编和自编的，这与"教育要面向现代化、面向世界、面向未来"的要求还不能适应，在一定程度上制约了藏汉双语教学与国际、国内先进的科学和教育教学接轨。

第四，陈旧、落后的小生产观念及传统势力的影响。西藏地方偏僻，自然条件恶劣，交通不便，相对封闭，这也造成人的思想观念的陈旧、停滞和僵化，习惯于固有思路与模式，不容易或不愿意接受新事物。长期以来，由于人们思想受小生产观念的束缚，对教育、科学的地位和作用认识不足，因而对教育不够重视。主要表现形式：(1) 部分领导同志认为"经济是硬任务，教育是软任务，经济不发展，人们就会没饭吃；教育上不去，不会有多大的影响"。因此，西藏的部分领导抓教育的劲头不足，在可能的情况下，也不重视对教育的投资。对师资问题也是如此，不仅不注意把优秀人才送往学校，反而不断地从学校抽调教学骨干教师。(2) 改革开放以来，农牧区普遍实行了以户为主的生产责任制。原来生产队时，几千只羊只需要一两个人放牧，而现在一户只有几百只甚至几十只也要一人去牧羊。因此，有的家长说："我自己也很想让小孩上学去，但是小孩一走家里就没人放羊。"(3) 一些群众对学习文化的重要性缺乏正确的认识。如有些家长自己没有文化，认为孩子有无文化一样吃饭。有的家长说："我们祖祖辈辈就这样没有文化知识地生活过来了，我们的子孙不上学也同样会生活下去的，甚至比我们要生活得好。"(4) 群众没有办学的习惯，对子女上学读书积极性不太高。农牧区不少群众宁愿把孩子送到寺庙里当喇嘛，而不送到学校去读书；宁愿捐钱修寺庙，而不愿集资办学校。这固然有历史和传统观念方面的原因，同时也受宗教势力的影响。陈旧落后的教育思想观念，制约着西藏高等教育的改革与发展。

第三节　西藏教育的可持续发展

一、教育可持续发展的内涵和特征

作为当今社会的指导原则，可持续发展的理念是当前社会关注和研究的焦点问题。但是目前对可持续发展的研究大多数集中在社会经济的可持续发展方面，而对教育的可持续发展研究和关注较少。教育作为一种社会活动，是一种在当今中国十分紧缺的资源，是我们实行人才强国战略必不可少的一种宝贵资源。另外，教育是社会的一个子系统，教育的可持续发展是社会和经济可持续发展的重要组成部分，所以对教育的可持续发展进行研究具有很强的现实性。

所谓教育的可持续发展是社会发展到一定阶段的产物，是素质教育的一种较理想形态。可持续发展的教育就是要使今天的教育能够为明天的教育发展奠定良好的基础，使明天的教育更能充分满足明天社会的需要。它是指充分发挥教育内部因素和外部条件的作用，使教育者、受教育者、学校、教育自身及社会都能获得积极和谐的可持续发展的教育活动。这种教育将保证人类物质文化和精神文化和谐、可持续地发展。

教育的可持续发展具有以下几个基本的特征：

1. 可持续性。这是可持续发展教育的本质特性，是指教育具有连续不断发展的可能，所谓教育的持续性功能包括几个层次的含义：第一个层次是指整个教育在社会大系统中始终保持活力和生机，教育系统具有持续发展的机制，从而保证社会整个系统能够保持可持续发展。第二个层次是指构成教育的内部因素如教育者、被教育者、教育内容、教育技术手段必须是可持续的。第三个层次是指构成教育外部支撑体系的各种因素如教育的投资、教育资源等是可持续的。

党中央、国务院赠送的教学卫星设备

2. 未来性。是指可持续发展教育考虑的是教育的长远发展和战略性发展，这种教育是指向未来的发展，是能够协调好现在的教育和将来的教育之间的关系，从而使现在的教育既能满足当今社会发展的需要，也能满足经济社会持续发展的需要。

3. 和谐性。是指在整个教育体系中，构成教育系统的因素有许多而且复杂，这些错综复杂的各要素应该是有机结合在一起的，在相互作用的过程中相互协调。一个教育系统要可持续发展，必须是其构成要素和谐统一作为保障，这才是一个健康运行的教育系统，和谐性也是教育可持续发展的外在表现形式。

4. 开放性。是指可持续发展教育作为社会系统中的一个子系统，它对所有其他子系统是开放的，在与其他社会子系统积极作用的过程中获得教育可持续发展的能量和条件。当今社会是个开放的信息化的社会，任何封闭都会导致停滞，教育系统的封闭发展只能导致教育因循守旧，停滞不前，缺乏生机和活力，使教育不能持续发展。因此，教育实现可持续发展的重要条件之一就是要把教育构建成一个对外开放的系统，形成具有开放特征的教育体系。

上述可持续发展教育的四个特征是判断是否是或者是否能可持续发展的重要标志，也是可持续发展教育内涵的进一步体现。“十年树木，百年数人”，教育是一个长期系统的工程，要靠世世代代坚持不断的努力才能完成。教育要想获得自身的发展，要发挥促进社会经济发展的功能，都离不开教育的可持续发展。只有在教育自身融入了可持续发展性质时，教育才能强有力地承担起推动社会的可持续发展的使命，社会才能实现可持续发展。

二、西藏教育可持续发展的必要性及其重要意义

西藏教育作为一个有其独立性而又与社会联系紧密的系统，同样存在着可持续发展的问题。首先，西藏教育是整个社会可持续发展教育体系的重要组成部分，具有可持续发展教育的特征；其次，西藏教育也是一个特定的区域教育，由于受其所处的特定地理和人文环境的影响，又具有该区域独特的可持续发展特征。总的来说，西藏区域教育的可持续发展就是要在充分利用西藏现有的教育发展的内外部条件的基础上，通过调节与控制，创新与合理利用等手段，使西藏的教育具有可持续发展性，不仅使西藏的教育能够满足现在社会经济发展的需要，而且也能够在发展过程中满足将来西藏社会经济的发展需要。从客观上讲西藏教育实施可持续发展有其必要性，同时也对整个西藏的社会、经济、政治的发展具有重要的战略意义。

1. 实施教育的可持续发展是促进西藏教育自身健康发展的需要。经过六十多年的发展，西藏教育已经取得了很大的成就，但是客观上还存在很多问题。要解决西藏教育发展存在的问题，实现西藏教育的快速健康发展，就要求西藏的教育必须走教育的可持续发展道路。教育可持续发展作为一种全新的发展模式，已经得到了全世界广泛的认同。西藏教育是一个由多种多样的因素组成和支持的复杂有机系统，组成西藏教育的这些因素之间存在着一个协调、优化发展的问题，因此，西藏教育需要在国家全面实施西部大开发战略的有利形势下，紧紧抓住机遇，走可持续发展的道路，实现自身的功能。

实施可持续发展战略对西藏教育自身具有重要的意义。首先，可持续发展的调控机制能保障西藏教育资源的合理分布和利用，提高西藏教育资源的利用效率。其次，可持续发展的创新机制能为西藏教育提供新的生长点，促进西藏教育系统的不断创新和发展。再次，可持续发展的开放性、动态性、整体性、公平性、持续性特征，能为西藏教育的发展提供系统构建的指导思想，有利于促进西藏教育系统的不断优化和持续发展。因此可见可持续的发展道路是西藏教育发展的必由途径。西藏的教育只有实施可持续发展战略，才能从根本上提高西藏的教育水平，为西藏的社会经济发展做出贡献。

2. 西藏教育可持续发展是西藏脱离贫困、发展经济的重要动力。一个国家、一个地区之所以贫穷落后，究其原因就在于教育的不发达。一个民族最大的不幸就是教育的不幸，这一点已越来越多地被人们所认识。西藏作为我国的少数民族自治区域，地大物博，这里有广袤的土地，辽阔的草原，雄伟的圣湖，更有勤劳勇敢的人民，西藏是美丽而又圣洁的，同时西藏又是贫穷落后的。西藏人口稀少而分散，交通不便，基础设施普遍比较落后，适龄儿童年入学率、毕业合格率低，文盲半文盲在广大牧区和农村比比皆是，他们大多过着传统的游牧生活，沿袭着原始而简单的生产方式和生活方式，生产结构单一，资源浪费严重，生产力水平极为低下，经济严重滞后。彻底改变西藏面貌的突破口，就在于要大力发展西藏的经济，走经济可持续发展的道路，在人口、资源、环境相互协调、良性循环的基础上实现经济的可持续进步。一定意义上，经济的可持续发展是西藏地区反贫困的、消除贫困的唯一途径。

而经济的可持续发展离不开人才的建设，人才是经济可持续发展的首要因素，这也就决定了培育经济建设人才的西藏教育在西藏经济建设中发挥着重要的作用。西藏要发展，只有通过可持续教育提高整个藏族人民的科学文化水平，培养起藏族及区内其他少数民族自己的各种人才，去投身建设西藏各项事业，加快西藏的可持续经济的建设步伐，世界屋脊才有希望。从某种意义上讲，可持续教育就是可持续经济，抓可持续教育就是抓可持续经济。因此，在西藏这个比较特殊的地区，最应该优先发展的就是可持续的教育。教育发展了，经济、社会发展的软环境就会相应提高，社会人口的综合素质得到提升，贫困问题也就好解决了。在西藏发展经济和反贫困的过程中，教育先行，集中力量办好可持续教育可以说具有长远的、战略性的意义。

3. 西藏教育的可持续发展是提高西藏人民素质、发扬藏族文化、维护西藏社会稳定的必然要求。西藏全民素质的提高离不开教育事业的支持，而人民素质的提高从本质上说是一种素质教育，是一个需要长期坚持的过程，这就使得素质教育理想状态的可持续发展教育模式成为西藏教育发展的第一选择。通过对全西藏人民的可持续教育，使得西藏人民的素质得到提高，培养有素质、有文化的藏族知识分子和文化接班人，才能促进西藏与国际国内的文化交流，才能将源远流长的藏族文化发扬光大。

同时西藏的可持续教育也是促进西藏社会稳定发展，反对分裂维护社会稳定的最有效、最直接的途径之一。只有切实提高藏族同胞的文化素质和修养，才能发展西藏的经济建设，提高藏族人民的生活水平，才能凝聚藏族同胞的人心，使他们忠心拥戴社会主义。西藏可持续教育也能够使西藏人民认识历史事实，从根本上体会西藏是中华人民共和国不可分割的领土，这对戳穿国际阴谋分裂的反动分子是个沉重的打击，让他们分裂的理论在西藏人民中没有市场，对西藏社会的稳定和发展做出重要的贡献。

4. 教育的可持续发展也是西藏社会在科学发展观的指导下实现可持续发展的必要条件。一方面，西藏社会作为一个整体要实现可持续发展，必然要求它的各个组成部分是可持续发展的。西藏教育是西藏社会的一个子系统，它的可持续发展与西藏的经济、政治、人口、环境的可持续发展共同构成了西藏社会的可持续发展体系。离开了西藏教育的可持续发展，西藏社会的可持续发展就是残缺不全的。另一方面，如果没有西藏教育的可持续发展，西藏社会的可持续发展也是难以为继的。人是社会可持续发展的主体，是可持续发展实践活动的核心，没有人自身的可持续发展，可持续发展事业就没有起始源泉和根本动力。而人的可持续发展是离不开教育的可持续发展的，只有通过可持续发展的教育才能把可持续发展的理念根植于人的内心深处，使人类自身真正意识到可持续发展是人类唯一科学的发展模式，才能不断造就出一代代具有可持续发展理念的人，建造起可持续发展的大厦。难以想象，离开教育的强有力支持，可持续发展理念会怎样播撒人间。因此为了实现西藏社会的可持续发展，我们就必须推进西藏教育的可持续发展，让教育真正为社会的可持续发展做出贡献。

三、西藏教育可持续发展的指导原则、模式及其对策

西藏教育的可持续发展是一个不断更新和变革的动态过程。首先，西藏教育必须不断地对变化中的环境做出反应，保证在任何时候都能得到外部环境的保障和支持；其次，要从自身发展要素方面来构建可持续的内部教育机制，形成确定性的模式和不断更新的机制，能不断更新教育的观念，使教育所需的各种内部要素得到发展。

从西藏教育发展的现状和存在的问题来看，西藏教育的可持续发展必须

学校宿舍

抓住以下几个核心问题：教育可持续发展的指导原则、发展模式和可持续发展的对策。指导原则是西藏教育可持续发展的指导思想，规范、科学、先进的指导原则对教育的实施具有重大而深远的影响。发展模式决定西藏教育应该以什么样的形式来发展，发展模式的选择和构建直接关系到西藏教育能否实现其可持续发展的战略目标。发展对策决定西藏教育发展的方法和策略，关系到西藏可持续教育实施的速度、质量和效益，科学的发展策略是西藏教育可持续发展的重要保证。只有紧紧抓住这些核心问题，才能构建西藏教育可持续发展体系，使西藏教育走上可持续发展的道路。

（一）指导原则

1. 坚持党的领导，坚持社会主义办学方向。

自人类进入阶级社会以来，教育总是为一定社会、一定阶级的政治经济服务的，不论谁办教育都有一个明确的指导方针，教育培养什么样的人才以及为谁服务，这都是教育的根本问题。西藏教育作为我国社会主义的重要组成部分，必须为社会主义现代化建设服务，必须同生产劳动相结合，培养德、智、体全面发展的建设者和接班人。必须在马克思主义的指导下，坚持中国共产党的领导，维护民族团结和祖国统一。我们有足够的理由相信，只有在中国共产党领导下的西藏教育建设才能取得持续发展，才能使西藏真正进入现代化的行列。

在西藏教育的可持续发展进程中，党和政府根据西藏教育水平起点低的情况以及时代变化的要求，从西藏地区实际出发，坚持国家帮助和西藏地区自力更生相结合，加强内地对西藏地区的支援，制定了符合当地实际情况的一系列具体的政策方针和特殊的优惠政策、措施。通过这些针对性很强的方针政策，保证了西藏教育可持续发展在人力、物力和财力的充足供给。国家的教育方针政策是西藏教育发展的依据，西藏教育的可持续发展应当在遵循国家的教育方针政策的基础上进行。这就要求我们要吃透国家教育政策的基本精神，真正领会国家教育方针政策的用意，这样才能迅速、积极地对国家的教育方针政策做出反应，有效地利用国家的政策促进西藏教育的可持续发展。

2. 坚持科学的发展观，切实为西藏人民利益服务。

科学发展观是我们党以邓小平理论和“三个代表”重要思想为指导，对长期发展实践的经验总结和理论升华，是全面建设小康社会和推进现代化建设始终要坚持的重要指导思想。我们要按照中央和自治区党委的要求，全面准确地把握科学发展观的内涵，以科学发展观统领教育工作全局，贯穿于教育改革和发展的各个方面。科学发展观的本质和核心就是以人为本，促进人的全面发展，这也是教育事业所追求的崇高目标。教育事业的最大特点就是依靠人、培养人、服务人，教育工作的每一个环节都要贯彻以人为本的方针。在教育系统，牢固树立和全面落实科学发展观，就是要坚持“巩固、深化、提高、发展”的方针，推动西藏教育可持续发展；就是要坚持以育人为本，德育首位，全面贯彻党的教育方针，促进人的全面发展；就是要加强和改进教育领域的宏观管理和调控，促进教育事业全面协调可持续发展。

教育牵动着千家万户，关系到各族人民群众的切身利益。人民群众满意不满意，高兴不高兴，党和政府在人民群众中的形象怎样，教育办得好不好是一个关键的因素。按照科学发展观的要求，西藏教育工作的出发点和落脚点必须放在为全区广大人民根本利益服务上，切实满足西藏人民对教育的热切要求，大力改革和发展西藏教育事业，千方百计尽快改变西藏教育的落后局面，把提高广大人民群众的素质、能力和积极性作为代表先进生产力发展要求的第一要务，把培养一代又一代“四有”公民作为发展社会主义文化的根本任务，为西藏的现代化和可持续发展提供人才支撑和智力支持。

3. 坚持解放思想，实事求是的观点，做好教育可持续发展的规划。

西藏教育的可持续发展关键在于教育的稳定、健康发展，在于教育要有明确的发展规划、发展模式和对策。教育的研究和规划是教育决策科学性的基础，也是教育实施的基础，因此，我们要对西藏教育进行深入研究，长远规划，确立西藏教育可持续发展的模式选择和策略。而要做到这些，首要的是要坚持实事求是、解放思想的观念。解放思想、实事求是马列主义毛泽东思想的精髓，也是邓小平理论建设有中国特色的社会主义理论的思想基础。在西藏教育中，一定要把握住本民族教育的发展规律和本地区的现实特性，客观地认清教育所处的社会环境、自身条件及特殊性。从西藏教育的实际情况出发，深入研究西藏教育中存在的问题，组织专门力量，从本地实际出发，结合当地经济社会发展的实际，科学论证好教育事业发展目标，认真做好教育事业发展规划工作。从而促进西藏教育的可持续发展。在发展西藏教育事业中，要正确处理好普及与提高、需要与可能、当前与长远、重点与一般、质量与数量、速度与效益等之间的关系，从本地实际出发，根据本地条件来制订本地的规划，不要急于求成。要走出一条符合藏区实际的办学路子，切记照搬内地的经验和做法。思想封闭落后是西藏人意识形态的一个显著特点，这已经成为社会经济发展的严重障碍，僵化、封闭、落后的教育思想也必然会影响到西藏教育的可持续发展，因此还必须解放思想，开阔眼界，开拓创新，进行科学的教育决策。现代化建设需要现代化的人才，特别是人的思想的现代化，因此解放思想是西藏教育走出思想封闭落后状态的必要要求，在教育策略的制定，在教育体制的改革上都需要坚持解放思想，敢于探索，勇于创新改革，在国家政策允许的范围内不断寻找、研究、创造教育可持续发展的新思路、新模式。

4. 坚持“科教兴藏”的观点，把西藏教育放在重要的战略位置。

教育是人力资源的孕育和开发基地，教育是科技创新的源泉，教育是社会经济发展的人才库、知识库、资源库，没有教育的发展，社会经济就不能高速发展。现代经济的发展越来越依靠知识和人才，社会财富日益向拥有知识和科技优势的国家和地区聚集，而知识的生产、传播、分配和使用，人才的培养，基础在教育。知识和人才方面的落后是西藏经济发展的最大瓶颈，西藏知识和人才缺乏对经济发展的影响将会更加严重。因此，优先发展西藏地区的教育，提高西藏地区的知识水平和人力资源质量，使西藏地区潜在的自然资源优势人力资源转化为西藏地区经济发展的优势，这是西藏地区提升竞争实力，实现经济腾飞的动力。另外西藏经济和社会要实现可持续发展，必须建立在依靠教育提高公民素质和培养大量人才的基础之上。正如经济学家厉以宁教授所说的，经济可持续发展的背后，不光有科技的力量、物质的力量，还要有精神的力量和道德的力量。而教育不仅能提高受教育者的可持续发展意识、传播可持续发展的科学文化知识，而且能培养促进可持续发展的专门化人才，包括能处理可持续发展技术方面的自然科学人才，能处理经济和社会可持续发展问题的社会科学人才以及跨学科的复合型人才；能提高公民的思想道德素质。所以,“教育对于促进可持续发展和提高人们解决环境和发展问题能力极为重要”。因此，要把西藏教育可持续发展作为西藏社会经济发展的重大战略来抓，真正落实“科教兴藏”。

科教兴藏的实质就是要通过教育和科学技术的发展来促进西藏社会经济的发展，西藏只有把教育和科技发展起来了，才能培养促进社会经济发展的人才，才能把西藏的人力资源优势、自然资源优势转化为西藏的经济发展优势。坚持科教兴藏的观点，不仅要在发展经济的同时，大力发展教育事业，而且有必要在现有的经济基础上，优先发展教育事业，以促进经济更快发展。由此可见，各级领导必须对发展藏族的教育予以重视，在人、财、物方面予以大力支持，从现在起就要把那些可花可不花的钱节省下来，用在教育事业上。与此同时，各级党委、政府要把教育工作列入重要议事日程，像抓经济工作那样，切实把教育工作抓紧抓好。

（二）西藏教育可持续发展的模式

区域教育的稳定和可持续发展离不开选择和形成稳定的区域教育发展模式。西藏教育要可持续发展，也必须选择和形成相对稳定的教育发展模式。区域教育发展模式是在社会经济、政治、文化、人口等的发展水平上建立起来的教育发展结构，由于各地区社会经济、文化等因素存在着巨大的差异，区域教育可持续发展模式要根据各区域自身的特点来构建，一般很难找到适合于所有区域的教育发展模式。西藏作为一个独特的区域，具有自身的发展特点，西藏教育只能在社会现实的基础上选择合适的发展模式。西藏教育可持续发展的模式应当从以下几方面考虑：

1. 超常规、跨越式发展模式。

超常规、跨越式教育发展模式就是教育在一定条件下飞速发展，在短时期内达到较高的发展水平。该发展模式对发展条件的依赖性很大，是一种条件性的发展模式。西藏教育的可持续发展可以选择超常规、跨越式的发展模式，原因在于：

其一，西藏教育经过六十年的发展取得了较大的成就，整个教育体系已经初具规模，为超常规、跨越式的发展提供了一定的基础。

其二，西藏现有的经济社会发展水平为超常规、跨越式的发展提供了条件。随着科学技术的飞速发展和许多高科技教育设备的应用，西藏教育在物质条件方面可以实现超常规、跨越式的发展，使得西藏教育在物质条件方面能够赶上其他发达地区。例如，西藏可以加大计算机网络教育的力度，建立西藏的网络教育系统，这不仅能够使西藏的教育取得飞跃性的发展，而且有助于解决西藏恶劣地理环境带来的很多问题。

其三，超常规、跨越式的教育发展模式是西藏教育尽快赶上其他发达地区教育水平的唯一道路。在全国范围内，西藏教育是比较落后的，如果按部就班地发展，与其他发达地区的教育水平的差距会不断扩大。

其四，西藏教育正面临着极好的发展机遇，可以实现教育的跨越式发展。首先西部大开发必然要求教育大发展，国家必然会加大对西部科技教育的投资力量。其次我国已经提出加强信息化发展，实现社会经济的跨越式发展，这也必然会大幅度加强我国教育的现代化进程。西藏要紧紧抓住发展机遇，

学生们的课外生活

加大教育信息化基础设施的建设，加大对教育网络、多媒体技术、远程教育等的投资力度，通过教育的信息化促进教育的超常规、跨越式发展，促进西藏自治区基础教育和高等教育的跨越式发展，实现基础教育、职业教育和高等教育的三个突破。

但是我们也要注意到由于西藏教育基础薄弱，现代化发展的历程较短，还存在种种不足，西藏教育的超常规、跨越式发展只能在某些方面进行，而且采取这种发展模式一定要深入论证，科学行事，绝不能单纯地进行数量上的超常规、跨越式发展，更不能“大跃进”式地超常规、跨越式发展。

2. 开放式发展模式。

开放式区域教育可持续发展模式是针对传统的封闭式教育发展模式而言的。西藏由于其独特的地理环境和历史原因，长期以来处于落后、闭塞的状态，教育相对于全国来说，封闭的程度更加严重。西藏的教育不仅缺乏和外部的交流，西藏各地州的教育交流也相对缺乏。西藏传统的封闭式区域教育发展模式具有诸多缺点，它的教育目的、教育结构、教育方式方法、教育管理等都是单一僵化的、封闭的，已不适应社会经济发展的要求。开放式区域教育可持续发展模式则强调要建立一种符合区域社会经济发展需要的、开放的、动态发展的、能保障区域教育可持续发展的教育机制，既促进区域教育的可持续发展，同时也促进区域社会经济的可持续发展。开放式区域教育可持续发展模式具有以下基本特征：

（1）系统的开放性。开放式区域教育可持续发展模式首先强调的是系统的开放性，即区域教育系统应该对区域教育存在与发展的环境系统开放，促进内外部教育资源的相互交流，从环境系统吸收各种有用的资源，从而加速自身的调整、改革步伐，使区域教育形成一个动态的发展系统。同时，区域教育系统内部也必须开放，区域教育内部要加强相互之间的协调和沟通，互通有无，加强交流，互促互进，共同发展。

（2）与社会经济发展的横向联系性。开放式区域教育可持续发展模式不仅在教育领域内进行开放，而且也对其他社会经济领域开放。这也就是说，开放式区域教育发展模式强调区域教育系统与社会经济发展的联系，强调教育作为一种社会资源和社会的一个子系统，要为社会经济发展服务，即要通过自身的技术优势、知识优势和创新优势，与社会经济发展紧密结合，同社会其他子系统共同发展。

（3）动态发展性。开放式区域教育可持续发展模式强调区域教育的发展应该是一个动态发展的持续的过程，亦即区域教育要建立一套自我更新、自我发展的机制，使区域教育在外部条件的支撑下能够不断进行有力的调整，不断向前发展，实现更高的发展目标。

开放就意味着要打破西藏教育的相对封闭的状态，建立教育系统和社会其他子系统的紧密联系，使教育系统成为一个动态的发展过程，实现教育系统的动态开放。西藏教育要想实现可持续发展，必须打破封闭的状态，建立动态的开放的教育体系，这就要求选择开放式的教育发展模式。

3. 内涵式发展模式。

区域教育的可持续发展在质和量上存在着两种基本的类型，即质的持续提升和量的持续增长。人们习惯上把教育数量上的扩张看作是教育持续发展的基本和主要的内容，这是一种外延式的教育发展观。但是，盲目追求数量的扩张往往会导致质量下降，特别是在数量扩张已达到能满足或者是超越教育需求的条件下，数量的扩张将成为影响教育质量的重要负面因素。发展教育不仅靠数量，而且也要靠质量。因此，在教育数量的发展已经基本满足教育需求的条件下，教育应调整其发展战略走以质量求发展的道路，这种发展模式，称为教育的内涵式可持续发展模式。区域教育的内涵式可持续发展模式追求的是区域教育结构本身的合理化和最优化，追求教育质量的提高和区域教育整体功能的充分发挥，追求从区域教育内部来挖掘教育发展的潜力，充分提高教育的效益和质量，促进区域教育可持续发展。它具有以下特征：

（1）以效益和质量为中心。内涵式区域教育可持续发展模式强调以追求教育的效益和质量为中心来寻求持续发展，而不是强调教育资源数量的扩张。

（2）以系统环境输入的充分利用和教育系统诸要素功能的充分发挥为基础。内涵式区域教育可持续发展模式不仅要求区域教育系统要充分发挥环境输入的效益和作用，提高环境输入的利用效率，同时这种教育发展模式还强调已有的教育系统要素，如教育资源、教育条件等的充分利用。

内涵式发展模式要求在现有的基础上通过内部挖掘来促进教育的可持续发展。数量的扩张是西藏教育发展的一个重要方面，但是这并不意味着就能不坚持内涵式发展。内涵式发展模式在西藏有着更为重要的意义和新的内涵，即西藏教育不仅要在现有的基础上通过利用内部的资源来促进教育的可持续发展，而且更应该在数量的扩张中使新建的学校走内涵式的发展道路，注重学校教育质量的提高，而不是仅仅在乎学校数量的增长。内涵式的发展模式是西藏教育可持续发展的原则性发展模式，也是西藏教育可持续发展可以选择的基本模式之一。

（三）西藏教育可持续发展的对策

区域教育可持续发展的基本对策就是探讨如何促进区域教育可持续发展的问题。前面已经讲述过西藏教育是一个复杂的体系，它的可持续发展既受到内部的影响，也受到外部的影响，而且是多方面的影响，这些因素对于促进西藏教育的发展有有利的一面，也有不利的一面。面对诸多的制约和促进因素，西藏的教育究竟如何才能实现可持续发展是一个紧迫性问题。结合以上的论述和西藏教育发展的实际情况，我们从师资队伍的建设、教育资金的筹集和使用、各级教育的不同发展、教育区域布局等方面提出一些对策思考：

1. 进一步加强师资队伍建设，提高教师队伍整体素质。

教育大计，教师为本。教师是发展教育、办好学校的关键。加强教师队伍建设始终是教育工作的永恒主题。教育质量的高低乃至整个教育事业的成败，从根本上讲，都取决于教师。邓小平同志说过：一个学校能不能为社会主义建设培养合格的人才，培养德智体全面发展、有社会主义觉悟的劳动者，关键在教师。如果没有一支数量足够的政治和业务素质较高的教师队伍，要办好教育事业是根本不可能的。教师队伍素质的强弱又将直接关系到教学质量的高低。如果没有一支高质量高素质的教师队伍，就不可能实现教育的可持续发展。加强师资队伍建设是发展西藏可持续教育、提高教育质量的根本大计。大力加强西藏教师队伍建设，努力提高他们的整体素质水平，就成为实现西藏教育可持续发展的一个关键而带有全局性的问题。鉴于西藏教师缺乏，素质不高，加快教师队伍的建设已成为刻不容缓的紧迫任务。加强西藏师资队伍的建设，提高教师队伍的整体水平应该主要从以下几个方面入手：

大力发展西藏的师范教育。师范教育是教育事业发展及培养高水平教师的“母机”，因此，加强师范教育是教师队伍建设的根本所在，是提高教师水平的根本所在。教育者应该先受教育。在师范教育中首先应当大力开展“奉献精神、敬业精神”等宣传教育，使他们牢固树立热爱祖国、热爱教育工作、甘于吃苦、勇于牺牲奉献、振兴西藏教育事业的思想观念。其次重视调整师范教育结构，提高办学层次和新教师的学历起点。提高教师中本科以上学历者的比例。再次，西藏是藏族聚居的地方，区内各级各类学校是以藏族学生为主体的，因此应当建立以藏族为主体、结构合理并且执教能力强和符合现代化教学要求的教师队伍。要实现西藏师范教育的正规化，不断提高师范教育的质量，为各级各类学校输送合格的教师，保证西藏教师队伍建设的生机和活力，最终促使西藏教育快速和高质量发展。可以说西藏教育的可持续发展在于师范教育的发展，因此必须重视师范教育的发展并把它放在一个具有战略意义的重要位置加以科学研究。

高度重视加强师德教育，提高教师的素质修养。首先要把教师德育工作放在首位，重视加强教师道德建设，要突出反分裂斗争教育、新旧西藏对比教育、艰苦奋斗教育和党的民族宗教政策教育，切实加强教师思想政治教育工作，维护西藏的稳定局面。其次还要提高教师实施素质教育的自觉性和实际能力，使热爱教育、热爱学生成为每一个教师的基本素养，学为人师、行为师范成为每一位教师的崇高追求。再次要加强西藏地区教师综合素质培训，努力提高西部地区教师的思想、道德、文化、身心等综合素质，使他们树立可持续教育观和创新人才观，掌握深厚的专业学科知识、广博的相关学科知识和丰富的教育科学知识，具有较强的基础能力、扩展能力、教学监控能力和心理适应能力，提高教师实施可持续教育的自觉性和实际能力。

加大西藏教师引进的力度，优化援藏教师的结构。西藏教育的人员输入质量，是影响西藏教育可持续发展的重要因素。没有高水平、高质量的人员输入，西藏教育是难以实现可持续发展的。由于西藏自身师资的短缺，由外地引进师资力量对于西藏发展可持续教育具有不可忽视的重要作用。要做好援助工作首先国家要通过从内地选派教师或部分大中专学校毕业生到西藏工作，委托内地高等院校为西藏代招代培师范生等来解决西藏发展教育事业中的师资困难。其次西藏自身还要富有成效地积极推进师资引进工作。通过引进、录用、聘用和毕业生分配等途径解决好师资缺口。在大力引进教师的同时要注意优化教师结构，注重制定优惠政策，吸引高层次人才来西藏任教，特别是一些与西藏开发相关的专业，如能源、环保、生物技术、经济管理等。

进一步提高教师待遇和社会地位，改善教师的工作及生活条件。目前，教师的地位得不到应有的重视，教师待遇低、条件差，成了西藏教师队伍不稳定的重要原因。各级领导需采取相应的政策措施，广泛宣传尊师重教思想，对教师给予党的特殊政策，使他们在政治上有别于其他人，使教师这一行成为最受人尊敬、最令人羡慕的职业之一。使教师在政治上感到光荣，提高他们的社会地位。另外各级领导还要关心、爱护教师，对教师要采取适当的特殊政策，使他们在生活待遇等方面有别于本地区的其他工作人员。如在工资待遇、劳保福利、医疗保健、住房问题、职称评定以及子女安置等方面实施一些优惠政策，使他们经济上有较大的改善，经济生活条件有一定的保障，工作和生活条件有一定的保证。尤其对于农牧区的乡村学校教师应该给予更多的关心与支持。要关心教师生活，不断提高教师待遇和生活工作条件，稳定现有的各类教师队伍。

整顿实有教师队伍，严格教师队伍管理。首先要根据现有教师队伍的状况，从整顿入手，结合教师职务聘任工作，有计划地对现有教师进行全面考核、调整。根据不同情况，分别做出留用、培训和调离工作的安排。凡经过培训考核仍达不到要求的，应下决心调离教学岗位，改做其他工作。同时，对近几年已改行做党政机关工作，而又适合当教师的师范毕业生，要想办法动员他们回到教育第一线，以充实加强中小学的师资队伍。要严格中小学教师编制管理，科学合理地核定中小学教师编制。要根据各校学生人数，核定教师编制，按教师编制总数核定岗位职数，规范代课教师和临时工管理工作。对今后新增加的教师必须进行严格考核，规范教师队伍，实施教师资格证书制度，推进教师的职业化建设。不具备规定学历或没有合格证书的，一律不能任教。坚决杜绝新的不合格的教师进入教师队伍。要以新课程改革培训为重点，组织开展新一轮教师全员培训提高工作。制定优惠政策，鼓励中小学教师到基层学校、条件艰苦学校工作，认真落实好城镇中小学到基层服务的制度，继续实施好“腹心地区”学校对口支援农牧区基层学校计划。稳步推进中小学教师人事制度改革，继续做好师资队伍需求规划和教师分配计划，调整教师资源配置，优化师资队伍结构。要高度重视教师继续教育工作，全力做好“十、百、千”名师工程，加强骨干教师培养。

加强师资后备队伍建设，建设长期师资培训基地。对教师的业务培训和使教师不断更新知识是一项长期性的工作，应纳入各级教育部门和上级主管部门的主要工作中。各级教育部门要努力创造条件，使他们在较短的时间内提高业务水平，更新知识结构，从而形成一支宏大的、高水平的，年龄、专业、结构层次都比较合理的师资队伍。除内地的大专院校继续承担培训在职大中专和中学教师的任务外，西藏所有的大专院校和各地（市）师范学校都应建立长期的师资培训基地。充分利用资源，建立教师培训网，制订培训计划，建立培训考核制度，注意培训后的效果，防止“人走又来，面貌依旧”的现象出现。在培训工作中，还要根据不同对象分类进行，采取“教什么，学什么；缺什么，补什么”的方法，有针对性地培训。师资培训工作不仅是应急措施，也是一项长期的任务。因此，各级教育主管部门都需要长远规划和管理，使广大教师都有学习深造的机会，保证师资队伍有一个长远的、保质保量的后备队伍。

2. 大力调整教育结构，促进各级各类教育协调持续发展。

（1）重点加强基础教育，提高西藏人民的素质。

基础教育是西藏整个教育体系的基本环节，它主要任务是培养有理想、有道德、有文化、有纪律的社会主义公民，提高藏族人民的思想道德素质和科学文化素质。基础教育的状况既关系到民族素质、劳动者的质量，也关系到高等教育、职业教育及其他教育的发展。因此，当前和今后一段时间应把基础教育作为藏区教育赖以生存、发展的立足点和主攻方向。

为保证这个重点，从宏观上要有强有力的措施保证，争取要有一些突破性的进展。要制定发展西藏地方教育的法规，依法治教。通过法律的约束力，使广大群众把办教育、送子女入学真正当成公民应尽的义务。根据西藏地广人稀、居住分散、各地之间经济文化发展不平衡及教育基础差异大等情况，基础教育的发展和提高必须有重点、有步骤、分层次地进行。对西藏各地的要求也不能齐头并进，不能盲目追求教育发展的规模和速度。要因地制宜，允许在一定的时间内各地发展的速度有快有慢,时间有先有后。积极创造条件，分期分批地推行不同程度的义务教育。

可采取一些具体措施：积极发展学前教育，重视儿童早期教育，进一步发展城镇幼儿园教育和农村学前教育，关心孤儿教育，城镇学前教育基本满足社会需求。普及农牧区学前一年教育,逐步发展农牧区学前二年和三年教育。普及九年义务教育，在农牧地区至少普及六年义务教育。积极开展新课改工作，认真做好义务教育阶段学校起始年级新课标教材启用各项准备工作，加大新课标教材编译、编写及发行工作，加强学校教育教学管理，改进教学方法，提高教育质量。改革基础教育管理体制，积极发展高中阶段教育。基础教育实行分级办学分级管理，提高在校生巩固率、合格率和办学效益。严格控制普通中学数量的增长，适当扩大现有中学的规模。集中财力、物力和师资力量办好一批寄宿制重点学校，努力提高教育质量。特别在农牧区交通不方便、适龄儿童入学率低、普及率更低的情况下，必须重视农牧区基础教育建设，从实际出发，因地制宜，采取多层次、多规格、多种形式办学，给学校提供较好的条件，给农牧区孩子提供好的学习条件，把教育教学质量搞好。办好一批重点学校的同时，还可进一步扩建一些全日制的走读学校，保证在距离相近的两三个自然村有一所小学，改变一些山区少数民族学龄儿童入学难的状况。此外，在一些边远的农牧区还可举办全日制的寄宿制学校或班，根据具体情况，办一些全日制的教学点及其他形式，如半日制、隔日制、巡回制或季节性的、流动性的教学班和扫盲班。在教学时间上，可采取农（牧）闲多学、农（牧）忙少学的原则，灵活安排教学。总之，要设法让更多的适龄儿童得到就学的机会，提高入学的巩固率，降低退学率，使学生进得来，留得住，学得好。

（2）加快发展高等教育，提高高等教育办学质量。

西藏高等教育发展关键要做好以下五个方面的工作：

第一，加速西藏高等教育的发展，必须建设一支高素质的师资队伍。目前,西藏高等教育发展的瓶颈仍在教师。由于还未形成高素质的师资队伍梯队，因人设课的现象仍然存在。高等教育的关键是教师队伍，要实现西藏高等教育的可持续发展就一定要培养一批具有现代教育观念、高素质的高校师资队伍。为此，首先必须加大内地教师的援藏工作力度，选派优秀教师对西藏高校进行对口支援。其二，西藏高校有计划、有目的地选派相关专业的优秀青年教师到国内外高校进修学习。其三，西藏高校须进一步加强对在职教师的外语培训，加大高级职称教师的此例，尽快形成合理的学术梯队。其四，做好内地优秀大学本科及硕士毕业生的人才引进工作。其五，要培养优秀的学科带头人，要造就一批适应新的时代要求的学科带头人，千军易得，一将难求，一个技术尖子人才，可以带起一支学术梯队，形成一门优势学科，创出一个名牌专业，因此，对学科带头人的培养，应放在高校师资队伍建设的重要位置。

第二，加速西藏高等教育的发展，必须调整现有的专业设置。高校的专业设置既是确保实现人才培养质量的重要措施又是高等教育可持续发展的前提和保证。目前，西藏经济社会发展急需各行各业的高素质人才，特别是理、工、农、医、管理等方面的高素质人才，而西藏高等教育的发展还不能满足社会经济发展的需要，其原因之一就在于西藏高校专业设置不合理。加速西藏高等教育的发展必须在设置、建设学科专业上下功夫。学科专业设置建设，必须改变目前重文轻理、重理论轻应用、工科缺乏的现状，新增一些西藏经济社会发展所必需的专业，要使学科专业设置紧密结合西藏经济社会发展的需求，优化学科专业结构，从而使学科专业结构与社会经济结构相匹配，增强学校发展的活力。尤其是在西藏社会经济发展急需的公路建设、城乡规划、建筑设计、环境工程、水利工程、资源开发、能源利用等方面分期分批、量力而行，逐步建设起一批适合西藏经济建设发展需要的工科专业。同时也必须加强特色专业的建设，如旅游管理、边境贸易、国际金融、高原野生动植物资源的保护与管理、太阳能的开发与利用等特色专业。除此外，也应注意办好原有的传统专业。要以藏学为优势办出全国乃至全世界最好的藏医学、藏语言学、藏族历史及藏族艺术等专业。

第三，加速西藏高等教育的发展，必须积极推进高校体制改革。体制的改革创新是高校的强校之路。僵化机制不打破就难以迈出新的步伐。西藏自治区高等教育与内地高校的差距在观念上、体制上，要加快西藏自治区高等教育的发展，必须进一步深化高等教育改革，建立现代大学管理制度，例如要加强教师队伍的管理和建设，对年轻老师采取导师培养制度，以老带新，以高带低，对高职称的教师采取动态管理的办法，引进优胜劣汰的机制等等来推进体制创新，激活每一根神经细胞，调动各方面积极性，促进高等教育改革和发展。

第四，加速西藏高等教育的发展，必须做好高等教育与基础教育的衔接。基础教育与高等教育犹如平地和高楼的关系，没有牢固的基础，大楼犹如建在沙滩上。加速西藏高等教育发展的同时必须时刻关注基础教育的发展状况，

拉萨师范高等专科学校

切实做好高等教育与基础教育的衔接。

第五，加快发展职业技术教育，办好骨干中专和职业中学。

职业学校的责任就是对进行过一般职业教育的在职人员和未参加工作而将要从事较复杂职业的人员进行培训和再培训。职业教育是把人力资源和科学技术转化为现实生产力的桥梁，也是教育直接为经济建设服务的有效手段。发展职业教育，对于解决西藏地区行业的实用性技术人才供给意义重大，对于经济建设和社会发展的作用非常明显。从西藏经济社会发展分析，职业技术学院在西藏是极具竞争力的办学类型，西藏应将职业教育与普通教育有机地结合起来，形成有生命力的西藏职业教育培养模式。实现西藏学生“升学有基础，就业有技术”的培养目标。

要围绕经济建设这个中心，坚持适应社会、适应市场，为科教兴藏、经济社会发展、就业能力建设、“三农”问题解决服好务的原则，坚持重点培植和规模推进相结合，重视重点职校建设和重点实习基地建设，实行重点突破，全面推进职业教育发展。积极推动西藏高等职业技术学院组建工作，完善职业教育体系。要加快建设一批自治区和地（市）级重点实训基地和示范职业学校，通过典型示范，引领西藏自治区职业技术教育的发展方向。并探索建立长效机制，加强骨干专业建设，认真组织实施职业技能紧缺人才和现代服务型人才培养培训工程，努力提高办学效益。深化职业教育办学体制改革、教学改革和劳动就业制度改革，推行中等职业教育农牧民子女助学金制度、职业资格证书制度和就业准入制度。

西藏农牧区教育落后，相当多的中小学生无法继续升学，今后一段时期解决这一问题的良策之一，是结合地方经济结构特点，大力发展初、高中阶段的职业教育，为数量众多的失学者提供发展空间。农牧区中小学要做到普通教育与职业技术教育的早期结合。通过多种方式为转岗、分流、下岗职工再就业提供教育和培训。要积极协调财政、农牧、农发、科技等部门整合各种资源，集中力量，加大开展农牧民劳动技能与农牧民实用技术培训力度。这样，既可以使他们掌握一技之长，增加收入，改善生存环境，提高生活水平，又可以持续地推动农牧业经济发展。

3. 加强西藏内地班建设，进一步完善办学体制。

内地为西藏办的学校（班）是加快发展西藏基础教育的有效途径，从短期来看，内地的自然环境较好，教学设备齐全，有利于西藏的学生学习现代科学文化知识；从长远来看，西藏内地班不仅帮助了西藏的物质文明建设和精神文明建设，而且还加强了藏汉民族之间的友谊和团结。举办内地西藏班是长期的政治任务，必须坚决贯彻“长期坚持，适度扩大，逐步完善”的方针，毫不动摇地长期坚持下去，进一步搞好内地办学。为此，首先要扩大内地普通高等学校本、专科以上招生规模，大力培养西藏建设急需的各类专门人才和高层次骨干人才。其次要稳定初中、高中、师范办学规模，重点提高质量改善西藏班（校）的办学条件，做好内地普通重点高中学校西藏班学生插班教学的试点工作。再次要有计划地将内地班的西藏学生直接插班到省、市非民族的一类普通高中学校学习。最后还要做好西藏内地班的思想教育工作，开展丰富多彩的“爱西藏，爱祖国”思想教育工作，加强学生的爱国主义、社会主义教育，鼓励和引导内地班的藏族学生树立为西藏经济社会发展做出贡献的远大理想，提高他们的思想政治修养。

4. 提高教育技术手段的现代化水平，发展远程教育。

教育手段是指学校教学中师生相互传递信息的工具、媒体、设备等，教育手段对学校教学工作有着重要的影响。先进的教育手段能节省时间，节约师资力量，冲破时间和空间的限制，控制学生的学习行为，提供丰富的感性材料，能够不断提高教学效果，教育手段现代化是现代教育的突出特点之一。要缩小藏族与其他民族的差距，靠常规的教育手段是不行的，必须采用先进的电化教育手段。要广泛运用幻灯、投影、电影、电视、录音、录像和电子计算机等电化媒体进行教育与教学活动，同时高中阶段的学校和有条件的初中、小学要开展计算机操作和信息技术教育。

在积极推进西藏学校教育设施手段现代化的同时还要开展多种形式的远程教育，将现代教育手段充分地运用到西藏的教育教学当中。长期以来，由于历史遗留、地理特点、交通状况等原因，造成我国东西部教育资源分布不平衡，使得西藏人民很少能够接受国内重点高校所传授的先进文化和科学知识，又在一定程度上制约了西藏地区的教育及经济发展。如今在国家西部大开发战略中，现代远程教育成为西部大发展中的一个重要部分。

首先，要开展多样化的电化教育，办好现代教育技术实验学校，创建西藏广播电视大学。改造各地教育电视台和接收站，建立新型电化教育的传播模式，加强西藏地区教育技术专业建设，为西藏教育电视的健康发展提供理论支持和人力资源。要从更广意义上认识教育电视的功能，树立社会大教育观。要走产业化经营道路，多方筹资，加强设备设施建设。要优化技术，通过教育电视与互联网的结合，实现新旧媒体的联动发展，从而构建完整的、可交互的、开放型的适合于西部地区的远程教育新模式。

其次，还要加快中国教育科研网西藏主节点建设，建立自治区、地市、县三级现代远程教育网络。网络教育既是人们掌握网络技术、发展网络经济的手段，也是最终发展民族文化、提升人文素质的有力手段。实行网络教育，不仅可以极大地促进西藏人民的发展，也在很大程度上使西藏的民族文化与外部世界沟通，成为人类共享的文化和教育资源，这是对于西藏教育的可持续发展具有深远意义的事情。推动网络教育发展，将是西藏教育赶上内地教育的一种最好的方式。网络教育不仅具有办学的开放性和教学手段的现代化两大基本特征，而且还形成与其他教育形式相比具有的三大优势：它能将教育信息远距离传播，辐射到千家万户，不限职业、学历、年龄，为广大社会成员特别是迫切需要学习的人提供接受教育的机会，有利于全面提高国民素质；它充分利用优秀教育资源，可以在师生分离的状况下，利用网络和多媒体的优势，文字、图像、动画声音并茂，实施类似面对面实时双向交互式的教育，教育效果佳；这种教学方式适应工作的快节奏，能使人们在生活和工作环境中自主地接受教育和培养，而不受时空、地域、经济条件局限，有利于高效率地培养人才，具有较好的经济效益和社会效益。由于网络教育具备以上所说的投资少、容量大、效益高、适应性强的特征和优势，正符合西藏地区对于教育的实际需求，因而成为西藏推行全民教育、终身教育的教育模式的第一选择。此外，发展网络教育所带来的发展现代教育技术、建设现代远程教育网络，也将成为西藏地区经济发展的一个新的增长点，并为信息产业提供广阔的市场，带动一批高新技术产业的发展和高等院校科研成果的转化，从而促进西藏地区经济的发展。

5. 西藏教育可持续发展需要解决好的三个关系。

（1）藏语文教学与汉语文教学的关系。

正确解决双语（藏语和汉语）教学的问题是一个极其重要的现实问题，也是提高西藏可持续教育质量的关键任务。面对现行的西藏教育，如何正确解决双语教学问题，确定以哪一种语言作为教学工具，在教学工作中占有很重要的地位。要搞好双语教学，最有效的办法是从母语教育入手。如果用学生熟悉的母语进行教学，使学生能够直接用自己的母语表达感情和思维，用本民族的文字进行写作、阅读、计算，对调动学生的积极性，开发其智力，提高教学质量，都将会有极其重要的意义。因此，对藏族学生从小学一年级的拼读学习开始，要抓好藏语文教学的质量问题，充分认识打好母语教育基础的重要性，每一年级必须达到每一年级应该达到的藏语文的要求。根据目前现有师资条件，各级各类学校尽可能实行以藏语授课为主的教学方法。但是在实行以藏语授课为主的教学过程中，也应当注意汉语的教学。

在目前西藏实行小学六年制教育的情况下，有的小学从二、三年级即开设汉语文课。①汉语文课开得太早，容易造成学生两种语言的变迁，使藏汉两

老师教授汉语课

①周润年《西藏教育五十年》，兰州：甘肃教育出版社，2002 年，第 174 页。

种语言在学生的头脑中混淆不清。因此根据西藏大部分乡村只有初级小学（四年制），到区才有完全小学（六年制）的情况，藏族学生最好从小学五年级开设汉语文课，用整个初级小学阶段打好母语基础。在熟练母语教育的基础上，到完全小学要集中力量加强汉语文的教学，汉语文的教学时数也应适当增加，此后升入中学预备班再突击一年的汉语文。这样要求学生在首先学好藏语文的前提下，其汉语文程度达到五年级的水平，以基本适应中学用汉语文讲授数、理、化等专业课的要求，避免藏语文教学与汉语文教学的脱节。

（2）学习藏族文化与先进科学文化知识的关系。

为繁荣藏族文化和藏族经济，推动西藏社会向前发展，必须正确摆好藏汉双语教学的关系。《西藏自治区学习使用和发展藏语文的若干规定》中明确指出："藏族小学生全部使用藏语文教学。在不影响藏语文教学的前提下，从高年级开始增设汉语文课。中学、中专和大专院校的藏族学生的语文课，以藏语文为主；同时学习汉语文，学习全国通用的汉语普通话；其他课程要积极创造条件，尽快实行用藏语文教学；有条件的中学还应增设外语课。"①这一规定是符合党的民族语文政策的。改革开放的今天是信息时代，是知识爆炸的时代，只有增加信息量才能提高藏族学生的质量。信息来源于书报杂志、广播、电视、人际交流，而这一切都得通过语言文字这座"桥梁"。由于人力及经济等诸多原因，即使在今天文化、科技及传媒高度发达的条件下，也不可能时时处处都依靠别人的翻译服务，所以实行藏汉双语教育、提高学生的双语能力是解决这一矛盾的根本途径。各级各类学校应在坚持以藏语文教学为主的同时，将汉语文放在应有的位置。要求藏族学生在学好藏语文的同时，务必学好汉语文和各种现代文化知识。在有条件的学校，还要学好一门外语。这不仅是贯彻党的民族语文政策的需要，而且也是西藏对外开放、吸收先进科学技术和西藏教育可持续发展的必然要求。

（3）寺院教育与现代教育的关系。

寺院教育在西藏解放前是西藏教育的主要形态之一。寺院教育是以佛教的经典著作为主要教学内容，以喇嘛为教师，以寺院为主要的教学机构。随

---

①周润年《西藏教育五十年》，兰州，甘肃教育出版社，2002 年出版，第 273 页。

正在抢救整理中的《善日文献》

着西藏社会的发展，寺院的教育也随着藏传佛教的不同派别而变化，其中西藏五大教派中的格鲁派的寺院教育体制和结构最为完善，使藏传佛教发展到了一个高峰，在藏族中几乎达到了全民信教的程度。西藏和平解放后，西藏政教合一的制度瓦解，寺院教育逐步退出了教育事业主阵地，取而代之的是社会主义现代化教育。由于这两类教育依附的政治体制不同，他们的教育目的就不同，但是我们不能因封建农奴制度阻碍了生产力的发展被社会主义取代，就完全否定西藏的寺院教育，而一味地追求西藏的现代化教育。

在藏族文化中佛教文化占有很重要的地位，佛教文化的传承主要通过寺院教育来完成，其中的精华部分也符合社会主义现代化建设和可持续发展的战略。因此我们在进行现代化的教育建设之时一定要把藏族优秀传统文化继承和发展起来，使之融合到西藏现代化教育之中，充实和完善现代教学内容对人性教育的缺乏。寺院教育作为传承西藏宗教文化的主体，我们应当一方面保护其自己的独立性，另一方面还应当逐步引导西藏的寺院教育与社会主义现代化建设相适应。使之为西藏的和平、稳定与发展做出自己的贡献。

6. 加大教育投资力度，拓宽资金筹集渠道，合理使用教育资金。

（1）增加教育经费投入。教育的发展、规模、效益都依赖于教育资金的投入。强有力的物质投入是西藏教育可持续发展的经济基础，同时也能够加强教育功能的完全发挥。增加教育资金投入对于保证西藏教育的正常运转，建立西藏教育可持续发展具有重要的意义。总的说来西藏地区的教育经费一直是比较低的，虽然近几年已超负荷大幅度地增长，但还是低于全国平均水平。目前，西藏地区的绝大部分学校的办学条件很差，有的连起码的办学条件都不具备，这和教育经费的严重不足有很大的关系。如果教育经费在现有的基础上提高一个百分点，西藏教育的现状也将有所改观。因此要进一步加大西藏教育资金的投入力度，教育财政拨款的增长要高于财政经常性收入的增长，保证教育经费的稳定收入和持续增长，保证西藏教育事业发展的基本需要。

（2）拓宽教育资金的来源渠道。目前来说，西藏教育资金的投入还是以政府财政投入为主，这是教育投资的主要渠道。但是政府对教育的投资毕竟是有限的，因此就要求我们要深化办学体制改革，逐步形成以政府办学为主体，个人和企业捐资助学和集资助学，社会共同参与的办学模式，充分发挥西藏人民在教育可持续发展中的主体作用。西藏人民是西藏现代化建设的主体，同时也是西藏现代化教育的主体。人民教育还得人民来办。各级政府在建设西藏教育的时候，务必发扬密切联系群众的工作作风，耐心做好群众的宣传、教育和发动工作，一定要使西藏人民理解教育的作用和现实意义，从思想上、行动上支持教育事业发展。有了广大人民的支持，西藏的教育事业就有了根基、就有了成长和持续发展的力量。西藏教育西藏人民办，办好教育为人民！教育是兴国之本。依靠人民群众捐资办教育是必由途径。不依靠人民群众，就会困难重重，一筹莫展，穷了学校，苦了孩子，最终阻碍了经济和社会发展。依靠人民办教育，则前途光明，大有作为。为此政府要制定政策措施，改变人民群众对教育的观念，动员、鼓励社会、个人捐资助学。鼓励社会资本、民间资本加入到办学队伍中来，为教育的腾飞做出努力。

（3）合理有效地使用教育资金。在教育内部如何合理分配教育投资，最大限度地提高有限资金的利用效率，是教育可持续发展的一个关键性问题。西藏地区作为一个处于“低环境”的贫困地区，在教育上最迫切的需求是普遍提高广大群众的文化素质，培养大批适应当地经济发展的各类低层次的初级技术型人才。由此，西藏的教育资金的使用要把握三个原则：首先西藏教育投资重点应着重放在基础教育上。近年来,西藏虽然也一再强调加强基础教育，但长期形成的重高等教育、轻基础教育的倾向并未彻底扭转。经费分配使用上大中专学校优厚于中小学。基础教育是整个教育的基础，决定着整个教育的可持续发展。如果把投资重点放在脱离“低环境”的高等教育上，势必造成大量的人力、物力、财力的浪费和教育与经济发展的脱节。因此教育资金的使用首先要考虑经济比较落后的地区的初等教育投资。随着经济的发展，初等教育基本饱和以后，再考虑相对增加中等和高等教育投资的比重。其次从提高全民素质与维护国家稳定的需要出发，教育经费预算仍需向欠发达的农牧区等县、乡倾斜。要积极筹措资金，全力搞好农牧区小学规范化建设。将“国家贫困地区义务教育工程”“中小学危房改造工程”和自治区地方预算内教育专项资金统筹安排，集中用于农牧区乡镇

学校食堂

小学规范化建设。另外小学规范化建设资金要向“普六”攻坚县倾斜，向边境县倾斜。再次要不断改革完善教育经费预算及管理办法，切实加强教育经费及教育基建的管理，提高教育经费使用效益。建立健全“三包”及助学奖学金经费的使用办法和保障措施，进一步加强对“三包”经费使用的监督审查力度,确保“三包”经费的每一分钱都花在孩子们身上。积极争取提高“三包”经费标准。进一步加强和完善财务管理制度，积极配合自治区财政、审计等部门，加强基建“三包”经费等专项资金的审计，制定相关的审计工作制度、地区之间的互审制度等，加强对教育经费使用管理与监督。建立起义务教育由公共资源负担的原则框架。杜绝义务教育普查中弄虚作假现象，提高义务教育的质量。

7. 深化教育体制的改革，加强教育的科学化管理。

可持续教育是一个综合的系统工程，它意味着协同和有序化，即教育发展诸因素中人或事物的各方面的相互有机配合，其实质在于要建立起一个更为科学合理的教育体制，以便更好地充分发挥教育的整体综合功能，保持教育结构的动态平衡，实现教育目标的整合和教育管理的现代化和科学化。随着西藏社会的不断进步，西藏的教育体制和管理机制已不能适应当地的社会经济发展，制约西藏教育的向前发展。而改革是教育可持续发展的内在动力，为此要力争通过不断深化教育体制改革，建立起既具有西藏特色又适合现代社会、教育发展趋势特点的西藏现代教育发展体制，从而使西藏教育更好地为藏区的社会主义现代化建设服务。

为了能够使西藏教育良性持续发展，就必须建立一套适合西藏当地教育实际情况的运作机制，该制度要能应变现实客观情况的变化而使西藏教育不断适应社会发展的需要。这就要求各级教育行政部门和各学校要高度重视，并采取切实有效的措施进一步进行教育体制改革。首先要加强管理队伍建设，选强配好教育行政部门和学校的领导班子，组织开展教育行政管理干部队伍培训工作，努力提高管理队伍的整体素质，使管理队伍能适应 21 世纪新形势下教育事业发展的需要。其次要深化学校管理制度改革，积极探索建立一整套适应西藏实际的现代学校管理制度，坚持校务公开、教育收费公开，改革管理手段与方法，同时要在管理制度落实上下功夫、动真格，逐步实现管理科学化、制度化、规范化。通过规范学校管理，规范各级各类学校的教育教学工作，促进教育教学质量不断提高。再次要改变教学管理方式，建立一套吸收优秀管理人才和教学能手的人事制度，要合理做好教育系统内的新陈代谢，逐步推行教师聘任制和全员聘用制，使有能力管理、有能力教学的人到他们合适的岗位上去，把那些不适合做教育工作的人安顿好，或提供职业培训，或给他们提供其他合适的岗位。最后还要继续完善基础教育主要由地方负责，实行分级管理的体制。对高等学校要权力下放，多给学校办学的自主权力，使高校面向社会自主办学。

8. 对西藏教育进行区域划分，建立协调发展的区域教育系统。

所谓教育区划，就是根据区域社会经济发展和区域教育发展的各种主要指标，对教育不同区域进行划分，在特定区域里，建立一定数量的教育中心①，划分一定的教育腹地②，以教育中心、教育孕育腹地、教育协作网③的建设为核心，加强区域教育系统建设，形成一定层次结构和地域结构纵横结合的协调教育区域系统和中心带动腹地、腹地与中心合作的区域教育协同发展机制。教育区域划分大致有两种形式，即纵向划分和横向划分。

进行教育区域划分一般应注意：首先要充分发挥教育协作网的作用，建立中心与腹地紧密联系的区域教育发展网络。在一个相对独立的区域里，教育协作网就是要在教育区域里建立一定数量的教育中心，将整个教育区域连成一个有机整体，通过教育中心的作用带动教育孕育腹地的发展，从而推动整个区域教育的发展。教育中心的建立，必须充分考虑中心地的政治、文化、经济、人口、地理位置等方面的影响，更要考虑中心地的发展前景及是否能够保证教育中心的可持续发展。其次要充分发挥区域教育中心系统的导向功能，利用其优势，带动腹地教育系统的发展，实现中心教育系统与腹地教育系统的有机结合。最后在区域教育系统中，中心教育系统的发展结构完备、功能齐全、发展优势明显。而腹地教育系统则相对要落后得多，不管是在结构、功能还是在其他方面，都明显落后于中心教育系统。因此，要建立中心教育

①罗明东《教育地理学》，昆明：云南大学出版社，2002 年，第 153—160 页。

②同上，第 160—162 页。

③同上，第 162—164 页。

系统为腹地教育系统进行物质输出、信息输出和人才输出的机制，通过中心教育系统的帮助，提升腹地教育的水平发展人才。这既是中心教育系统的职责所在，也是促进区域教育系统和谐发展的根本所在。

由于西藏地理环境、经济社会条件的制约，每个地区面面俱到地均衡发展各种教育是不切实际的。西藏各个地区的经济条件、文化底蕴、地理环境的差异在客观上也造成了教育发展的不平衡性，因此，有必要对西藏的教育系统进行区域划分，在地理区域上形成不同层次的办学模式，建立相应的教育中心，确定教育腹地，在不同的区域发展不同的教育。这不仅有利于西藏教育资源的充分利用，有利于西藏教育分布、结构、规模和质量的协调发展，也有利于西藏整体教育的可持续发展。

西藏教育区域的划分，应该遵循以下两点基本原则：首先，根据社会经济发展需要和不同的办学条件来统筹安排各区域的教育布局，在教育资源相对缺乏、人民总体素质较低的地区重点发展基础教育，发展与生产、生活密切相关的职业教育，这样才能从根本上提高藏族同胞的文化素质和生产技能；在相对条件较好的地区则要侧重于发展高等教育，开展高层次的办学模式，进而提高整个西藏地区的教育水平，从而形成西藏教育中心和腹地协调性的主次分明的发展网络体系。其次，还要充分发挥教育中心的带动作用和扩散功能，通过条件较好的教育中心的援助和引导，使得办学条件较差的地区的教育也能够走上可持续的发展道路，从而形成西藏教育在地理上的宏观协调发展模式，在优化教育分布结构的基础上实现西藏教育的可持续发展。

西藏教育区域划分没有特定的标准，需要在对西藏各地区教育发展水平综合研究的基础上，依据西藏教育发展的实际需要和西藏教育区划的基本原则，做出合理的区域划分方案。例如，从纵向上可将教育水平较好的拉萨作为一级教育区域，将其他教育水平相对较差的地区如山南、那曲、林芝、日喀则、昌都、阿里，作为二级教育区域;从横向可分为市区和农牧区两大区域，进而在这两大区域内各有侧重地进行教育建设：在市区适当加强高层次的教育建设，努力提高西藏的高等教育水平；在牧区要重点发展基础教育，切实提高藏族人民的生产技能和文化素质。另外在每一级的教育区域中还可以建立自己的教育中心，如对于一级教育区拉萨而言，可以把拉萨市作为教育中心，其所属的县区作为教育腹地，对于其他的地区来说，一般可将本地区的行政经济中心作为教育中心，其余地方作为教育腹地，进而发挥教育中心的带动作用和扩散功能，援助和引导腹地教育的发展，从而从整体上提高整个西藏地区的教育水平，实现西藏教育的可持续发展。

附录

FULU

关于发展西藏教育问题之管见

西藏教育是我国整个教育事业的重要组成部分，它同发展我国整个教育事业，实现党的总目标、总任务有着紧密的联系。西藏教育能否搞上去，是直接关系到西藏乃至全国四化建设的成败问题。正如邓小平同志所说："不抓科学、教育，四个现代化就没有希望。"[①]为了尽快发展西藏的教育事业，按照国家民委民族教育司的指示，笔者于1987年7月份同西藏教育调查小组到拉萨、日喀则、山南、林芝等20多个地、市、县进行了近两个月的实地调查，本文试从调查了解到的一些具体问题，谈谈发展西藏教育事业的一些粗浅认识和想法，不妥之处，请批评指正。

一、西藏的基本情况

西藏地处青藏高原，位于祖国的西南边陲，东部和北部与云南、四川、青海、新疆等兄弟省区相邻，西部和南部与克什米尔、尼泊尔、锡金、不丹、印度、缅甸等国家和地区接界，国境线长达3550公里。地域辽阔，资源丰富，全区总面积120万平方公里，约占全国总面积的12%。平均海拔在4000米左右，年平均气温在 –5℃、–6℃至20℃之间，高寒缺氧，素有世界屋脊之称。全区总人口199.5万人，人口密度为每平方公里1.7人。农牧业人口173.8万

①《邓小平文选》第二卷，北京：人民出版社，1994年，第68页。

人，占总人口 87.1%，非农业人口 25.7 万人，占总人口的 12.9%。全自治区分为六个地区和一个市，即昌都、林芝、山南、日喀则、阿里、那曲地区和拉萨市。共 75 个县（含四个县级区、口岸、办事处），其中以农为主的县 36 个，纯牧业县 15 个，半农半牧或以牧为主的县 24 个。少数大的县五六万人口，多数县仅有一两万人，还有一些不足一万人口的县。全区现有大学三所，在校学生 2860 人（本、专科 1850 人，预科 350 人，进修生 635 人，短期培训生 25 人）。其中少数民族学生 1900 人（本、专科 925 人，预科 350 人，进修生 600 人，短期培训生 25 人）占 66.4%。三所大学共有教职工 1680 人，其中少数民族 580 人，占 31.4%；专任教师 660 人，其中少数民族教师 180 人，占 27.3%。中等专业学校 14 所，在校学生 3060 人，其中少数民族学生 2130 人，占 69.6%；中专共有教职工 1080 人，其中少数民族 590 人，占 54.6%；专任教师 460 人，其中少数民族教师 180 人，占 39.1%。普通中学 64 所（完全中学 17 所、初级中学 47 所），在校学生 21950 人，其中少数民族学生 14320 人，占 65.2%。中学共有教职工 2530 人，其中少数民族 1140 人，占 45.1%；专任教师 1720 人，其中少数民族 650 人，占 37.8%。小学 2388 所（其中公办小学 709 所、民办小学 1679 所），在校学生 121000 人（公办小学学生 79800 人，民办小学学生 41200 人），其中少数民族学生 109900 人，占 90.8%；教职工 9120 人，其中少数民族 7780 人，占 85.3%；专任教师 7740 人（公办教师 5440 人、民办教师 2300 人），其中少数民族教师 6600 人，占 86.1%。

目前，西藏教育事业无论从发展的速度、规模还是从办学的形式内容方面来说，与西藏和平解放前进行纵向比较，可以说是发生了翻天覆地的变化，取得了辉煌的成就。可是同全国各省、市教育做横向比较，则较落后，还有很大差距。根据第三次人口普查资料得知：西藏具有大学毕业文化程度的人口 6975 人，占总人口的 0.37%；高中 22925 人，占总人口的 1.2%；初中 68232 人，占总人口的 3.6%；小学 308436 人，占总人口的 16.3%。全自治区小学以上文化程度的人口共有 407615 人，占总人口的 21.5%。就藏族同壮、回、维、彝、苗、满、蒙、土家、布依、朝鲜、侗、瑶、白、哈尼等 14 个百万以上的少数民族人口文化素质相比，藏族大学文化人口占第九位，高中是倒数第二位，初中和小学是最后一位，而且大学和中学的文化人口合计数也是最少的。全自治区文盲人口已占 74.45%，是全国最高的。城镇与广大农牧区的文盲状况差异又十分悬殊，西藏 75 个县中有 32 个县 12 岁以上的人口文盲率占 84%，有 36 个县女性文盲竟平均达到 93.6%。以上这些统计数字充分说明，西藏的教育已经很不适应四化建设的形势、任务和要求，如不采取一些特殊有效的办法，使西藏教育尽快有个突破性的发展与提高，必将影响西藏各项事业的进行与发展。因此，探讨和研究发展西藏教育的可行办法，就成为当务之急了。

二、加强基础教育是改变西藏教育落后状况的重要开端

西藏的教育落后状况，不只表现在大、中、小学的学生少，文盲率高，而且还存在着学校少、校舍简陋、教学设备陈旧、教师少、教学质量普遍低下等等。总之，矛盾很多，千头万绪，相互牵连，就如一团乱麻，不是一朝一夕能够理清的。因此，如果不抓住最主要的问题，什么都抓，造成十个指头按着十个跳蚤，势必什么都抓不着。所以笔者认为，当前西藏教育亟须抓的首先是基础教育，所谓基础教育主要指中小学教育。邓小平同志指出："高等院校学生来源于中学，中学学生来源于小学，因此要重视中小学教育。"[①] 他还说："中央提出要以极大的努力抓教育，并且从中小学抓起，这是有战略眼光的一招。如果现在不向全党提出这样的任务，就会误大事，就要负历史的责任。"可见邓小平同志是何等重视基础教育。

目前，西藏教育内部比例失调，头重脚轻，适龄儿童入学率低，流动量大。据统计，现在全自治区 7 岁至 11 周岁的适龄儿童约有 24 万人，小学在校学生共有 12.1 万人，毛入学率占 50.4%，纯入学率仅占 40%左右，即巩固率低，中途辍学的学生很多。小学在校生中高小生只有 22800 人，仅占全部小学在校生的 18.8%。而今年小学毕业生只有 9880 人，占小学在读生的 8.2%。1986 年自治区统考选拔少数民族小学毕业生上内地西藏初中班，成绩合格率只有 16.1%。全自治区中学在校生共 21950 人，高中学生只有 4710 人，占中学在校生的 21.5%，特别是少数民族高中生很少，全区只有 2080 人，占高中学生总数的 44.2%。而 1987 年 1700 名（其中少数民族学生 650 人）学

---

①《邓小平文选》第二卷，人民出版社，1994 年，第 54 页。

生参加高考预选，就有700多名学生落选，其中少数民族的考生比例也不小。1986年，高考成绩及格率也只有12%左右。由于基础教育十分薄弱，致使为大中专学校提供的学生很少，且合格率非常低，这就形成了大中专学校不但年年完不成招生计划，而且新生质量亦没有保证的状况。1983年西藏高考录取分数线少数民族和汉族考生分别为100分和200分（当年其他省市录取新生分数线一般在400分以上），六门考试的总成绩100分，甚至60分的学生也升入大学，教育质量如何能得到保证和提高？更可悲的是1984年竟连得一二百分的学生都充不满招生名额，故农牧学院只好从内地招收了60名汉族学生。1985年稍有好转，录取分数线文科汉族260分，少数民族210分；理科汉族240分，少数民族170分。招生计划是690人，实际录取为620人，完成招生计划约90%。由于录取分数线低，实际上无法保证新生的质量。由此造成各级各类学校的教育在低质量的圈子里恶性循环。上述事实说明，基础教育是整个教育金字塔赖以存在的基础，是培养人才的奠基工程，是关系到民族素质提高和国家兴旺发达的一件大事，因此必须抓紧抓好。

普及基础教育，实行义务教育是我国提高整个中华民族科学文化素质的重大决策，但需要具备一定的条件。分析实行义务教育的可能性，一要看经济发展水平；二要看普及小学教育的程度；三要看师资力量的强弱。鉴于此，笔者认为，在西藏实施义务教育法，必须有重点、有步骤、分层次地进行，对全区的要求也不能搞一刀切，不能要求齐头并进。要实行因地制宜的方针，分别提出不同要求，允许在一定时期内，各地区实行义务教育的阶段有高有低，时间有先有后，有快有慢。根据西藏的现状，在制订教育普及的规划时可分为五类地区，即第一类地区为拉萨市；第二类地区为行署所在地；第三类地区为经济条件和教育基础较好的县；第四类地区为经济条件中等、教育发展一般的县；第五类地区为边远地区及教育基础差的县。根据以上五类地区经济和文化发展的实际情况，可在不同的时间，提出不同的要求。第一类地区1990年实行初等义务教育，1995年在努力提高初等义务教育质量的基础上，实行十年制义务教育；第二类地区1995年实行初等义务教育，在保证初等义务教育质量的前提下，到2000年实行十年制义务教育；第三类地区1995年左右实行初小四年制义务教育，在此基础上提高“三率”（入学率、巩固率、合格率），争取在2000年左右实行初等义务教育；第四类地区1995年使适龄

牧区的孩子

儿童入学率达到 80%，巩固率达到 75%，合格率达到 70%，2000 年实行初小四年制义务教育；第五类地区 1995 年以前可不提“三率”要求，只要求办好县、区公办和“三包”寄宿制学校即可，到 2000 年要求适龄儿童入学率达到 75%，巩固率达到 70%，合格率达到 65%。自治区教育主管部门可根据五类地区的不同目标和要求，集中人、财、物力，保证分批分期达到预定目标。

常言道：“十年树木，百年树人。”基础教育从现在马上抓起，也要到若干年后才能见效。现在若不从根本上抓起，必将贻误大事。因此必须从现在起就要下大气力扎扎实实地从小学基础教育抓起，从初级小学抓起，从提高适龄儿童的入学率、巩固率和合格率抓起。这样十年八年以后，一大批合格的初小学生进入高小，一大批合格的高小毕业生升入初中，到 1995 年后，高中和中专（特别是师范学校）招生就会有较多合格的新生来源。那时，西藏教育事业的发展才有牢固的基础，教育的振兴才有希望。各级各类学校的教育质量才会逐年提高，教育内部才会出现良性循环。

三、集中力量办好重点学校是当前加速西藏早出人才、多出人才、出好人才的最佳办法

全面发展基础教育，实行九年制义务教育是我国教育部门的一项长期的战略方针。但是，目前在西藏教育经费紧张、师资奇缺的条件下，要搞好西藏的基础教育，则应将有限的资金、有限的人力统一安排，集中使用，使之在短期内为发展西藏的教育事业培养出一批合格的人才。具体说就是在发展基础教育时，要有步骤，分层次，划分重点与非重点。绝不能将有限的人力、物力和财力“撒胡椒面”,“眉毛胡子一把抓”，不能搞整齐划一、一刀切。“文化大革命”期间，在贯彻执行《全国教育工作会议》决定的过程中，不顾西藏的实际，盲目搬用内地的做法，提出“四·五”期间，在西藏基本普及小学教育。1972 年又提出“县县有中学，区区有完小，队队有民办，逐步发展中等教育”的口号，到 1979 年底，全区小学已发展到 6266 所，其中公办只有 500 多所（含企业、事业办学）, 在校学生 24 万多人。普通中学 55 所（1981 年发展为 79 所），中专、技校 30 所，高校 4 所。从数量上看，发展规模是可观的。但由于师资、经费、校舍、教材和教学设备等没有解决，形成学校教育的严重虚肿现象，多数学校有其名无其实，大部分学生在校不能坚持学习，三天打鱼，两天晒网。有的学生一学期只上几天课，严重影响了教育质量的提高。历史的教训告诉我们，发展西藏教育一定要从西藏的实际出发，一定要遵循教育规律，量力而行，稳步发展。办一所，巩固一所，提高一所，教育的发展才会有可靠的基础。

1981 年，西藏自治区人民政府批转的自治区教育厅《关于我区中小学教育调查报告》中指出：“以公办为主，民办为辅，把需要和可能科学地结合起来，集中人、财、物，抓好重点地区和办好重点学校。在人口集中、交通方便、群众比较富裕的地方，可以多办学校。边远牧区、居住分散、群众生活困难的地方,可以少办学校。边境地区办学校要少而精,由国家包下来。”实践证明，这个决定是符合西藏实际情况的，是按教育规律办事的。由于人、财、物的集中，师资和教学设备的改善，办学突出了重点，使得学生的入学率、巩固率、

合格率有很大的提高。在这方面山南地区教育局做得比较好，他们坚持以“集中办学”为指导方针，从本地区的实际出发，集中力量在一些经济条件好，交通方便的县、区办了一批“三包”寄宿制学校，解决了学生在吃饭、穿衣、住宿等生活和学习用品方面的困难，受到了社会和家长们的好评，同时对提高学生的巩固率和升学率也产生了极大的影响。例如错那县觉拉区公办小学，在实行“三包”以前，由于学校的经费不能保证，特别是学生入学后的生活、住宿都有一定的困难，造成学生入学率低，巩固率更低。大部分学生不能坚持正常的学习，严重影响了教育质量的提高。1986 年实行“三包”以后，学生的学习、生活条件有了较大的改善，农牧民群众送子女上学的积极性有了很大的提高，学生中途辍学的现象也大大减少，学校的教育以及教学质量有了明显的提高。1986 年参加县完小入学考试的 60 名学生，考上的有 54 名。1987 年参加考试的 59 名学生，考上的有 58 名。由此可见，集中力量办好重点学校，特别是“三包”寄宿制学校，有利于提高教育的社会效益，同时在一定程度上也能够为学生解除路远而难以上学的困难，大大有利于民族教育的普及和发展。它不仅是目前西藏办学的最有效形式,也是加速西藏早出人才、多出人才、出好人才的最佳办法。

李鹏同志在庆祝西藏自治区二十周年大会上的讲话指出：“重点抓好中小学教育，特别是小学教育。为了保证中小学的教学质量，要努力办好寄宿制学校。现在西藏自治区有 70 多个县，440 多个区，要求每个区先办好一所重点小学，有条件的县办好一所重点中学，所有这些重点中小学都不要追求学生的数量，而要在保证教学质量的前提下，实行包吃、包住、包穿的寄宿制。”笔者希望西藏各级教育部门都应按照这个指示去做，目前要集中力量办好一批重点学校，特别是“三包”寄宿制学校。

四、办好内地西藏中学和西藏班是培养人才的重要途径

西藏历史上长期处于封闭和半封闭状态，这是造成西藏社会、经济发展缓慢和西藏教育落后的重要原因之一。因此，要发展西藏教育，单纯以西藏的力量和内地派人进藏就地办教育还是很不够的，必须打破封闭状态，实行立足本地力量辅以内地支援的多渠道办学方式。中发（84）22 号文件指出：

北京海淀区援建的琼结京海光彩小学

“要采取集中与分散相结合的原则，在内地省市办学，帮助西藏培养人才。可考虑在北京、兰州、成都等地相对集中办西藏班，其他有条件的省市分配一定名额，西藏送 10 岁至 12 岁的小学毕业生，以培养中等专业技术人才为主，其中少数优秀的可以选送高等院校深造。”为加速西藏人才的培养，根据中央的指示，1984 年底，国家计委和国家教委把开办西藏班的任务交给了上海、天津、辽宁、河北、河南、山东、江苏、陕西、湖北、重庆、安徽、山西、湖南、浙江、江西、云南等十六个省市。

迄今，这些省市开办的三届西藏班，已招收藏族小学毕业生近 4000 名。按照计划，在今后较长时间内，内地西藏班每年将招收新生 1300 多名。这些学生经过四年学习毕业后，大部分升入当地的中专，其余通过考核升入高中。此外，从 1987 年起，北京、成都、兰州三所西藏中学开始招生，每所中学计划每年招收数百名初中毕业生，这些学生全部是西藏的少数民族。这样，从 1992 年起，每年不仅有近千名藏族中等专业技术人才回到西藏参加四化建设，而且还会有一大批藏族高中毕业生考入大学深造。因此，内地办学不仅是发展西藏教育事业的重要组成部分，而且也是培养西藏人才的重要途径，它具有以下几点好处：

第一，可加强各民族的团结，使少数民族学生从小树立中华民族团结起来共同建设祖国的观念。我国是一个由多民族共同缔造的社会主义国家，因此搞好民族团结的教育，对于巩固和发展社会主义的民族关系，促进我国的社会主义现代化建设具有极为重要的意义。但是，如何对少数民族学生进行爱国主义的民族团结教育，在方式方法上是值得考虑的。如在当地进行民族团结的教育，当然可以提高青少年一代的政治思想觉悟。可是从历史的经验来看，让少数民族的学生到内地与汉族的学生一块学习和生活，其效果更佳。近几年来，西藏选送的学生一踏上十六省市的土地即受到内地各族人民的热烈欢迎，学校的领导和老师们不仅全心全意地为藏族同胞培养合格的人才，而且在学、住、吃、穿等方面像对待自己的亲生儿女一样关心和照顾少数民族学生。内地人民的深情厚谊，学校领导和老师们的辛劳甘苦，学生们铭刻在心中，使他们从小就认识到了“少数民族离不开汉族，汉族离不开少数民族”的思想是颠扑不破的真理，从而牢固树立中华民族团结起来共同建设祖国的观念。同时，这种内地办西藏中学、西藏班的办学方式在广大的学生家长以及藏族人民心中也必将产生日益深广的积极影响，它为内地和西藏之间的相互了解，藏族人民与汉族人民及内地各族人民之间的相互了解，开辟了广阔的途径，对于维护国家的统一、民族的团结，对于西藏的发展，都具有深远的重大意义。

第二，可开发藏族学生的智力，使他们的学习成绩不断得到提高。

在科学技术发展日新月异的今天，内地教育以一日千里的速度迅猛向前发展，在内地已成为历史的东西，而在西藏的边远地区，却还闻所未闻。今天内地有的中小学已经使用上了先进的电化教学设备，而西藏的部分学校且不说电化教学设备，就是能做到桌椅板凳不缺，有间教室，有位老师能把书本上的知识传授给学生就算不错了。现在西藏边远地区的一些小学，因没有教室，只好在仓库或牛羊圈中上课。因没有课桌、椅子，学生上课只好就地而坐，用一块小木板当作课桌。这种教学条件，怎么能培养出高水平的学生呢？藏族学生的智力与其他民族学生的智力是没有差别的，藏族学生的学习之所以差，主要是因为社会环境以及学校教学条件差而影响了他们的智力发展。

几年来，内地十六省市都为西藏班配备了得力的领导和最优秀的教师，各学校充分利用电影、电视、幻灯等先进的教学设备，进行了形象化的教学。此外，还组织学生到先进的工厂、农村和科研机构参观访问，亲眼目睹了社会主义现代化建设的丰硕成果。从而开发了藏族学生的智力，使他们的学习成绩有了显著的提高，个别优秀学生的学习成绩已超过了当地的学生。济南十四中的两个初一西藏班期中考试成绩，在同校同级的 8 个班中，藏二班名列第一，平均成绩 80 分以上的 57 名同学中，两个西藏班的学生占 34 名。

第三，可以缓解西藏师资严重缺乏的矛盾。

由于西藏海拔高，高寒缺氧，生活又艰苦，20 世纪 50 年代至 60 年代进藏的一批有丰富教学经验的教师，而今已年过半百。他们中有的多病，有的因气候原因不适宜在西藏工作已调回内地，也有的由于其他原因，离开了西藏。老的教师调走了，而新的教师又一时进不去，给西藏民族教育的师资带来极大的困难。在这种情况下，每年选送一大批藏族学生到内地学习，可以大大缓解西藏师资严重缺乏的矛盾。

第四，可节省一大笔教育经费，用以改善目前西藏的办学条件。

西藏地域辽阔，人口稀少，居住分散，交通不便，自然地理环境艰苦，办教育的难度比较大。虽然除墨脱以外县县都通了汽车，但各县内的交通工具则主要依靠马和牛。牧区学生上学骑马往往要走几天甚至十几天的时间，由于缺乏交通工具，学生的生活、学习资料和学校基建材料等运输很困难，故培养一名学生费用极为昂贵。据统计，西藏培养一名中小学生的费用要比内地同类学生高出 2~3 倍，内地为西藏办学可以用较少的投资得到较高效益的办学效果。这样可为西藏教育节省一大笔经费，用以改善目前西藏落后的办学条件。

总之，内地办学是中央和地方帮助西藏发展教育事业，促进西藏繁荣昌盛的重大战略措施，长期坚持下去，其重大作用和深远意义将愈加明显。因此，一定要坚定不移地办好十六省市的西藏班和北京、兰州、成都的三所西藏中学。

五、正确解决双语教学的问题是提高西藏教育质量的关键任务

西藏自治区是以藏族为主，汉、回、门巴、珞巴等少数民族聚居的地区，

就现在的人口而论，当地民族以藏族为主，而外来民族则以汉族居多；就西藏现在所使用的交际语言看，也是以藏语和汉语为主要语言。因此，正确解决双语（藏语和汉语）教学的问题是一个极其重要的现实问题，也是提高西藏教育质量的关键任务。

西藏和平解放以来，党和国家根据马克思主义在民族问题方面的原理，结合西藏少数民族的历史情况以及各民族关系的具体实际，一贯坚持各族人民都可以使用本民族语言文字的政策。20 世纪 60 年代初期，进藏的各级领导和工作人员对学习使用藏语文非常重视，并以身作则带头学习使用藏语文。当时在昌都、拉萨、日喀则等地创办的一大批中小学里，藏汉等各族教师密切合作，相互学习，采取了藏汉两种语言教学，充分发挥了母语的优势，取得了可喜的成绩。如拉萨中学，办学初期，在课程设置和教学内容方面，开始完全用藏语文授课，随着数、理、化、生物等学科内容的深化，以及师资、教材编译工作又远远跟不上需求情况的出现，他们逐步改用汉语讲授高年级数、理、化等学科的课程。对于藏语文教学，则完全尊重藏族传统的分科讲授的办法，即分为语法、修辞、文学、书法等几个方面。此外，学校为解决数、理、化教师不懂藏语文和藏族学生不懂汉语文的困难，认真探讨了藏汉双语教学的问题。学校组织汉族教师一面教书，一面学习藏语文，藏汉族教师互帮互学，蔚然成风。学生不仅藏语文学得好，而且汉语文也学得不错。1963 年，向高等院校（清华大学、北京大学、北京师范学院、北京医学院）选送了 8 名藏族学生，他们经过一年的补习，在各院校中学习成绩达到中等和中上等的水平，现在已成为西藏教育、卫生、文化等部门的骨干力量。此外，当时拉萨中学高中毕业的其他学生，其藏语、汉语以及各科的成绩也很不错，这批学生刚进入初中时，除藏语文稍好外，用汉语讲课都听不懂，由于采取了正确的双语教学的方法，因而取得了良好的成绩。后来，由于工作中“左”的思想影响，特别是“文革”十年中，严重忽视了对藏语文的学习和使用，致使西藏的教育质量有所下降。

十一届三中全会以来，西藏教育部门总结了双语教学的经验，在大、中、小学中均进行双语教学。目前西藏双语教学的基本状况是：在农牧区的小学里，一般全用藏语授课，到三年级开始增设汉语文课。城镇小学里，实行双轨制的教学体系，小学汉族学生班（也有个别藏族学生）以汉语授课为主，从三年级开设藏文课，对藏文课教学的具体要求要比藏族学生班低一些；小学藏族学生班以藏语授课为主，一般也从三年级开设汉语文课，也有少数小学从二年级开设汉语文课，对汉语文课教学的具体要求要比汉族班低一些。从小学升入初中后，原来在小学以汉语授课为主的学生，从入学后的第一年起，所有课程都用汉语讲授，只是加藏语文课；原来在小学以藏语授课为主的学生，升入初中后的第一年为预备班，用一年时间突击学习汉语文，从第二年起用三年的时间学完初中的全部课程，除藏语文课外，其他课全用汉语讲授。西藏区内的高校和中等专业学校中，除藏语文专业和藏医、历史（藏族史）课用藏语授课外，其他各科全用汉语讲授。面对现行的西藏教育，如何正确解决双语教学问题，确定以哪一种语言作为教学工具的问题，在教学工作中占有很重要的地位。1981 年联合国教科文组织在巴黎召开的以母语为教育工具的专家会议上指出："母语是入门教育和取得成功的关键，是进行扫盲教育，扫除愚昧、歧视和贫穷的有力工具，对振兴民族具有潜在的催化作用。"笔者认为，要搞好双语教学，最有效的办法是从母语教育入手。如果用学生熟悉的母语进行教学，使学生能够直接用自己的母语表达感情和思维，用本民族的文字进行写作、阅读、计算，对调动学生的学习积极性，开发其智力，提高教学质量都将有极其重要的意义。反之，如果学生缺乏一定的母语基础，而用另一种语言进行思维，其对译阶段将会大大增加，有的词语甚至无法对译，造成一种似懂非懂的状态，严重影响学生理解的能力和学习的积极性，直接影响着教学质量的提高。因此，对藏族学生从小学一年级的拼读学习开始，要抓好藏语文教学的质量问题，充分认识打好母语教育基础的重要性，每一年级必须达到每一年级应该达到的藏语文的要求。根据目前现有师资条件，各级各类学校尽可能实行以藏语授课为主的教学方法。但是在实行以藏语授课为主的教学过程中，也要处理好以下两个关系。

第一，基础教育用藏语文教学与专业知识教育用汉语教学衔接的关系。

在西藏目前实行小学六年制教育的情况下，从小学二、三年级开设另一种语文课，我认为早了一点，这样容易造成学生两种语言的变迁，使藏汉两种语言在学生的头脑中混乱不清。根据西藏乡村只有初级小学（四年制），到区才有完全小学的情况下，藏族学生最好从小学五年级开设汉语课，用整个初级小学阶段打好母语基础。在打好母语教育的基础上。到完全小学要集中力量加强汉语文的教学，汉语文教学时数也应适当增加，此后升入中学预备班再突击一年汉语文。这样要求学生在首先学好藏语文的前提下，其汉语程度达到五年级的水平，以基本适应中学用汉语讲授数、理、化等专业课的要求，避免藏语文教学与汉语文教学的脱节。

第二，学习藏族文化与国内先进科学文化知识的关系。

为繁荣西藏的民族文化和民族经济，推动西藏社会向前发展，必须正确摆好藏汉双语教学的关系。《西藏自治区学习使用和发展藏语文的若干规定》中明确指出："藏族小学生全部使用藏语文教学。在不影响藏语文教学的前提下，从高年级开始增设汉语文课。中学、中专和大专院校的藏族学生的语文课，以藏语文为主；同时学习汉语文，学习全国通用的汉语普通话；其他课程要积极创造条件，尽快实行用藏语文教学；有条件的中学还应增设外语课。"这一规定是符合党的民族语文政策的，希望各级各类学校在坚持以藏语文教学为主的同时，将汉语文放在应有的位置。要求藏族学生在学好藏语文的同时务必学好汉语文和各种现代文化知识。在有条件的学校，还要学好一门外语。这不仅是贯彻党的民族语文政策的需要，而且也是西藏对外开放，吸收先进科学技术和藏族繁荣进步的需要。

六、加强师资队伍建设是发展西藏教育、提高教育质量的根本大计

四化的关键在教育，教育的关键在教师。没有一支足够数量，特别是一定质量的稳定的师资队伍，就无从谈起发展教育、提高教育质量的问题。就目前西藏从事民族教育工作的师资队伍，无论从数量还是从质量上来讲，远不能适应西藏教育事业发展的要求。现在全自治区共有专任教师 10580 人，按"七五"概算，1990 年需补充小学教师 970 人，中学教师 570 人，中专教师 240 人。笔者在调查中发现没有哪个县、哪个学校不喊缺教师的。康马县中学每位教师要担任三四门课，课时多的教师一周有 20 多个课时。米林县中学 16 位教师中，就有 9 位是从社会上招聘的代课教师。江孜全县历史、地理、音乐、美术教师一位也没有，生物教师只有一位，汉语教师极缺，许多课程不能正常开设，常常是明天就要开课了，今天还未找到任课教师。各级各类学校教师不仅数量不足，而且质量亦很差，许多教师不能胜任教学。据统计，

不合格的教师，大学约占35%，中学约占45%，小学约占60%。在这支教师队伍中，能用藏语授课的民族师资奇缺，特别是自然科学方面的民族师资更为缺乏，而汉族的教师绝大多数又不能用藏语授课，很难适应民族地区教学的需要。这方面中学尤为突出，在中学教师中，民族教师约占总数的35%，而且大部分教师只能担任初中的课程，高中的课程基本上全部由援藏教师担任。现在全自治区共有17所高中，仅有165名教师（大部分是援藏教师），平均每所高中不足10名教师，平均每个学科不到一个教师。除藏语文外，能用藏汉两种语言进行教学的仅占中学教师总数的4%左右。在小学教师中，受过专业培训的人数不到30%。70%以上的教师本身仅具有小学三四年级的文化程度，个别只具有小学一二年级的文化程度，因此只能教小学低年级的课程。民族教师虽已占小学教师总数的80%以上，但其中半数是民办教师。就是在师资队伍这样紧张的状况下，师资队伍流动的势头却越来越大。据不完全统计，自1978年以来，约有4000多名大、中、小学教师内调、改行或外流。到目前为止，教师队伍仍然很不稳定。1987年，区内实行机构改革试点，调整专区、县两级班子时，还有不少骨干教师被从学校调出，担任了秘书和领导工作。造成上述问题的原因，首先是师资队伍建设受“左”的思想影响，脱离西藏教育的实际，长期忽视藏语文教学，培养民族师资措施不力。其次，基础教育薄弱，民族师资成长缓慢，加之近年来学生成倍增长，师资长期处于供不要应求的紧张状况，无力坚强薄弱环节。再次，指导思想不明确，缺乏师资队伍建设的总体规划。

师资队伍的这种状况，严重影响着教育事业的发展和教育质量的提高。如果不提高现有教师的水平，不培养大量本民族的教师，不采取切实可行的特殊措施稳定现有的师资队伍，西藏教育的普及和发展就没有保证。为了解决这个问题，目前一定要稳定现有的师资队伍，禁止不正常的内调、改行和外流。解决此问题的方法是各级领导要认真关心、尊重和爱护教师，提高教师的政治地位和社会地位，对教师的待遇要适当优厚。此外，要整顿、提高现有师资队伍。各级各类学校要根据任务的需要，实行定编、定员、定工作量，落实教学责任制度，建立健全考核制度，定期考核教师，考核成绩及格者发给合格任用证书，成绩优秀者应予以奖励，考试成绩不及格者要给以学习进修的机会。师资培训进修工作不仅是应急措施，也是一项长期的任务，需要长远的规划和管理。今后要逐步建立各类教师培训进修制度，使广大教师都有学习深造的机会。解决西藏师资问题，从长远来看，最主要的是下决心培养一大批合格的民族师资队伍，这就要求优先发展区内师范教育，重点办好藏语文教师培训中心，在全区范围内抽调一批能用藏语讲授中学各科课程的教师来担负培训此类师资的任务。并根据师资情况，有什么门类的教师就先培训什么教师，一步一步地来，态度要积极，步骤要稳妥，措施要切实可行。除此之外，西藏三所高校也应以培养民族师资为重点。建议从现有的17所完全中学中每年从每校择优选送15名愿意终身从事教育事业的民族学生，免试进入西藏三所高校学习3—4年，实行定额、定学科培养，定向分配。这样三四年以后，每年均有250多名毕业生充实师资队伍。连续办10年，西藏的民族师资队伍即可占绝对优势。这是一条从根本上解决民族师资队伍的办法，望教育主管部门能予以考虑。

（本文刊登于1988年第5期《民族研究》）

从山南地区的教育变化谈发展西藏教育的设想

一

山南地区位于北纬 29.2° ，东经 95.1° ，即雅鲁藏布江的中游，平均海拔 3551 米，是一个以农为主，农牧并举，有较好自然经济条件和悠久历史文化的地区。

西藏和平解放以前，由于封建农奴制度的统治，整个山南地区除几所培养宗教人员的寺庙学校外，只有一所由基巧（类似现在的行政公署）办的学校和为数甚少的私塾，而这些规模很小的学校完全由三大领主垄断，致使 95% 以上的贫苦农牧民处于文盲状态中。和平解放以后，在党和人民政府的重视和关怀下，文盲充斥、文化落后的面貌有了很大的改观，学校数量由少到多逐步发展。特别是党的十一届三中全会以后，经过各级领导和全体教师的努力，山南地区学校的数量有了明显增加，教学质量也有了很大提高。目前，全地区有各级各类学校 446 所，其中中等师范学校 1 所，在校生 155 人，少数民族学生占 87.7%；教职工 74 人，专任教师 40 人，少数民族专任教师占 45%。中学 7 所,（含完全中学 1 所），在校学生 2901 人，少数民族学生占 90% 以上；教职工 402 人，专任教师 297 人，少数民族专任教师占 42.8%。小学 438 所（公办小学 60 所，民办小学 378 所），在校学生 23576 人，少数民族学生占 98.4%；教职工 1693 人，专任教师 473 人，少数民族专任教师占 97.1%。

山南地区抓教育的具体措施，概括起来主要有以下四条：

第一，各级领导关心教育、重视教育。

这一条可以说是山南地区教育近几年来发生变化的一个根本原因。十一届三中全会以来，党中央把教育事业的发展作为现代化建设的战略重点之一。党政领导部门是否真正关心教育、重视教育，对一个地区教育事业的发展关系极大。胡锦涛同志任自治区党委书记时，曾到林芝、山南考察教育，他特别强调发展基础教育和职业教育。[①]事实证明，哪个地区重视智力投资，舍得花力气，哪个地区的教育事业就会有较快的发展，学校的面貌就会有很大的变化。山南地区各级领导充分认识到这一点，把教育同经济工作一样摆到重要的议事日程上，地、县、区各级教育部门都配有懂教育的教育局长、教育科长、教育干事。此外，地、县各级政府纷纷以实际行动重视教育、支持教育。如：隆子县委、县政府于 1988 年为县中学拨款 4 千元，同时还将 80 多亩苹果园划给学校，作为师生勤工俭学的劳动基地；加查县委、县政府为解决县中学学生吃菜难的问题，把 30 多亩菜地划给学校，并拉专线保证学校师生用电；曲松县委、县政府于 1988 年拨款 2 万元，恢复和维修了部分民办小学。1989 年，曲松县县长索朗江村为县教育基金会到处募捐筹集资金，筹建了县直机关子弟小学；并拨款 5 万元（加查县拨款 3 万元，地区教体委资助 1 万元，共计 9 万元），为加查中学新建一幢 300 平方米的校舍；山南地委、行署及地直 25 个单位于 1989 年“六一”儿童节为小学生捐款 5750 元，赠送各种学习用品价值 9 千元；此外，地区妇联单独为全地区 12 个县的小学生赠送了 12000 元的学习用品。

第二，教育经费逐年增加，教学条件不断改善。

学校破烂，办学条件简陋是少数民族地区发展教育的“老大难”问题。山南地区各级领导非常重视改善办学条件，每年除国家拨发的正常教育经费外，还从地方财政中拿出适当的钱来支持和发展民族教育。自 1980 年以来，地区教育经费逐年有所增加。据统计，1982 年教育经费为 437 万元，1984 年增加到 921.4 万元，1986 年又增加到 1143 万元。仅 1987 年和 1988 年两年，

---

①丹珠昂奔《藏族文化发展史》下册，兰州：甘肃教育出版社，1217 页。

山南地区教体委在基本建设、维修校舍、专项购置等方面投资总额达 1020 万元；其中基建投资为 875.6 万元，共修建校舍 27952.79 平方米；用于危房维修专款 30 多万元，维修危险校舍 3040 平方米；安排了专项购置款 114 万元，为学生购置双层床 950 套，课桌、凳 950 套，电化教育设备一套，为学校及县教育局等单位配备了生活卡车 7 辆、北京吉普 9 辆、客车 3 辆、烤箱 7 台、电冰箱 7 台。由于教育经费的增加，致使办学条件和教学设施也相应得到改善。现在全地区各级各类学校占地总面积为 4797.7 亩，校舍建筑总面积为 218023.2 平方米，各类教学仪器 2150 多件，课桌、凳 7000 余套，学生双层钢丝床 3000 余张。县完小、县中学以上的学校都配备有汽车。不少学校还盖了温室，打了机井，修了水塔，铺设了水泥路面。有的学校还购置了柴油机、发电机、电视机、收录机以及各种教学用具等。各级各类学校的教学设施和生活设施基本配套，现代化教学手段的运用也逐步展开。

第三，认真抓好“三包”工作，提高学生的入学率和升学率。

山南地区各级中小学校为鼓励农牧民子女入学，保证他们进得来，留得住，学得好。对农牧民子女在经济上采取了“三包”（即包吃、包住、包穿）的特殊照顾措施。据统计，1987 年底，全地区实行“三包”的学校共计 54 所，其中中学 7 所，县完小 11 所，区公办小学 36 所，享受“三包”学生共计 6557 人。地区教体委经常派工作组对“三包”学校进行逐个审查和验收工作，并经常派人检查“三包”经费的使用情况。根据调查情况表明，凡实行“三包”的学校，学生在吃饭、穿衣、被褥等生活和学习用品方面都比过去有了较大改善。如浪卡子县打隆“三包”小学，为进一步改善办学条件，利用课余时间组织师生勤工俭学，耕种 5 亩地，收获青稞 1300 多斤，蔬菜 8000 多斤，解决了师生一年的蔬菜及口粮不足等问题。此外，这些“三包”学校普遍受到社会、家长们的好评，同时对提高学生的巩固率、升学率也产生了极大的影响。例如错那县觉拉区公办小学，在实行“三包”以前，由于学校的经费不能保证，特别是学生入学后的生活、住宿都有一定的困难，造成学生入学率低，巩固率更低。大部分学生不能坚持正常学习，严重影响了教育质量的提高。1986 年实行“三包”以后，学生的学习、生活条件有了较大的改善，农牧民群众送子女上学的积极性有了很大的提高，学生中途辍学的现象大大减少，学校的教育以及教学质量有了明显提高。

山南地区除办好“三包”学校外，还本着因地制宜、因时制宜、因人制宜的精神，根据农牧业生产和群众生活的特点，在教学时间上采取了“农（牧）闲多学，农（牧）忙少学”的原则，灵活安排教学；在办学形式上灵活多样，不搞一刀切，有全日制、半日制、隔日制、识字班等，从而提高了适龄儿童的入学率。1959 年全地区适龄儿童入学率不到 2%，目前全地区适龄儿童入学率达 81.9%，名列西藏各地、市之首。随着适龄儿童入学率的提高，中小学生毕业人数也逐年增加。1984 年以前全地区小学毕业生每年不足 500 人，1985 年达到 923 人，1988 年已达到 1625 人；初中毕业生 1984 年为 231 人，1985 年达 279 人，1988 年达到 467 人；高中毕业生过去一般每年只有一个班，1987 年已达 3 个班，毕业生达 110 多人。由于中小学毕业生的增加，全地区升入中专、大专院校的人数亦有所增加。自 1983 年以来，全地区高考、中专升学率基本稳定在 70%左右，山南地区二中每年报考高中和中专的录取率均为 100%。

目前，山南地区已初步形成了民族教育的体系，从小学到中学、中等专

专心致志学习藏文

业学校等各级学校均已基本具备，教育网遍及各县、区、乡。

第四，采取必要的措施，提高教师文化业务素质。

教师是人类灵魂的工程师，他们既要“教书”，又要“育人”。学校的一切工作都离不开教师，为此，山南教体委采取必要的措施，对教师严格要求，热情关怀，大胆使用，培训提高。(1) 严格要求：对全地区教师的教学、学习、休息以及集体活动等都做了具体规定。在具体执行过程中，严格照章办事，奖罚分明，严肃了学校的组织纪律，使学校的一切工作制度化、秩序化。其次，要求各级各类学校必须建立教师业务档案，内容有教课方案、考试成绩、出勤记录、抽查情况、班级工作、科研成果，并以此档案作为晋升职务、职称、工资的考核依据。(2) 热情关怀：各级领导经常不断地深入群众，了解情况，尽力帮助解决教师的实际困难。逢年过节，领导亲自上门慰问教师，平时注意同教师谈心，随时掌握教师的情况，及时解决问题。(3) 大胆使用：不轻视刚走上教育工作岗位的年轻教师，大胆地使用他们。对于没有文凭而确有真才实学的教师也不另眼看待，而是委以重任。(4) 培训提高：根据本地的实际情况，积极发展民族师范教育，大力举办教师进修学校，加强师资队伍的培训工作。在培训方法上采取了送出去、请进来的形式，从 1985 年至 1988 年的 4 年时间里，全地区选送到区内外大专院校培训的教师共计 421 人，其中教育行政管理干部 50 人，区外培训的教师 99 人，区内培训的教师 322 人。1989 年又有 171 人被送到区内外大中专学校及山南师校进修。由于采取了上述种种积极措施，使师资队伍不断得到改善和加强。目前，全地区教育行政干部的管理水平和业务能力基本适应工作的需要，绝大多数教师都能够胜任自己的教学工作。

二

山南地区教育的发展变化，充分说明西藏教育的发展快慢并不完全在于客观条件，关键在于人的主观能动性。因此，只要我们敢于探索，敢于实践，就会加速西藏教育的发展进程。为此，笔者根据西藏的实际情况，谈几点发展西藏教育的建议：

第一，发展西藏教育，首先应提高对西藏教育战略地位的认识。

加快西藏教育事业的发展，首先要提高各级领导对教育事业的认识，要全党重视教育，全社会支持教育。西藏各级政府和教育行政部门应进一步提高对教育重要性的认识，进一步研究经济与教育的关系，提高办教育的本领，要使全区像山南地区各级领导那样舍得智力投资，从各方面大力支持办好教育。由于历史的原因及其他种种因素。西藏不少地方至今还不重视教育，不关心子女求学。因而各级政府及教育行政机关，应加强领导，积极引导，做好宣传工作，使广大农牧民普遍懂得，要振兴民族，发展西藏经济，不办好教育是难以达到目的的。此外，还要进一步提高全社会办教育的水平，积极发动全社会的各界人士都来办教育，逐步形成国家、集体和个人一起办教育的崭新局面。

第二，发展西藏教育，必须进行教育改革。

要坚持改革开放的总方针，深入进行教育改革。在坚持社会主义办学方向的前提下，要从西藏教育现状出发，调整教育结构，理顺教育体制，改革不适应新形势需要的教育制度、教学内容和教学方法，不断完善具有西藏特点的教育体系。在发展西藏教育的过程中所采取的具体方针政策，诸如教育体制、办学形式、师资队伍的配备和培养、专业设置、学制长短、教学手段、招生和毕业生分配、教育经费、教育资金的筹集和使用以及各种专业人才的培养计划等方面，都必须切实从西藏的实际情况出发，根据西藏的地理、民族等特点，分地区、分层次、分类指导。西藏目前生产力水平较低，人才的需求层次也较低，应该把加强基础教育作为重点，同时加强与当地经济发展相适应的职业技术教育，并形成基础教育和职业技术教育分级办学、分级管理的新体制，建立起学校教育和当地社会经济发展相联系的运行机制。在农村，实现县、区两级政府对基础教育和职业技术教育的统筹规划和管理；要建立县、区、乡和学校办学管校的职责和规章制度，要调动群众和社会力量支持教育，拓宽教育经费的来源渠道，加速办学条件的改善。

第三，发展西藏教育，必须贯彻党的民族政策。

西藏自治区是我国藏族聚居的主要地区之一，藏族人口占全区人口的95%以上，基本上属于单一民族聚居区，藏族语言文字已成为全区通用的语言文字，因此，要发展西藏教育，必须贯彻党的民族政策，重视藏语文的学习和使用。目前，西藏还没有建立起一套完整的藏语教育体系，中小学的语文、历史、地理、政治等课程都应该用藏语文授课，而中学及大学的数理化课程目前尚处于“浑浊”状态。语言是人类最重要的交际工具，也是教育的基本工具，教学用语是民族教育的一个基本问题。在西藏，从语言和教育规律来说，人们首先用自己的母语进行思维、学习和接受知识。因此，要加强藏语文教学，学好藏语文。另一方面，在改革开放的形势下，各民族更需要互相学习彼此的语言文字。这就决定了西藏教育要广泛使用“双语”或“多语”教学，即在学好藏语文的基础上也要学好汉语文，有条件的还要学好外语。这不仅是尊重民族感情，实现民族平等，加强民族之间的团结、交流的重要政策，更重要的是符合西藏语言环境的实际，有益于学生语言和教学用语的相互衔接和教育质量的提高。

第四，发展西藏教育，必须建立一支稳定、合格的师资队伍。

尊师重教是一个国家、一个民族文明程度的重要标志，社会主义建设需要人才，人才要靠教育，教育要靠教师。因此，加强师资队伍建设，稳定师资队伍，提高师资水平是教育工作中极为重要的任务。对在西藏任教的教师，应努力改善待遇，提高他们的工资；对他们的住房、医疗及生活等一系列待遇都要有相应的优惠，要使教师成为全社会最受尊重、最受羡慕的人。其次，要加强师资培养工作，建立健全从幼儿师范到高等师范及从普通师范到专业师范的培训基地。采取函授、夜校、假期培训、短期或系统进修等多种渠道，多形式地加强师资培训工作。此外，要与外省市有关院校加强协作培养师资，做好在职教师的培训和学习工作。总之，要有计划地、分期分批地对现有教师进行培训，不断提高教师的文化业务水平。

第五，发展西藏教育，要重点加强基础教育。

基础教育是发展整个教育的奠基工程，是提高民族素质和建设强盛国家的根本环节。要培养出大批人才，没有基础教育，将是一句空话。目前，西藏基础教育仍然比较落后。适龄儿童入学率只有40%左右，巩固率、合格率仍然很低。这种状况的存在，不但严重影响了各种人才的培养，而且很难改变西藏的落后局面。因此，要根据西藏的实际和特点，巩固和发展多种形式办学，办好和扩大“三包”学校，积极举办半寄宿制小学，扩大免费教育范围，使更多的藏族及其他少数民族的适龄儿童都能读到高小毕业。与此同时，要下决心分期分批地解决现有中小学的师资不配套，设备不齐全，图书、仪器、体育器材短缺，办学条件差等严重影响教学质量的有关问题。在今后相当一段时期内，应采取扩大规模的途径来发展和加强基础教育，布点不宜过多，要集中精力抓管理、抓质量、抓效益，使西藏的基础教育在不太长的时间内得到全面改观和充分发展。

最后，希望西藏各级教育部门和学校的领导同志能从山南地区的教育发展变化中得到启发，从学校的实际出发，对影响西藏教育发展的旧思想、旧观点、旧做法进行大胆改革，那么西藏教育是大有希望的。

（本文刊登于 1990 年第 3 期《民族教育研究》）

西藏教育问题研究

西藏和平解放以来，在党中央的亲切关怀和全国人民的大力支持下，西藏的教育事业取得了巨大的成就。特别是党的十一届三中全会以后，经过调整和改革，西藏教育已初步形成了具有西藏特色的社会主义教育体系。认真总结西藏教育工作所取得的成就，分析研究当前西藏教育中的主要问题及原因，提出符合西藏实际深化民族教育改革的措施，对于健康稳步地发展西藏教育事业具有十分重要的意义。

一、西藏教育事业发展概况

解放前的旧西藏，是政教合一的封建农奴制社会。在封建农奴制度下，西藏的文化教育十分落后，文盲占总人口的95%以上。整个西藏除了寺院教育和西藏地方政府举办的“孜拉札”（僧官学院）及“孜康拉札”（俗官学校）外，没有一所普及性的学校。清朝末年，驻藏大臣张荫棠于1906年（光绪三十二年）在康藏实行所谓的改革，在部分宗（县）创办了官办义务学校，使用汉语文上课，并采取了“派学差”的办法，强迫适龄儿童入学。这种办法得不到藏族人民的拥护，没有几年就失败了。解放前夕，国民党曾在拉萨办了一所“拉萨小学”，学生来源主要是当地的汉族和回族子弟，藏族儿童入学的很少。1944年，英帝国主义曾在拉萨和江孜为西藏贵族子弟开办了英语学校，因遭到寺庙僧人的反对，只几个月即停办了。此外，解放前在西藏的城镇有一些私塾，多数是由喇嘛学者开办，一般都很简陋，只是教学藏文字母和学一些简单的文法。

教学规模亦很小，学生绝大多数是领主、代理人和大商人的子弟，广大农奴的子女根本没有受教育的权利。

1951 年西藏和平解放后，当年就在昌都办起了冬学，即昌都小学的前身。人民解放军于 1951 年 11 月进入拉萨，很快开办了藏语训练班，不久又开设了汉语文学习班，1952 年将其改称西藏干校，即西藏师范学院的前身。尔后，又相继在拉萨、日喀则、江孜、山南、林芝、阿里、那曲、波密、丁青、察隅、亚东等地办起了一批小学。1956 年，在拉萨创办了西藏第一所中学；是年在日喀则、昌都等地还开办了中学预备班；与此同时，在西藏许多地方还办起了各种训练班。1957 年，在咸阳创办了西藏公学，即西藏民族学院的前身。到 1958 年底，全西藏有公办小学 13 所，在校学生 2600 人；中学一所，小学附设初中班二个，共有学生 342 人；西藏公学和西藏地方干校各一所，共有学员 3460 多人。当年，连旧教育的各种形式在内，适龄儿童入学率也只有 2%，文盲半文盲仍占全西藏总人口的 90% 以上。

1959 年以后，平叛改革取得了伟大胜利，百万翻身农奴政治上、经济上

林芝琼林教学点

的翻身，带来了文化上也要翻身的迫切要求。为了满足广大翻身农牧民学习文化的要求，这一时期，党在西藏教育工作的主要任务是：积极兴办中学、中专教育，并创造条件筹建普通高等教育，巩固发展以干部培训为主的成人教育；同时大力扶持群众自己办学，积极推广和发展民办小学和农牧民扫盲夜校等。因此，教育事业发展比较迅速。到1965年西藏自治区成立时，全区小学已发展到1822所（其中公办小学80所，民办小学1742所），在校学生66700人（其中公办小学学生10000人，民办小学学生56700人），教职工2480人；普通中学4所，在校学生1050人，教职工120人；中等师范学校1所，在校学生450人，教职工110人；高等学校1所，在校学生2250人，教职工700人。

"文化大革命"的十年浩劫，西藏的教育事业同全国许多地方一样也遭到了严重的破坏。前四年大部分学校既未招学生，也未进行教学，处于瘫痪状态。后期，由于广大干部群众的共同努力，西藏教育事业得到了恢复和发展。1972年，全区实现了"县县有中学，区区有完小，队队有民办小学"。到1976年，全区小学发展到6131所，在校生222700人，其中公办小学513所，学生5万余人；普通中学35所，在校生13164人。但当时也存在着盲目追求学校数量、忽视教学质量、教学内部比例失调、严重虚肿等问题。

党的十一届三中全会以来，西藏教育事业开始走上了正规发展的道路。近几年，在贯彻《中共中央关于教育体制改革的决定》中，加强了教育工作的领导，各级教育部门采取了比较切合实际的一系列特殊政策和改革措施，使全区的教育事业展现了新的面貌。在教育工作中，主要措施是：

（一）对各级各类学校进行了调整和整顿。1980年，自治区教育部门根据中央领导同志的指示精神，对教育进行了调整、巩固、充实、提高，实行"公办为主，民办为辅，两条腿走路，多种形式办学"的方针，大大增加了公办小学，减少了民办小学，充实了中学，合并了一些中等专业学校。据1983年统计，全区小学由1979年的9266所调整为2542所，其中公办小学有所增加；普通中学由1981年的79所调整为55所；中等专业学校由1981年的24所调整为13所；技工学校由1980年的8所调整为1所；高等院校由4所调整为3所。这样调整，有利于集中师资力量，保证重点，保证质量，使教育内部比例失调的状况有了很大的改善，全区教育结构趋向合理，基础教育和师范教育得到了一定的加强，中专教育初具规模，中等职业技术教育与高中在校生的比例达到1:1.5，高等教育在调整中也得到了巩固和提高。

（二）重视和加强了藏语文的学习和使用。1980年以后，自治区教材编译局确定了以藏语文教材作为编译重点，并组织力量编译初、高中藏文数、理、化等教材。自1982年五省区协作编译教材以来，已编译完小学到高中的全部藏文版各科教材228种，结束了长期以来小学无成套教材和中学没有统一教材的状况。目前，藏语文已成为中小学藏族学生和大中专学校学生的必修课，小学已基本实现了教学以藏语授课为主，中学以上的各类学校均把藏语文作为一门主课，全区以藏语授课为主的学生已占在校生的70%以上。

（三）加强了以民族教师为主的师资队伍建设。近几年来，自治区教科委把师范教育放在了重要地位，对师范学校的招生、经费、基建等方面均给予了特殊的照顾。1978年以来，全区共培养高师毕业生1388人，中师毕业生3121人，其中60%以上为少数民族毕业生。其次，对在职教师采取了多种方法，进行培训提高，初步建立了三级培训网，以县中学为基地负责培训小学民办教师；以各地（市）师范学校为基地培训小学公办教师；以内地或自治区大专院校为基地培训中学和中专教师。1980年以来，全区已培训各级各类教师4000多人次，其中民族教师占70%。为了培养能用藏语授课的中学师资，自治区教科委同自治区政协联合举办了中学理科教师藏语授课培训班，并在此基础上成立了藏语文授课教师培训中心。此外，还从社会上招聘了一批藏族知识分子到各类学校担任藏语文教学工作。目前，全区各类教师共有15499人，其中少数民族教师10820人。

（四）提高了少数民族学生的升学率。（1）1980年以来，实行了“高校招生少数民族应占60%以上，中专招生少数民族应占70%以上”的比例规定，对藏族等区内少数民族考生采取了单独划线，适当降低录取分数线照顾录取的招生办法。（2）对藏文、藏医等专业的少数民族考生放宽报考条件，减少考试科目，优先录取。允许初中毕业生报考藏语文专业，学制延长为5年。（3）从1985年开始把藏语文列入少数民族考生招生考试的必考科目，并把成绩按100%记入总分。（4）在区内外大专院校中开办民族班、预科班和各种短训班，只招收区内的少数民族学生，学习1—2年后，经考试转入本科或专科学习。（5）对边远地区实行定向招生，对区内的藏族及其他少数民族在同等条件下予以优先录取。这样既保证了民族学生的升学率，又逐年提高了学生的质量。

据统计，1988 年区内高校少数民族在校生 929 人，比 1984 年高校少数民族在校生的 703 人，增长 32.1%。1988 年区内中专少数民族在校生 2676 人，比 1984 年中专少数民族在校生的 1376 人，增长 94.4%。

（五）教育经费逐年增加，办学条件逐步得到改善。近几年来，自治区采取有力的措施，将教育经费从 1958 年的 274.5 万元逐年增加到 1988 年 13454 万元，增长 49 倍多。除保证正常的经费外，每年都安排了一定数量的专款，用于改善办学条件。此外，自治区人民政府每年还拨出一定数量的基建专款，用于校舍的新建和维修。1988 年，全区基础教育基建投资为 1978 年的 2 倍多。1989 年，全区教育基建投资计划为 1000 万元，其中 90% 将用于中小学的基建上。由于教育经费的逐年增加，使各级各类学校的办学条件均有不同程度的改善。其中对民办教师实行了工资制，对边境地区小学实行了“四包”（包学、包吃、包穿、包住），对全区 255 所重点中小学的 32945 名学生实行了“三包”，享受“三包”人数占全区公办中小学少数民族学生总数的 37.8%。并对一大批中小学学生发放了 8~50 元不等的人民助学金。对在内地 16 省市西藏班的 5250 名学生也采取了特殊政策，给他们创造了良好的学习条件。

西藏佛学院（1）

由于采取了以上这些主要措施，西藏教育事业有了很大的发展。至1988年底，全区有大学3所，在校学生2543人，其中少数民族学生占53.5%；中等专业学校15所，在校学生3465人，其中少数民族学生占77.2%；普通中学67所（完全中学19所、初级中学48所），在校学生23439人，其中少数民族学生占71.5%；小学2453所（其中公办小学598所、民办小学1855所），在校学生144809人，其中少数民族学生占92.1%；佛学院一所，在校学生200多人。

西藏佛学院（2）

西藏佛学院（3）

此外，内地16省市共开办西藏班108个，学生5250人，这些学生全部是以藏族为主的少数民族。全区有幼儿园36所，在园幼儿2648人。电教和成人教育有了初步发展，自治区有电化教育馆一所，20多所大中专院校和中学都设立了电化教室，全区已建成六座教育卫星地面接收站。自1984年建立高等教育自学考试制度并成立西藏高考教育自学考试指导委员会以来，已进行多次自学考试，有6356人次获得单科合格证书，有192人获得大专毕业文凭。职业技术教育以及扫盲教育也有一定的发展。据统计，现在全区已有450000人具有小学以上的文化程度，其中具有大专以上学历的有11500人，具有高中和中专学历的有29500

人，具有初中学历的有76000人，具有小学文化程度的有335000人。全区职工中已有75%的人受过小学以上的文化教育，农牧区青壮年中已有30%的人初步识字或达到初小以上文化程度，全区文盲、半文盲已由解放前占人口总数的95%以上下降到70%。以上这些数字表明，西藏初步形成了具有西藏特色的社会主义教育体系。

西藏和平解放以来，教育事业尽管经历了渐进的发展过程，但与西藏和平解放前比较，却发生了翻天覆地的变化，取得了辉煌的成就。西藏教育事业的发展历程说明，指导思想和方针政策对头了，党的民族政策贯彻落实了，教育事业就会得到发展；反之，就会受到挫折。同时还告诉我们，发展西藏的教育事业，必须了解西藏的实际，研究西藏教育的特点与现状。在有了正确认识的基础上，制定发展规划，采取相应的办法和措施。否则，会使西藏教育事业在发展过程中走弯路，以致事倍功半。

二、西藏教育事业当前存在的问题及其原因

西藏和平解放38年来，西藏教育事业有了很大的发展。但是，也必须看到西藏教育的发展水平同全国其他一些地区相比，差距还是不小的，很不适应改革开放及四化建设的形势和任务的要求。目前，存在着最突出的问题是：

（一）办学条件差，缺乏必要的教学设施。目前，西藏绝大部分学校存在着教学设备简陋，图书、仪器、体育器材和试验用品严重短缺，甚至有些民办学校连课桌、凳子都解决不了。最突出的问题还是校舍紧张，有的学校招来的新生，因校舍不够，住宿解决不了，学生只好回家。有的学校因没有教室，学生只好在仓库或其他简陋的房中上课，一遇上刮风下雨，即不能上课，严重影响着教学。如措勤县80余名学生，一部分在仓库里上课，一部分在发电机房上课，一间不到12平方米的房子住着3名教师，既要食宿又要办公。由于校舍紧张，大部分学校既没有图书室也没有实验室。农牧区学校的危房很多，无力修缮，至今危房面积还占全区学校总面积的10%以上。此外，部分学校缺乏交通工具，牧区的学生上学骑马往往要走几天甚至十几天左右的时间。而且大部分学校因长期无电，师生只能用煤油灯备课、做作业。这些无疑给教学管理和工作带来了困难，并影响着教学质量的提高。

（二）教师队伍量少质差而且还不十分稳定。从目前西藏师资情况看，数量和质量均不适应各级各类学校发展的需求。目前，全区有教师15000人，满足需要尚缺3000人。特别是中学缺乏外语、生物、地理、音乐、美术等学科的教师。有些学校虽然有一两名懂这方面学科的教师，但一遇到休假，一走就是几个月甚至半年，这些学科或者停课，或者随便找人代几节，致使教学计划、教学质量皆无法保证。现有教师素质差，因缺乏合格的教师，以致使一些专业课程无法开课。此外，教师队伍流失严重，根据对16所学校的不完全统计，从1980年至1987年就有136名教师改行和外流（不包括内调教师），占这16所学校教师的26%以上。至今教师队伍仍然很不稳定，还有不少骨干教师被调出学校，从事行政或其他工作。

（三）教学质量低，花钱多。目前，西藏还有不少中小学培养出来的学生达不到要求，合格率不高。1986年，自治区统考选拔少数民族小学毕业生上内地西藏初中班，成绩合格率只有16.1%。因为合格率低，所以形成大中专学校年年完不成招生计划。“六五”期间，自治区内高校26个专业应该招生196次，结果由于生源不足，只招了97次。招生的录取分数线只有160至170分左右，很少到200分。由于录取分数线低，实际上无法保证新生质量，因此，造成各级各类学校的教育在低质量的圈子里恶性循环。在西藏不仅学生的质量很低，而且培养一个学生需要很多的经费。据统计，西藏培养一个大学生，超过清华、北大培养一个大学生经费的一倍以上；一个中专生相当于内地培养一个大学生的标准。结果造成“高学历，低水平;投资高，效益低”的状况。

（四）小学入学率、巩固率比较低。目前，全区7至11周岁的适龄儿童的入学率为55.7%，其中农牧区边远地区的入学率更低，如那曲地区入学率为22%，阿里地区的入学率只有18.7%。特别是1983年以后，在一些交通不太方便的农牧区，适龄儿童入学率、巩固率均有所下降。例如：措勤县适龄儿童有2000余名，在校学生只有87名；改则县适龄儿童2100余名，在校学生只有85名；日土县适龄儿童1200余名，在校学生只有100余名。有些地方已出现了旧的文盲没有扫除、新的文盲又在不断产生的情况，这不能不引起重视。

（五）教育管理机构不健全，人员配备不尽合理，管理人员多数素质差，水平低。目前，全区有许多县文教科（局）的人员配备尚不完备，有的县只有两三名干部。有的县文教科（局）长兼职太多，不能把全部精力用于抓全县的教育工作上。有的县经常到文教局抽人派做其他工作。此外，多数文教科（局）干部文化水平较低，有的领导只具备初中文化程度，由于一些领导素质差、水平低，所以不同程度地存在着职责不明、管理不善等问题。特别是有些“三包”学校因缺乏比较明白的当家理财人,浪费现象也时有发生。如：1985年自治区为一个县拨了15万元的教育经费，县委负责人一次就定了11万元的校服以及近1000元的作业本。而全县仅有“三包”学生40余人，这样一年定的校服，六七年也用不完。同时，这些校服质量差，价格太高，造成极大的浪费。其次，由于教育管理人员的水平较低，因而使国家每年拨的教育经费未能发挥应有的效益，造成教育经费年年有余，而办学条件却长期得不到改善的奇怪现象。仅以1981年和1984年两年为例，全区教育经费年终分别结余745.4万元和438.5万元。

西藏教育事业中存在的上述问题，有多方面的原因，但主要有四点：

第一,受历史原因和社会原因的影响。千百年来,在封建农奴社会制度下,广大藏族人民学习文化的权力被剥夺了。和平解放前，全西藏基本上只有寺庙教育。现代学校教育是从和平解放以后才起步的，加之起初的办学条件很简陋，历史欠账太多，所以现在学校的数量、设备、规模、水平、质量等各方面和内地省市及其他地区的少数民族相比有很大差距。虽然经过30多年的努力，但这种差距绝不可能在短期内全部消除。

第二，受经济条件和自然环境的影响。西藏经济发展缓慢，人均收入不仅落后于全国各省市，而且也落后于其他少数民族地区。1984年每人拥有工农业总产值，全国为1005元，其他多数民族地区为528元，西藏只有412元。由于经济收入不高，西藏各级地方财政无力拿出资金发展教育，西藏教育所需经费仍然主要靠国家拨款。此外，由于西藏地域辽阔，人口稀少，交通不便，自然、地理环境艰苦等原因，给发展西藏教育造成了大于内地若干倍的困难。目前，西藏在经济、文化上信息比较闭塞，封闭或半封闭状态还没有从根本上得到改变。

第三，受教学用语的影响。西藏是以藏族为主体的少数民族聚居区，全区人口中藏族人口占95.2%，就是区内的回族、门巴族、珞巴族、夏尔巴和登人一般也习惯使用藏语文。在这样一个通用藏语的民族地区，现在还没有形成一套完整用藏语文教学的体系。目前，在小学教育阶段已基本上做到了用藏语授课，中专和高校阶段有了不少用藏语授课的学校或专业，但在初中和高中这个中间衔接阶段却是空白，还未能成为一个完整的藏语授课体制，这些学校只好依附于汉语授课体制而生存。这样在中间衔接阶段就出现了一个教学用语的转换环节，正是这一环节影响了教育质量的提高。

第四，受小生产观念及传统势力的影响。长期以来，由于人们思想受小生产观念的束缚，对教育、科学的地位和作用认识不足，因而对教育不够重视。主要表现形式：（1）部分领导同志认为“经济是硬任务，教育是软任务，经济不发展，人们就会没饭吃；教育上不去，不会有多大的影响”。因此，部分领导抓教育的劲头不足，在可能的情况下，也不重视对教育的投资。对师资问题也是如此，不仅不注意把优秀人才送往学校，反而不断地从学校抽调教学骨干教师。（2）十一届三中全会以后，农牧区普遍实行了以户为主的生产责任制。原来生产队时，几千只羊只需一两人放牧，而现在一户只有几百只甚至几十只也要一人去牧羊。因此，有的家长说：“我自己也很想让小孩上学去，但是小孩一走家里就没人放羊。”（3）一些群众对学习文化的重要性缺乏正确的认识。如有些家长自己没文化，认为孩子有无文化一样吃饭。有的家长说：“我们祖祖辈辈就这样没有文化知识地生活过来了，我们的子孙不上学也同样会生活下去的。”（4）群众没有办学的习惯，对子女上学读书积极性不太高。农牧区不少群众宁愿把孩子送到寺庙当喇嘛，而不送到学校读书；宁愿捐钱修寺庙，而不愿集资办学。这固然有历史和传统观念方面的原因，同时也受宗教势力的影响。

三、对今后发展西藏教育事业的几点建议

西藏教育事业的发展状况，既关系到全区的近期社会经济、政治和文化的发展问题，亦制约着长远的发展。因此，西藏教育事业中当前存在的主要问题，迫切要求予以重视和得到解决。邓小平同志指出：“教育要面向现代化，面向世界，面向未来。”这是我国新的历史时期教育发展的战略方针。笔者认为，发展西藏教育事业也要在这一方针指导下，根据藏族发展历史的不同、语言

的不同、经济发展水平的不同、生产形式和自然条件的不同，尤其是文化教育起点和教育基础的不同，应采取相应的、适合民族特点的办学形式和方法，使其得到大力发展，以适应新时期的需要。当前主要应抓好以下几个方面的工作：

（一）进一步坚持正确的指导思想。西藏教育事业的发展是关系到民族团结、祖国统一、边疆巩固、藏族进步和发展、人民幸福等的大事。能否坚持正确的指导思想，对西藏各项事业的发展影响极大。因此，各级党政领导必须做到：

第一，要把发展西藏教育事业进一步摆到重要位置上，不仅要在发展经济的同时，大力发展教育事业，而且有必要在现有的经济基础上，优先发展教育事业，以促进经济更快发展。在人、财、物方面予以大力支持，从现在起各级领导就要把那些可花可不花的钱省下来，用到教育上。在这方面，列宁为我们做出了表率。早在 20 世纪 20 年代初，正当苏联医治战争创伤，国民经济十分困难的时候，列宁即明确指出：“当然首先应当缩减的，不是教育人民委员部的开支，而是其他部门的开支，以便把缩减出来的款项，转作教育人民委员部的经费。”①我们现在的情况与苏联当时的经济状况相比，显然要好些。因此，一定要舍得在教育事业上多投资。与此同时，各级党委、政府要把教育工作列入重要议事日程，像抓经济工作那样，切实把教育工作抓紧抓好。要建立领导干部抓教育的责任制，有专人分工负责。要经常深入学校倾听广大师生的意见和呼声，研究解决教育工作中出现的新情况和新问题，为学校多办实事，排忧解难。

第二，要广泛深入地向群众做好宣传教育工作。由于受旧的传统观念的影响，要提高人们对知识、科技、人才以至办现代教育的重要性的认识。还需要做长期艰苦的工作。因此，可采取广播、电视、电影、图片展览等多种形式，大力宣传发展教育、提高文化水平的重要性和迫切性，帮助群众改变轻视知识、轻视教育的旧观念，排除宗教势力和不利于发展西藏教育的旧习惯势力和影响，形成领导重视、群众支持、全社会共同关心教育的局面。

---

①《列宁全集》第 4 卷，北京：人民出版社，1984 年，第 677 页。

第三，在党的教育方针政策的指导下，坚持从实际出发、实事求是的思想路线。不断加深对西藏及西藏教育的认识，客观地认清教育所处的社会环境、自身条件及特殊性。在发展西藏教育事业中，要正确处理好普及与提高、需要与可能、当前与长远、重点与一般、质量与数量、速度与效益等之间的关系。要从本地实际出发，根据本地条件来制订本地的计划，不要急于求成。要走出一条符合西藏实际的办学路子，切忌照抄照搬内地的经验和做法。既要遵循共同的教育规律，又要充分考虑西藏自身的特点，力求办出具有民族特点、符合西藏实际的各类学校。

（二）重点抓好基础教育。基础教育是整个教育体系的基本环节，它的主要任务是培养有理想、有道德、有文化、守纪律的社会主义公民，提高中华民族的思想道德素质和科学文化素质，是保证经济建设和社会发展的最基础的工程之一。基础教育的状况既关系到民族素质、劳动者的质量，也关系到高等教育、职业教育及其他教育的发展。因此，当前和今后一阶段应把基础教育作为西藏教育赖以生存、发展的立足点和主攻方向。为保证这个重点，从宏观上要有强有力的措施保证，争取要有一些突破性的进展。为此，建议自治区教科委首先要制订出发展地方教育的法规，以法治教。通过法律的约束力，使广大群众把办教育、送子女入学真正当成国民应尽的义务。提倡群众办学、社会办学以及宗教界人士捐资助学，真正形成一个人民教育人民办的局面。其次，从西藏的实际出发，重新设计西藏的教育，办学指导思想、办学方针、学制、教材、课程设置、师资培养等都要有西藏民族的特色和西藏地方的特点。再次，根据西藏地广人稀、居住分散、各地之间经济文化发展不平衡、教育基础差异大等情况，基础教育的发展和提高，必须有重点、有步骤、分层次地进行。对全区的要求也不能齐头并进，不能盲目追求教育发展的规模和速度。要因地制宜，允许在一定的时期内各地区发展的速度有快有慢，时间有先有后。比如边远地区及教育基础差的地方，要求每家有一个孩子读完初小或者高小，做到无文盲户。经济条件和教育基础较好的地方，则要求普及初小；城镇及教育基础好的地方，可实行初等义务教育。

为了早出人才，快出人才，在相当长的时期内要集中力量办好一批“三包”寄宿制学校。特别在农牧区交通不方便，适龄儿童入学率低、普及率更低的情况下，必须从实际出发，因地制宜，采取多层次、多规格、多种形式办学更为必要。要力求使学校布局和办学形式与群众生活、生产相适应，与师资水平相适应。因此，在办好一批重点学校的同时，还可进一步扩建一些全日制的走读学校，保证在距离相近的两三个自然村有一所小学，改变一些山区少数民族学龄儿童入学难的状况。此外，在一些边远的农牧区还可举办全日制的寄宿学校或班，根据具体情况，办一些全日制的教学点及其他形式，如半日制、隔日制、巡回制或季节性的、流动性的教学班和扫盲班。在教学时间上，可采取农（牧）闲多学、农（牧）忙少学的原则，灵活安排教学。总之，要设法使更多的适龄儿童得到就学的机会。

内地办的西藏班是为西藏加快发展基础教育的有效途径，效果是好的。内地的自然环境好，教学设备齐，有利于学习现代科学文化知识。从长远来看，这不仅是帮助了西藏的物质文明建设和精神文明建设，是一项战略性的措施，而且还加强了藏汉民族之间的友谊和团结。希望藏族同胞与汉族兄弟共同把这一有意义的工作坚持办下去，并且一定要越办越好。

（三）大力加强师资队伍的建设。教师是发展教育、办好学校的关键。如果没有一支数量足够的政治、业务素质较高的教师队伍，要办好教育事业是根本不可能的。教师队伍素质的强弱又将直接关系到教学质量的高低。鉴于西藏教师队伍数量少、质量低，加快教师队伍的建设，尤其应加快培训在职教师，已成为刻不容缓的紧迫任务。为此：

1. 大力提高教师的社会地位。西藏师资队伍之所以不稳定，是因为教育得不到应有的重视。各级领导需采取相应的政策措施，加强智力投资，稳定现有的各类师资队伍。同时，要认真关心、尊重和爱护教师。对教师要采取适当的特殊政策，使他们在政治、生活待遇等方面有别于本地区的其他工作人员。如在工资待遇、劳保福利、医疗保健、住房问题、职称评定以及子女安置等方面实施一些优惠政策，提高其社会地位。使教师在政治上感到光荣，经济上有较大的改善，工作和生活条件确有一定的保证。使教师这一行成为最受人尊敬、最令人羡慕的职业之一。

2. 整顿、充实教师队伍。整顿、充实现有师资队伍是西藏教育事业发展的要求，也是加强基础教育的重要措施。根据现有教师队伍的状况，应首先从整顿入手，要结合教师职称聘任工作，有计划地对现有教师进行全面考核、调整，根据不同情况，分别做出留用、培训和调离工作的安排。凡经过培训考核仍达不到要求的，应下决心调离教学岗位，改做其他工作。同时，对近几年已改行做党政机关工作，而又适合当教师的师范毕业生，要想办法动员他们回到教育第一线，以充实加强中小学的师资队伍。此外，对今后新增教师必须严格考核，不具备规定学历或没有合格证书的，一律不准任教。坚决杜绝新的不合格的教师进入教师队伍。

3. 建立长期的师资培训基地。对教师的业务培训和不断更新知识，是一项长期性的工作，应纳入教育部门和上级主管部门的主要工作中。各级教育部门要努力创造条件，使他们在较短的时间内提高业务水平，更新知识结构，从而形成一支宏大的、高水平的年龄、专业、结构层次都比较合理的师资队伍。为此除内地的大专院校继续承担培训在职大中专和中学教师的任务外，在西藏的三所大专院校和各地（市）师范学校都应建立长期的师资培训基地，加强对中小学教师的培训工作。在培训工作中，要注重民族师资特别是藏语授课师资的培训。此外，还要建立教师培训网，制订培训规划，建立培训考核制度，注意培训后的效果，防止“人走又来，面貌依旧”的现象。在培训工作中，还要根据不同对象分类进行，采取“教什么，学什么;缺什么，补什么”的方法，有针对性地培训。师资培训工作不仅是应急措施，也是一项长期的任务。因此，各级教育主管部门都需要有长远的规划和管理，使广大教师都有学习深造的机会。

注：拙作是笔者在西藏进行实地调查后写成的，文中部分资料为西藏教科委提供，特在此表示感谢。

（此文刊登于 1990 年第 1 期《民族研究》）

西藏教育发展统计表

（1）西藏各级各类学校统计表

年份	合计	高等学校	中等专业学校	普通中学	小学
1959	465		1	2	462
1960	1273		1	4	1268
1961	1542		1	5	1536
1962	1422		1	6	1415
1963	1547		1	6	1540
1964	1691		1	7	1683
1965	1828	1	1	4	1822
1966	2042	1	1	5	2035
1967	1912	1		5	1906
1968	1609	1		5	1602
1969	1485	1		5	1479
1970	1713	1		5	1701
1971	1966	1	1	6	1958
1972	2660	1	4	9	2646
1973	3053	1	5	16	3031
1974	3610	1	9	30	3570
1975	5056	2	23	37	4994
1976	6341	4	22	43	6272
1977	6482	2	22	46	6410

1978	6911	4	28	60	6819
1979	6363	4	28	55	6266
1980	6368	4	24	74	6266
1981	4162	4	24	79	4055
1982	3001	4	24	66	2907
1983	2613	3	13	55	2542
1984	2547	3	13	56	2475
1985	2388	3	14	56	2315
1986	2469	3	14	64	2388
1987	2521	3	14	67	2437
1988	2538	3	15	67	2453
1989	2484	3	15	68	2398
1990	2555	3	15	63	2474
1991	2731	3	15	61	2652
1992	2910	3	14	62	2831
1993	3178	4	15	69	3090
1994	3574	4	16	77	3477
1995	4052	4	16	86	3943
1996	898	4	16	88	790
1997	916	4	16	90	806
1998	924	4	16	90	814
1999	936	4	15	97	820
2000	956	4	12	98	842
2001	1010	4	11	100	895
2002	1016	3	11	103	899
2003	1013	4	10	105	892
2004	1010	4	10	110	886
2005	1022	4	10	118	890
2006	1004	6	10	118	880
2007	1014	6	7	117	884
2008	1017	6	7	119	885
2009	1014	6	6	118	884
2010	1006	6	6	122	872
2011	995	6	6	123	860
注：1996年以前小学校数包括教学点					

（2）西藏普通中学基本情况统计表

年份	招生人数	毕业生人数	在校学生数	教职工人数	专任教师	每一专任教师分担学生数
1978	6826	3950	17679	1600	1061	16.66
1980	8196	4573	18797	1796	1200	15.66
1985	6940	4547	20422	2315	1493	13.68
1986	7138	5264	21949	2533	1724	12.73
1987	8245	6200	23881	2808	1996	11.96
1988	7241	6081	23439	3043	2268	10.33
1989	7610	6672	23226	3065	2317	10.02
1990	6516	5873	21303	3180	2323	9.17
1991	7864	5775	21802	3179	2344	9.3
1992	9352	6943	23251	3210	2377	9.78
1993	9909	5564	25693	3162	2342	10.97
1994	1073	6309	28725	3600	2691	10.67
1995	12239	7155	32711	3666	2834	11.54
1996	13301	8751	34957	3982	3142	11013
1997	14765	9782	38413	4226	3348	11.47
1998	15484	11322	39838	4469	3616	11.02
1999	18167	12092	44207	4861	4045	10.93
2000	25662	12124	55232	5176	4306	12.83
2001	33823	13184	71710	5875	4979	14.4
2002	37973	15712	90469	6500	5577	16.22
2003	46935	21290	114136	7334	6461	17.67
2004	52715	31026	135888	8247	7371	18.44
2005	56828	37080	154048	9006	8161	18.88
2006	58237	45695	165559	9477	8677	19.08
2007	67014	51975	180210	10861	10033	17.96
2008	64954	55922	184513	11525	10752	17.16
2009	63926	55713	181570	12249	11498	15.97
2010	62418	58270	179720	12733	12044	14.92
2011	61287	57535	181047	13374	12684	14.28

（3）普通小学

年份	招生人数	毕业生人数	在校学生数	教职工人数	专任教师	每一专任教师分担学生数
1978			262611	12169		
1980	61312	17051	240811	13964	12301	19.58
1985	25282	11381	119939	9060	7931	15.12
1986	30333	11724	121156	9115	7742	15.65
1987	32057	13167	137069	8685	7368	18.6
1988	37657	7467	144809	9186	8045	18
1989	34608	7483	138875	9072	7939	17.49
1990	38338	9314	157402	9573	8506	16.44
1991	41748	8607	168062	9399	8408	19.99
1992	52739	12403	191768	9659	8647	22.18
1993	52740	11443	211872	10528	9587	22.1
1994	63438	12594	232976	12390	11514	20.23
1995	59953	14412	258651	14090	13349	19.38
1996	73218	15974	284350	14712	13916	20.43
1997	59611	19378	300453	14750	13938	21.56
1998	60385	24611	310220	14659	13908	22.31
1999	58900	30700	314000	14400	13700	22.92
2000	57969	37039	313807	13936	13181	23.81
2001	58973	42044	311993	12926	11995	26.01
2002	60824	43929	319569	13631	12792	24.98
2003	58913	45695	322060	13767	13026	24.72
2004	59126	45182	326952	14378	13610	24.02
2005	54665	47960	327497	14967	14267	22.95
2006	52864	48655	329532	16446	15961	20.65
2007	51890	52238	320589	18450	17813	18
2008	50937	52721	311832	18715	18087	17.24
2009	53682	50850	305235	19293	18686	16.34
2010	50747	50642	299408	19289	18901	15.84
2011	49536	48319	294725	19200	18912	15.59

（4）西藏高等学校基本情况统计表

年份	招生人数	毕业生人数	在校学生数	教职工人数	专任教师	每一专任教师分担学生数
1978	711	783	2081	1399	438	4.75
1980	233	193	1494	1689	625	2.39
1985	530	305	1577	1750	571	2.76
1986	579	315	1850	1675	659	2.81
1987	404	424	1801	2883	1071	1.68
1988	568	683	1736	1757	723	2.4
1989	670	394	1973	1791	756	2.61
1990	645	587	2025	1737	719	2.82
1991	552	543	1961	1763	741	2.65
1992	683	593	2239	1773	727	3.08
1993	1193	564	2813	1744	761	3.7
1994	1095	621	3280	1771	777	4.22
1995	1175	525	3878	1818	782	4.96
1996	909	1242	3412	1720	833	4.1
1997	717	857	3200	1737	849	3.76
1998	1385	1151	3447	1762	834	4.13
1999	1657	1066	4021	1736	765	5.26
2000	2320	764	5475	1673	813	6.73
2001	2420	1050	6793	1836	867	7.84
2002	3414	1686	8438	1829	885	9.53
2003	4279	1745	10409	1794	972	10.71
2004	6009	2108	14731	1913	1081	13.63
2005	7589	3172	18979	2033	1187	15.99
2006	8359	3846	23327	2669	1673	13.94
2007	8046	4346	26767	2888	1755	15.25
2008	8526	5840	29409	2990	1877	15.67
2009	7589	3172	30264	3082	1969	15.37
2010	8046	4346	31109	3312	2195	14.17
2011	8526	5840	32374	3460	2288	14.15

（5）西藏中等专业学校基本情况统计表

年份	招生人数	毕业生人数	在校学生数	教职工人数	专任教师	每一专任教师分担学生数
1978	1896	1388	4640	978	391	11.87
1980	334	1288	3489	1174	418	8.35
1985	615	133	2249	945	382	5.89
1986	1031	452	3062	1078	458	6.69
1987	913	667	3231	1215	574	5.63
1988	1060	833	3465	1269	626	5.54
1989	1150	582	3960	1258	619	6.4
1990						
1991	1117	895	4385	1237	631	6.95
1992	1303	1006	4713	1315	654	7.21
1993	1306	1080	4948	1340	685	7.22
1994	1531	1291	5190	1441	744	6.98
1995	1707	1196	5575	1463	746	7.47
1996	1517	1353	5383	1462	794	6.78
1997	1552	1366	5730	1398	784	7.31
1998	1300	1693	5579	1320	765	7.29
1999	1664	1427	5672	1264	740	7.66
2000	2957	1895	6585	1255	742	8.87
2001	2089	1517	6819	1254	802	8.5
2002	2107	2311	6437	1222	782	8.23
2003	2203	1973	6718	1108	701	9.58
2004	4223	2544	8549	1155	774	11.05
2005	2856	2930	7027	1214	835	8.42
2006	2336	2280	14775	753	484	30.53
2007	6654	2197	18958	725	507	37.39
2008	5219	2436	21003	745	541	38.82
2009	11038	3603	21357	797	601	35.54
2010	7319	7312	22613	731	591	38.26
2011	5368	8625	19767	740	595	33.23

（6）西藏幼儿教育事业基本情况统计表

年份	幼儿园数（所）	在园幼儿数（人）	教职工人数（人）
1981	256	3491	254
1982	35	1020	129
1983	20	731	105
1984	20	850	101
1985	21	1092	99
1986			
1987	26	1678	212
1988	36	2648	317
1989	40	2635	291
1990	37	2257	224
1991	31	2668	288
1992	36	2974	300
1993	32	2365	289
1994	26	2517	300
1995	29	4087	347
1996	46	5141	416
1997	36	5083	360
1998	31	4583	343
1999	36	5274	397
2000	21	4491	196
2001	20	3819	171
2002	32	7098	298
2003	41	7876	341
2004	41	8204	345
2005	42	9596	378
2006	46	9149	373
2007	61	11110	514
2008	83	14667	757
2009	88	16068	850
2010	119	23414	1042
2011	198	28006	1121

（7）中小学毕业生升学率、学龄儿童入学率统计表

年份	初中毕业生升学率（%）	小学毕业生升学率（%）	小学学龄儿童入学率（%）
1981		29.6	76
1982	38.1	41.1	78
1983	39.2	49.7	42.1
1984	36	44	46.4
1985	49.4	44.9	46
1986	44.4	47.9	50
1987	48.8	53.2	48.4
1988	41.3	39.6	55.7
1989	40.7	73.6	53.1
1990	36.2	62.1	67.4
1991	32.9	67.7	45.6
1992	32.4	62.7	52.4
1993	30.2	74	58.9
1994	29.9	87.3	66.6
1995	43.2	67.7	70.4
1996	35.6	66.7	73.5
1997	52.8	61.7	78.2
1998	47.1	62.9	81.3
1999	66.6	45.2	81.7
2000	82.5	55	85.8
2001	73.3	67	87.2
2002	77.3	71.1	88.3
2003	72.1	82.9	91.8
2004	61.7	92.3	94.7
2005	50.5	91.7	95.9
2006	42.5	92	96.5
2007	58	97.1	98.2
2008	48.8	93.8	98.5
2009	55.2	98.4	98.8
2010	46.3	93.5	99.2
2011	48.6	92.2	99.4

（8）西藏高等学校分科专任教师数（1998）统计表

指标	合计	教授	副教授	讲师	助教	教员
合计	834	9	99	353	268	105
其中：女	289		18	125	96	50
哲学	65		9	33	17	6
经济学	52		7	17	19	9
法学	11			4	5	2
教育学	75	2	10	34	23	6
文学	221	1	26	102	70	22
历史学	39		7	18	11	3
理学	154	1	10	70	48	25
工学	23		3	7	10	3
农学	111	2	12	38	36	23
医学	83	3	15	30	29	6

西藏高等学校分科专任教师数（2011）统计表

指标	合计	教授	副教授	讲师	助教	教员
合计	2288	114	575	996	369	264
哲学	129	8	41	50	16	14
经济学	117	6	35	47	17	12
法学	173	3	34	73	38	25
教育学	227	6	54	84	40	43
文学	581	23	141	229	118	70
历史学	72	10	24	18	6	14
理学	245	17	88	97	25	18
工学	264	12	42	138	45	27
农学	175	12	56	90	17	0
医学	152	14	33	64	17	24
管理学	153	3	27	76	30	17

（9）高等学校专任教师分学历的人数（1998）统计表

指标	合计	教授	副教授	讲师	助教	教员
总计	834	9	99	353	268	105
研究生毕业	28	4	9	7	4	4
博士	3	1	2			
硕士	23	1	7	7	4	4
未授博士、硕士学位的	2	2				
高等学校本科毕业	636	2	63	269	209	93

学士	559		39	240	192	88
研究生肄业						
未授学士学位的	77	2	24	29	17	5
高等学校专科毕业及本专科肄业二年以上	124	2	12	50	54	6
高等学校本专科肄业未满二年	46	1	15	27	1	2

高等学校专任教师分学历的人数（2011）统计表

	合计	博士	硕士	大学本科	本科及以下
专任教师	2288	124	927	1177	60
正高级	114	26	18	68	2
副高级	575	40	186	346	3
中级	966	36	521	361	48
初级	369	1	69	295	4
未定职级	264	21	133	107	3
聘请校外教师	232	50	74	75	33
正高级	59	14	20	23	2
副高级	69	29	23	16	1
中级	58	7	27	16	8
初级	17	0	4	12	1
未定职级	29	0	0	8	21

（10）西藏平均每万人口中在校学生数统计表

年份	大学生	中专生	中学生	小学生
1971	2.7	2.0	9.3	540.0
1972	5.6	4.4	15.5	775.7
1973	6	6.4	22	897.5
1974	8.2	8	41.1	1110.3
1975	11.6	14.8	56.3	1244
1976	14.5	21.1	78.3	1315.5
1977	12.7	25	82.3	1343.1
1978	11.6	26	98.9	1469.1
1979	8.1	30.8	108.3	1357.5
1980	8.1	18.8	101.5	1299.7
1981	8.2	12.5	91.0	1005.0
1982	6.4	8.3	88.6	748.2

1983	6.9	7.3	94.0	645.2
1984	7.0	9.3	96.0	637.9
1985	7.9	11.3	102.4	601.3
1986	9.1	15.1	108.4	598.3
1987	8.7	15.5	114.8	659.1
1988	8.2	16.3	110.4	682.1
1989	9.3	18.7	109.4	654.1
1990	9.3	19.2	98.2	725.4
1991	8.8	19.8	98.3	757.8
1992	10.0	21.1	104.0	857.9
1993	12.3	21.6	112.3	925.7
1994	14.2	22.5	124.6	1010.7
1995	16.5	23.7	138.9	1098.1
1996	14.3	22.5	146.1	1188.3
1997	13.2	23.6	161.6	1237.8
1998	14.1	22.6	163.2	1271.1
1999	16	23	179	1253
2000	21	25	213	1199
2001	26	26	273	1187
2002	32	24	339	1197
2003	39	25	422	1192
2004	54	31	497	1195
2005	69	25	556	1182
2006	83	53	589	1173
2007	94	67	634	1128
2008	102	73	643	1086
2009	104	74	626	1052
2010	104	75	599	997
2011	107	65	597	972

（11）西藏自治区 1995—2001 年教育事业发展规划表

	1995 年			1996 年			1997 年			1998 年			1999 年			2000 年			2001 年		
	招生	毕业	在校	招生	毕业	在校	招生	毕业	在校	招生	毕业	在校	招生	毕业	在校	招生	毕业	在校	招生	毕业	在校
高等教育合计	1100	525	3770	1060	1260	3570	1100	918	3752	1200	1077	3875	1200	1205	3870	1200	1070	4000	2100	2000	7000
研究生																					
本科生	360	310	1400	290	280	1410	400	236	1574	450	353	1671	450	401	1720	450	340	1830	800	700	3000
专科生	740	215	2370	770	980	2160	700	682	2178	750	724	2204	750	804	2150	750	730	2170	1300	1300	4000
普通高等教育小计	1100	525	3770	1060	1260	3570	1100	918	3752	1200	1077	3875	1200	1205	3870	1200	1070	4000	2100	2000	7000
本科生	360	310	1400	290	280	1410	400	236	1574	450	353	1671	450	401	1720	450	340	1830	800	700	3000
专科生	740	215	2370	770	980	2160	700	682	2178	750	724	2204	750	804	2150	750	730	2170	1300	1300	4000
成人高等教育小计																					
本科生																					
专科生																					
高级中等教育阶段合计	5719	3534	15248	5665	3823	16799	6430	4305	18914	7310	5590	20634	7610	5400	22744	8220	5965	25000	12440	12170	40000
中等专业学校小计																					
普通中专学校小计	2689	2154	8357	2585	2143	8799	2950	2335	9414	2950	2560	9804	3050	2320	10534	3050	2585	11000	4100	3850	15000
中等技术学校	1554	1381	5161	1505	1463	5203	1900	1457	5646	1900	1482	6064	1950	1460	6554	1950	1505	7000	3000	2800	11000
中等师范学校	1135	773	3196	1080	680	3596	1050	878	3768	1050	1078	3740	1100	860	3980	1100	1080	4000	1100	1050	4000
成人中等专业学校																					
技工学校	80	80	250	80	80	250	80	80	250	160	80	330	160	80	410	170	80	500	340	320	1000
职业高中	150		241	200		450	400	90	750	1000	150	1600	1000	200	2400	1500	400	3500	3000	3000	9000
普通高中	2800	1300	6400	2800	1600	7300	3000	1800	8500	3200	2800	8900	3400	2800	9400	3500	2900	10000	5000	5000	15000
初中	11500	6000	30000	12500	9300	34000	14000	9600	38000	17000	11000	44000	22000	12000	53000	27000	13000	67000	50000	50000	150000
小学	65000	13000	25865	60000	16000	27800	60000	20000	29800	56000	25000	31300	57000	35000	32500	58000	50000	33000	61000	59000	360000

说明：中等教育含内地办学，高等教育不含内地办学。

西藏教育有关政策法规

西藏自治区教育厅关于加强普及九年义务教育和扫除青壮年文盲复查工作的意见

（2004 年 4 月 28 日）

根据教育部《关于认真做好“两基”验收后巩固提高工作的若干意见》的精神，已经实现“两基”目标的地区，各级政府和学校最根本、最艰巨的工作任务是巩固“两基”成果，并逐步提高“两基”水平。开展对已实现“两基”目标县的复查工作，督导检查“两基”成果巩固、提高和整改情况，对于不断巩固“两基”成果，提高“两基”整体水平和质量，具有极其重要的意义，尤其是目前我区已进入“两基”攻坚阶段。“两基”攻坚后的巩固提高任务更重、更艰巨。为此，我区将进一步加强对“两基”成果巩固、提高的复查评估工作。现提出意见如下：

一、“两基”复查评估工作的指导思想

坚持以邓小平理论、“三个代表”重要思想和党的十六大精神为指导，认真贯彻中央第三、四次西藏工作座谈会，全国农村教育工作会议和自治区农牧区教育工作会议精神，以“两基”为“重中之重”的方针，坚持督政与督学相结合，以促进县级人民政府及其职能部门履行“两基”职责为主线，以推动“两基”工作的巩固、提高和发展，保障实施素质教育为重点，以加强督导队伍建设、制度建设和复查机制为保障，不断推动县级人民政府和学校巩固提高“两基”攻坚成果的各项工作,促进基础教育事业健康协调持续发展。

二、“两基”复查评估对象和主要内容

“两基”复查评估的对象为已通过“两基”评估验收的县级人民政府及其职能部门和县域所辖各学校。

复查评估的主要依据和内容是《西藏自治区普及义务教育评估验收暂行办法》《西藏自治区扫除青壮年文盲标准和评估验收办法》和《西藏自治区“两基”攻坚评估验收实施细则》。

复查评估合格的基本要求是确保普及程度、师资水平、办学条件、教育经费和教学质量不能低于通过“两基”评估验收时的水平,尤其是要确保“两基”评估验收指标体系中的硬性指标不能降低,并且在巩固原有水平的基础上不断有所提高。

三、复查评估的程序

复查工作坚持县级政府自查、地（市）复查和自治区抽查相结合。根据国家教育督导团的要求,按照《西藏自治区“两基”攻坚评估验收实施细则》规定的程序、步骤和办法,对所有2003年以后已通过“两基”评估验收的县(市、区)至少要连续三年进行年度复查评估。

（一）县级自查。县级自查必须按照自治区统一要求的复查内容连续三年进行年度自查,并将每次自查结果分别报自治区人民政府及其教育督导部门和地区行署（市人民政府）及其教育督导部门。

（二）地（市）级复查。地区行署和（市人民政府）从今年开始按自治区统一要求的复查内容至少隔年进行一次复查,并将复查结果报自治区人民政府及其教育督导部门。

（三）自治区抽查。自治区人民政府根据县级自查和地（市）级复查结果,结合实际,有针对性地分期分批组织对县级人民政府“两基”攻坚成果巩固、提高工作的抽查,每三年内必须抽查一次,并将抽查结果反馈给县级人民政府,同时报自治区人民政府和国家教育督导团。

四、复查评估的具体要求

（一）高度重视,精心安排。“两基”成果巩固提高的复查评估工作,是“两基”评估验收工作的延续和完善,是教育工作的重要组成部分。各级政府不得因“两基”评估验收通过而放松工作要求,必须高度重视,精心部署,既不得搞突击“达标”，更不得消极应付。要将“两基”成果巩固提高的复查工作作为政府年度教育工作的重点内容和常规工作予以落实。

（二）坚持实事求是，扎实安排复查前的各项准备工作。开展复查工作的目的是推动“两基”成果的巩固、提高。在复查前，必须动员力量安排好复查前的档案建设、数据统计等各项基础工作，各种数据和档案材料必须是工作过程中形成的原始材料，要防止为应付复查评估而编造评估验收档案材料和随意更改指标数据等弄虚作假现象。县级人民政府主要领导要对“两基”评估验收各项数据和档案材料的真实性负总责，教育局长要负直接责任。

（三）遵守纪律，坚持廉政。复查工作要崇尚简朴，讲求实效，不扰民，不搞形式主义等“花架子”。复查工作要强化指导、监督、检查、服务功能，立足于推动工作，不得打乱学校正常教学秩序。

复查评估人员要遵守“五不”（不迎送、不献哈达、不宴请、不送礼品、不去娱乐场所）工作纪律。

五、表彰与处罚

（一）凡经复查评估验收合格的县（市、区），自治区人民政府、地区行署和（市人民政府）对其进行表彰，并将复查评估结果通报全区，上报教育部。

（二）凡经复查评估验收，发现“两基”攻坚成果未能巩固而出现下滑的县（市、区），自治区人民政府将责令其限期一年改正，一年后再复查，若仍不能达到“两基”评估验收的要求，或发现有弄虚作假行为的县（市、区），自治区人民政府撤销其通过“两基”评估验收的荣誉称号，并追究有关人员及主要领导的责任。

（三）自治区人民政府和地（市）级复查评估的结果应及时向被督导的县级人民政府反馈，同时抄报其上级有关部门，列入县级人民政府及其主要领导政绩考核的重要内容，并作为有关县项目立项、专项拨款、表彰奖励和责任追究等方面的重要依据。对任期内不能巩固提高“两基”攻坚成果的县级人民政府主要领导和分管教育的领导，有关部门直接追究其行政责任，且不能调动和提拔使用。建立复查评估报告定期公报制度，及时公布复查检查结果，接受群众监督。

教育部、国家发展和改革委员会、财政部关于西藏自治区“两基”攻坚实施规划的批复

（教财函［2004］75号）

西藏自治区人民政府：

你区报送的“两基”攻坚实施规划悉收。经审核，现批复如下：

一、原则同意你自治区的“两基”攻坚实施规划。按照批准的规划方案，到2007年，你自治区“两基”人口覆盖率达到90.2%以上，初中毛入学率达到90.7%以上，青壮年文盲率下降到5%以下，林周县等54个县达到“两基”验收标准。

对截至2007年仍不能实现“两基”的日土县、革吉县、改则县、安多县、萨嘎县、聂荣县、比如县、班戈县、巴青县、申扎县、仲巴县，你自治区人民政府也要将“两基”所需办学条件纳入此次规划统筹考虑，使其硬件建设在2007年达到“两基”验收标准。

二、中央支持你自治区“农村寄宿制学校建设工程”专项资金6.5亿元；你自治区人民政府投入专项资金2.45亿元。

三、你自治区人民政府对本地区实现“两基”攻坚目标实行领导责任制。依法保证教育经费的“三个增长”，到2007年，全区预算内教育经费支出占财政支出的比例达到15%，并确保新增教育经费主要用于农村。完善“以县为主”的管理体制，确保教师工资及时足额发放，确保学校正常运转所必需的公用经费，确保校舍安全。加强教师队伍建设，按核定编制调配、补充合格教师，严格教师准入制度，到2007年，使小学教师学历合格率达到98%，初中教师学历合格率达到95%。

四、你自治区应按《国家西部地区“两基”攻坚计划（2004–2007年）》和《西部地区农村寄宿制学校建设工程实施方案》要求，严格资金管理制度，管好、用好“两基”攻坚专项资金，确保不挪用、不挤占、不浪费。建立完善的监督检查机制，确保各建设工程的工程质量。

五、教育部、发展和改革委员会、财政部和国家“两基”攻坚办每年将对规划实施情况进行专项检查，对不严格实施批复规划和未按规定落实教师工资、中小学公用经费保障政策和“两免一补”政策的，将缓拨、减拨或停

拨中央专项资金。

教育部、中央统战部、国家民委关于进一步加强教育对口支援西藏工作的意见

（教民［2006］7号）

改革开放以来，在党中央、国务院的正确领导下，各有关省、直辖市认真贯彻党和国家关于大力加强教育援藏工作、促进西藏全面发展的有关精神和要求，把教育援藏作为一项政治任务认真加以落实，较好地完成了支援西藏发展教育事业、培养人才的各项任务，为加快西藏发展、增强民族团结、维护国家统一做出了重要贡献。但是，目前还存在着对教育援藏工作的认识程度不尽平衡、教育援藏的措施力度有待加强等突出问题，需要在今后的工作中认真加以完善和提高。为在新形势下进一步加强全国教育援藏工作，加快西藏全面建设小康社会步伐，共同把西藏建设成为文明、富裕、和谐的新西藏，对今后进一步做好教育援藏工作提出如下意见：

一、进一步提高认识，统一思想，高度重视教育援藏工作

西藏是我国重要的边疆民族地区，在维护国家统一、民族团结、保持边疆稳定方面具有十分重要的战略地位。由于历史、自然条件等方面的制约，西藏的经济社会发展在全国还处于较低的发展水平，属于我国范围较大的连片贫困地区。没有西藏的充分发展，就难以实现我国全面建设小康社会的宏伟目标，没有西藏的文明、富裕和团结稳定，就难以建成全国的和谐社会。加快西藏发展面临的困难表现在经济社会的诸多方面，但西藏各族人民的整体素质不适应新时期社会发展的需要，教育发展严重滞后是主要因素之一。因此，在国家大力扶持西藏经济社会和教育事业发展的同时，还迫切需要内地较发达地区伸出援手帮助西藏加快发展教育事业。承担教育援藏任务的各有关省、直辖市要自觉地把对教育援藏工作的认识统一到党中央、国务院的要求上来，从全局和政治的高度充分重视教育援藏工作，积极发扬中华民族“济贫扶弱”的光荣传统和社会主义大协作精神，进一步加强和完善教育援藏的政策措施，加大工作和投入力度，按国家要求努力完成教育援藏的各项任务，为把西藏建设成为维护民族团结和国家统一的坚强阵地做出应有的贡献。

二、教育援藏工作的指导思想和目标任务

（一）指导思想。以邓小平理论和“三个代表”重要思想为指导，全面落实科学发展观，全面贯彻党的教育方针和民族政策，大力推进西部大开发战略，认真实施“科技兴藏”和“人才强藏”基本方略；高度重视教育援藏工作在促进西藏政治稳定、经济发展、社会进步，增强民族团结、维护国家统一中的重要作用；坚持自力更生与国家扶持、内地大力支援相结合，加快西藏各级各类教育的快速、协调、健康发展，大力培养各类急需人才，不断增强西藏自力更生和可持续发展能力。

（二）教育援藏工作的目标任务。“十一五”期间，要进一步加大国家和内地对西藏教育的扶持和支援力度，使西藏九年义务教育阶段学校骨干教师和教育管理干部得到有效培训；普通高中、中等职业学校的办学条件得到明显改善，培养能力得到显著增强，高中教育阶段贫困学生得到有效资助；普通高等院校的教学、科研和管理水平得到显著提高，重点学科的建设取得明显进展；西藏建设需要的各类人才得到有效充实。通过努力，西藏教育的自我发展能力得到进一步增强。

三、加强教育援藏工作的政策措施

（一）加强对西藏普通高中和中等职业教育的支援。采取“分片负责，对口支援”和“定点、包干”办法，由北京、天津、河北、辽宁、吉林、黑龙江、上海、江苏、浙江、安徽、福建、山东、湖北、湖南、广东、重庆、四川、陕西等省、直辖市，对口支援西藏的拉萨、昌都、山南、日喀则、那曲、林芝、阿里等地、市发展普通高中和中等职业教育。上述18个省市通过“对口、定学校、包干负责制”等方式，重点帮助西藏改扩建15所普通高中学校和7所中等职业学校，加强受援学校的基础设施改扩建和教学仪器设备更新补充，培训教师队伍等，使其整体办学条件和综合能力达到国家标准。

（二）大力加强教师和教育行政管理干部的培养、培训工作。承担对口教育援藏任务的省、直辖市从2006年至2010年，每年为对口支援地（市）培训100名中小学骨干教师、50名教育行政管理骨干人员。培训经费由支援省、直辖市政府统筹解决，培训方式与受援地（市）协商确定。根据受援地（市）的需要可选派教师和教育行政管理人员援藏。设立专项经费，资助对口地区家庭贫困高中阶段学生完成学业。

（三）“十一五”期间，继续组织实施内地高等学校对口支援西藏高等学校的工作。采取内地多所高等学校对口支援西藏一所高校的方式，加大对西藏高等学校的支援力度。由内地 28 所高等学校分别对口支援西藏大学、西藏藏医学院、西藏民族学院和西藏警官高等专科学校。承担支援任务的高校，重点帮助受援学校制订整体发展规划，加强院（系）的学科和教师队伍建设，帮助提高教学、科研和管理水平，加强资源库建设，使受援学校的综合办学和科研能力得到显著增强。

（四）大力加强为西藏培养各类建设人才的工作。在中国人民大学等 8 所高等学校建立西藏在职干部教育培训基地。在 2007 年前，完成 1980 名培养任务后，继续按现行招生考试和培养办法，从 2008 年至 2012 年，计划 5 年共培养 1980 名西藏在职干部（本科 1550 人，硕士研究生 430 人），其中招收 40% 汉族干部。研究生和成人专升本招生计划纳入国家招生计划。内地高等学校要逐步扩大面向西藏的本科和研究生招生计划，多渠道为西藏培养人才。内地高校为西藏招收非西藏生源培养人才的工作，根据西藏对人才的需要组织实施；继续执行中央财政资助学费的优惠政策。进藏服务期为 5 年。

（五）加强教育部有关直属单位对西藏相关单位的对口支援。教育部直属的人民教育出版社、高等教育出版社、中国教育报刊社、中央教育科学研究所、教育部考试中心、中央电化教育馆、中央广播电视大学、中国教育电视台、学生体协联合秘书处、科技发展中心、学位与研究生发展中心等 11 个单位负责对口支援西藏教育厅所属的有关单位。

四、加强领导，明确责任

（一）教育部负责对教育援藏工作的宏观指导和管理，制定有关政策措施，对教育援藏工作进行检查以及总结交流经验、表彰先进等。

（二）支援省、直辖市人民政府要健全由省级人民政府主管领导牵头、相关部门负责人参加的教育援藏工作协调领导小组，具体负责落实本地区教育援藏工作的任务，制定相关配套政策措施，完成好对口支援项目。要把教育援藏工作所需经费列入地方财政预算予以落实。

有关省、直辖市教育行政部门和高等院校负责组织实施教育援藏各项具体工作；有关省、直辖市教育行政部门和高等学校的主要领导要亲自抓教育援藏工作。

（三）西藏自治区人民政府要配合教育部、有关省、直辖市和高等院校做好教育受援工作，向教育部提出教育援藏项目建议并于每年 11 月底向教育部通报教育援藏项目的进展情况和下一年度实施的教育援藏项目情况；主动加强与支援省、直辖市、教育部门和高等学校的交流和联系，负责教育援藏项目的接受和具体实施；按照学用一致、优才优用的原则，协调西藏有关部门，负责内地高等学校援藏毕业生和西藏籍毕业生的就业工作；做好教育援藏干部的接收工作，并关心他们在藏的生活和工作；定期组织对教育援藏情况的考察和调研。

教育援藏工作是党中央、国务院发展西藏教育事业的一项重要决策，是加快西藏社会主义现代化建设步伐的重要措施。有关省、直辖市和相关部门要把教育援藏工作作为一项政治任务，尽职尽责认真落实。

西藏自治区人民政府关于印发《深化农村义务教育经费保障机制改革实施意见》的通知

（2006 年 3 月 15 日）

为贯彻《国务院关于深化农村义务教育经费保障机制改革的通知》（国发［2005］43 号）精神，落实科学发展观，强化政府对农牧区中小学教育的保障责任，普及和巩固我区九年义务教育，促进我区“一加强，两促进”历史任务的完成和社会主义新农牧区建设，确保农牧区中小学教育经费保障机制改革的顺利推进，结合西藏实际，制定本实施意见。

一、统一思想，提高认识，全面把握深化农牧区中小学教育经费保障机制改革工作的重大意义

农牧区中小学教育在全面建设小康社会，构建社会主义和谐西藏中具有基础性、先导性和全局性的重要作用。自治区党委、政府高度重视农牧区中小学教育事业的发展，特别是中央第四次西藏工作座谈会以来，自治区先后发布了《西藏自治区人民政府关于贯彻〈国务院关于基础教育改革与发展的决定〉的意见》（藏政发［2002］7 号）、《西藏自治区人民政府关于加快农牧区教育改革发展的意见》（藏政发［2004］67 号）等一系列重要文件，确立了“在自治区人民政府领导下，由地方政府负责，分级办学，分级管理，以地县为主”

的基础教育管理体制。在党中央、国务院的亲切关怀下，在中央各部委的大力支持和对口援藏省市、国有大中型企业的无私支援下，自治区进一步加大了对农牧区中小学教育的投入力度，组织实施了国家贫困地区义务教育工程、农牧区中小学危房改造工程、乡镇小学规范化建设工程、初中寄宿制学校建设工程、农牧区中小学现代远程教育工程，实施了“两基”攻坚计划、农牧区中小学生实行“两免”“三包”政策等。极大地促进了农牧区中小学教育的发展，教育普及程度迅速提高。到2005年底，全区基本普及小学六年义务教育，有40个县实现“普九”,“普九”人口覆盖率达到59.4%，小学适龄儿童入学率达到95.9%,初中毛入学率达到75.4%。中小学办学条件得到明显改善。全区15周岁以上人口人均受教育年限达到5年。西藏教育事业的发展步入了一个新的发展阶段。

但是，由于西藏人口居住高度分散，教育投入大，运行成本高，经费供需矛盾仍较突出，教育事业总体发展程度不高。在新的历史时期，全面建设小康社会和建设社会主义和谐西藏的新形势下，深化农牧区中小学教育经费保障机制改革，建立中小学教育经费保障的长效机制，具有重大而深远的意义。这是党中央、国务院继实施西部地区“两基”攻坚计划后做出的又一项重大决策。农牧区中小学教育经费保障机制改革，必将为我区基础教育事业的发展注入新的活力，为进一步提高我区教育事业保障水平打下坚实的基础。

全区各级政府和各级财政、教育等部门要深刻认识深化农牧区中小学教育经费保障机制改革的重大意义。统一思想，高度重视，按照国务院[2005]43号文件精神和自治区的统一部署，结合本地区、本部门的实际，深入研究，制定切实可行的规划和执行方案。确保这项民心工程贯彻落实到位，让全区广大人民群众享受到改革的成果。

二、我区农牧区中小学教育经费保障机制改革的主要内容

根据“明确各级责任、中央地方共担、加大财政投入、提高保障水平、分步组织实施”的基本原则,将农牧区中小学教育全面纳入公共财政保障范围。建立“财力渠道不变，预算核定到校，支出统筹安排，经费集中管理”的农牧区中小学教育经费保障新机制。校财县管，依法保障教育经费“三个增长”，农牧区中小学教育经费要适当向高寒牧区、边远地区、边境地区倾斜。

（一）落实好“两免”“三包”政策。继续全部免除农牧区义务教育阶段

中小学生学杂费，免费为农牧区中小学生提供教科书和作业本；继续对农牧区中小学生实施“三包”（包吃、包住、包学习费用）及助学金、奖学金政策，并逐步提高“三包”标准。免费提供教科书资金由中央和自治区财政全额承担。

（二）提高农牧区中小学公用经费保障水平。落实自治区财政厅、教育厅制定的自治区中小学预算内生均公用经费拨款标准（藏财行字 [2005]65 号），在 2005 年小学生均 80 元 / 年，初中生均 130 元 / 年的基础上，逐年提高标准，“十一五”期间达到国家制定的基本标准定额。所需资金争取中央财政解决。

（三）建立农牧区中小学校舍维修改造长效机制。根据农牧区中小学校舍生均面积、使用年限、单位造价等因素，分级、分年测定校舍维修改造资金额。所需资金争取中央财政解决。校舍维修改造资金实行自治区专户管理。

（四）巩固和完善农牧区中小学教师工资保障机制。各级财政、教育行政部门在现有的财政供养机制基础上，要保证教师工资及时、足额到位。

（五）要严格执行藏政发 [2004]67 号文件精神，各地（市）、县按不低于地方财政收入 20% 的比例投入教育。自治区财政部门、教育部门要制定资金使用管理办法。

三、明确责任，落实政策，确保农牧区中小学教育经费改革各项工作顺利推进

从 2006 年春季开学起，全区农牧区中小学经费保障机制改革工作全面启动，稳步推进。

（一）2006 年，在继续全部免除农牧区义务教育阶段中小学生学杂费，免费向农牧区中小学生提供教科书和作业本的基础上，中小学预算内公用经费拨款标准逐步提高，并落实到各学校；启动全区农牧区中小学校舍维修改造资金保障机制，制定管理办法，建立长效机制，确保项目资金落实到位，提高维修改造资金使用效益。

（二）兼顾公平，共享改革成果，推进科学发展。在建立中小学教育经费保障机制中，城镇“低保”家庭中小学生、国有企业特困家庭中小学生、交通系统养路职工困难家庭中小学生享受“两免”政策。

四、强化领导，建立制度，制定措施，狠抓落实

全区农牧区中小学教育经费保障机制改革工作，政策性强，涉及面广，关系到广大农牧民群众的切身利益。各级政府、财政、教育、监察、审计等部门，

要从讲政治的高度，提高认识，加强领导，建立制度，周密部署，扎实推进我区农牧区中小学教育经费保障机制改革工作。

（一）加强组织领导，做好组织协调工作

各级人民政府要切实加强对农牧区中小学教育经费保障机制改革工作的组织领导，实行“一把手”工程。分管领导具体抓，各有关部门要加强协调，密切配合。要成立本地区农牧区中小学教育经费机制改革领导小组及办公室，并明确工作职责，负责改革的各项组织实施工作。自治区各有关部门要发挥职能作用，加强对农牧区中小学教育经费保障机制改革工作的指导和协调，把这件大事抓实，把好事办好。

（二）层层分解任务，确保改革工作落实

各级财政、教育行政部门，要各负其责，层层分解落实任务。各级财政部门，要认真测算改革资金需求，确保资金及时、足额到位，并监督指导教育部门管好用好教育经费，提高资金使用效益。各级教育行政部门要积极做好农牧区学校教育经费预算编制工作，将各项收支纳入教育经费预算管理，健全预算资金支付制度，完善经费管理体制，统一事权与财权，严格按照预算办理各项支出。推行农牧区中小学校务公开、财务公开、重大事项公开制度，提高教育资金使用的透明度。全面清理目前的收费项目，全部取消农牧区义务教育阶段中小学校各项行政事业性收费，坚决杜绝教育乱收费。

（三）落实配套措施，加快推进农牧区教育综合改革

深化教师人事制度改革。依法全面实施教师资格准入制度，加强农牧区中小学教师编制管理，坚决清退和调整不合格教师，加强农牧区中小学校骨干教师培养培训工作，充分发挥现代远程教育提高农牧区中小学校师资教学水平的作用，全面提高农牧区中小学师资水平。制定优惠政策，鼓励、引导符合条件的大学毕业生到农牧区基层学校任教，实施城镇中小学教师到乡村服务期制度。严格控制农牧区中小学教科书种类和价格，实行教科书政府采购制度，降低教科书成本。建立以素质教育为宗旨的教育评价体系。切实加强和改进学校管理，落实中小学校长负责制，建立健全学校管理规章制度，创新管理方式，规范办学行为，提高管理水平。

（四）齐抓共管，加强监督检查

各级财政、教育、监察、审计、物价、督导部门要加强对农牧区教育经

费预算安排使用、“三包”经费管理使用、农牧区中小学校舍维修改造专项资金管理使用、中小学收费等情况的监督检查。要加强和改进教育督导工作，把农牧区中小学教育经费保障机制改革作为教育督导的重要内容。通过齐抓共管，逐级落实，层层把关，真正使农牧区中小学教育经费保障机制改革工作成为德政工程、民心工程和阳光工程。

（五）充分利用各种手段，做好宣传工作

各级人民政府和自治区有关部门要高度重视农牧区中小学教育经费保障机制改革的宣传工作，制定切实可行的宣传方案，利用各种宣传媒介、采取多种形式，向全社会进行深入宣传，使这项惠及广大农牧民群众的民心工程家喻户晓、深入人心，并广泛接受社会监督，营造良好的改革发展环境，确保农牧区中小学教育经费保障机制改革工作顺利进行。

西藏自治区人民政府贯彻《国务院关于大力发展职业教育决定》的实施意见

（2006年6月16日）

各行署、拉萨市人民政府，自治区各委、办、厅、局：

为深入贯彻《国务院关于大力发展职业教育的决定》（国发［2005］35号，以下简称《决定》），促进我区职业教育快速健康发展，现结合我区实际，提出如下实施意见：

一、以科学发展观为指导，确立职业教育基础性、战略性的发展地位

（一）认真学习贯彻《决定》和全国职业教育工作会议精神，提高对发展职业教育重要性和紧迫性的认识。当前和今后一个时期，各级政府、各有关部门要把学习宣传和贯彻落实《决定》及全国职业教育工作会议精神作为发展职业教育的首要任务，把对发展职业教育的认识统一到《决定》和会议的精神上来，增强发展职业教育的责任感、紧迫感和使命感。要充分认识到，我区作为经济欠发达、劳动者素质偏低的少数民族地区，大力发展职业教育，对于走新型工业化道路，发展现代服务业，建设社会主义新农村，全面提高劳动者素质，完成“一加强、两促进”的历史任务，实现全面建设小康社会的宏伟目标，都具有十分重要的意义和作用。

各级政府和有关部门要从社会经济发展的全局出发，把发展职业教育摆

在更加突出的位置，树立抓职业教育，就是抓就业、抓产业素质、抓投资环境、抓发展后劲和提高竞争力的思想，将发展职业教育作为经济社会发展的重要基础和教育工作的战略重点，采取强有力的措施，把加快职业教育，特别是加快中等职业教育发展与繁荣经济、促进就业、消除贫困、维护稳定、建设先进文化紧密结合起来，促进职业教育与社会主义市场经济的相互融合，促进职业教育与产业结构调整的有机协调，促进职业教育与建设社会主义新农村的紧密结合，满足人民群众多样化的教育需求，巩固“普六”“普九”成果，办人民满意的职业教育，为西藏经济社会发展、全面建设小康社会、构建和谐西藏输送合格人才。

（二）强化政府统筹力度，促进职业教育快速健康发展。要用科学发展观统领教育工作全局，切实加强和改进教育领域的宏观管理和调控，确立职业教育基础性、战略性的发展地位，合理配置教育资源，坚持大力发展职业教育的方针，办好各级各类职业教育，满足我区经济发展和人民群众终身学习的需要。要统筹好普通高中教育与职业教育的协调发展；统筹好职业教育规模、质量、结构、效益的协调发展；统筹好城市职业教育与农村职业教育的协调发展；统筹好学历教育与培训教育的协调发展，推动职业教育迈向快速健康的发展轨道。

（三）明确职业教育发展的目标和任务，科学制定职业教育发展“十一五”规划。“十一五”期间，我区职业教育要以邓小平理论和“三个代表”重要思想为指导，树立科学发展观，按照构建和谐西藏和“科教兴藏、人才强区”的战略要求，深入贯彻《决定》和全国职业教育工作会议精神，为我区产业结构调整和技术进步服务，为促进就业和再就业服务，为建设社会主义新农村服务，为进一步推进西部大开发服务。继续完善“在自治区领导下，分级管理、地方为主、政府统筹、社会参与”的管理体制，切实发挥政府的主导作用，调动行业企业和社会各方面的积极性，促进公办与民办职业教育共同发展，形成多元办学格局。坚持“以服务为宗旨，以就业为导向”的办学方针，深入实施“四项工程”（即技能型人才培养培训工程、农村劳动力转移培训工程、农村实用人才培训工程、成人继续教育和再就业培训工程），抓好“四项改革”（即推进职业教育办学思路转变，推动职业学校更好地面向社会、面向市场办学；强化职业学校学生实践能力和职业技能的培养，切实加强学生的生产实习和社会实践；大力推行工学结合、校企合作的人才培养模式，逐步建设和完善半工半读制度；充分利用城市的优质职业教育资源和就业市场，进一步推进城乡之间职业学校的联合招生、合作办学），认真实施“四个计划”（即职业教育实训基地建设计划、县级职业教育中心建设计划、职业教育示范院校建设计划、职业院校教师素质提高计划）。通过深化职业教育管理体制、办学体制、运行机制和教育教学改革，重点发展中等职业教育，壮大高等职业教育，夯实初等职业教育，积极发展各级各类职业技术培训，努力扩大职业教育办学规模，培养一大批适应西藏跨越式发展需要的各级各类技能型人才。逐步建立适应社会主义市场经济体制，与市场需求和劳动就业紧密结合，符合实际、结构合理、灵活开放、特色鲜明、自主发展的现代职业教育体系。

到 2010 年，我区中等职业教育在校生达到 4 万人左右，与普通高中规模大体相当；高等职业教育在校生达到 1.3 万人左右，招生规模占高等教育招生规模的一半以上。“十一五”期间，为社会输送 2 万多名中等职业学校毕业生，1 万多名高等职业院校毕业生。进一步发展各种形式的职业培训，每年开展 3 万人次的各类职业技术培训，全面提高劳动者素质。努力改善职业教育办学条件，加强师资队伍建设，提高办学质量和效益。

二、坚持为西藏经济社会跨越式发展服务的办学宗旨，大力培养高素质劳动者和高技能专门人才

（四）制定我区技能型人才培养培训规划，认真实施技能型人才培养培训工程。结合我区支柱产业、特色产业和现代服务业对技能型人才的需求，加快建筑、信息技术、旅游、水电、物流等特色产业和现代服务业急需的技能型人才的培养，为我区走新型工业化道路，调整产业结构和转变经济增长方式服务。教育部门要确定培养技能型紧缺人才的职业院校，扩大技能型紧缺人才培养专业的招生规模，明确人才培养的规格和目标，加强实践教学，使培养的学生适应相关领域的人才需求。积极筹措资金，结合技能型紧缺人才培养计划，建立装备水平高、优质资源共享的实训基地，为职业院校学生和培训人员提供实训场所。

（五）广泛开展农村职业技能培训，认真实施农村劳动力转移培训工程。各级政府、各有关部门要坚持为社会主义新农村建设服务的办学方向，立足于区域经济、科技和教育资源的现状，围绕各地区的优势产业和特色农牧业，

以地区经济建设为中心，以当地主导产业为依托，以市场为导向，以农牧民致富为目标，认真实施农牧区职业培训计划。坚持因地制宜、分类指导、点上深化、面上推广的原则和“实际、实用、实效”的要求，充分利用各类培训资源，采取灵活多样的形式，开展以劳动力转移为主的各类培训，提高进城务工农牧民的职业技能。农村职业技能培训要与扶贫开发有机结合起来，促进农村劳动力合理有序转移和农牧民脱贫致富。

（六）深化“农科教”结合，认真实施农村实用人才培训工程。充分发挥地区中等职业技术学校、县级职业教育中心和农牧业技术推广培训机构的作用，加强教育、农业、科技、扶贫等部门的合作，形成合力，利用农业广播教育、自学考试、远程教育等形式，面向农牧区基层干部、青年农牧民、农牧区妇女等对象，大量培养农牧区实用人才和技能型人才，提高农牧民思想道德和科学文化素质，普及农牧业先进实用技术，加快传统农牧业向现代农牧业的转变，为建设社会主义新农村提供智力支持和人才保障。

各县职业教育中心要按照“学生自愿、家长自愿”的原则，结合当地生产建设和特色产业发展的实际，认真实施多种形式、多种模式的初中分流，在基础教育中积极渗透职业教育，使分流学生毕业时能够掌握一至两门实用技术，为他们的创业打下坚实的基础

（七）加强职业技术培训，认真实施成人继续教育和再就业培训工程。教育、劳动保障部门以及企业要建立职工教育和培训体系，创建学习型社会和学习型企业，面向在职职工开展普遍的、持续的文化教育和技术培训，加快培养高级工和技师，并带动中级和初级技能劳动者队伍梯次发展。要重点依托行业企业，发挥职业院校基础作用，加快培养技术技能型、复合技能型、知识技能型人才。职业院校和培训机构要为就业再就业服务，面向初高中毕业生、城镇失业人员、农牧区转移劳动力，开展各种形式的职业技能培训和创业培训，提高他们的职业转移能力和创业能力。职业院校和教育培训机构开展的下岗失业人员再就业培训、农牧民转移培训可按规定享受有关补贴。

三、更新办学思想，大力推进职业教育办学体制和教育教学改革，增强办学活力和后劲，提高人才培养质量

（八）坚持以就业为导向，深化办学模式改革。坚持“以服务为宗旨、以就业为导向”的办学方针，深化职业学校办学模式和人才培养模式改革，推

动职业院校面向社会、面向市场办学，增强办学的灵活性和适应性。在办好学历教育的同时，积极举办岗位培训、再就业培训、农村劳动力转移培训和各种形式的社会化培训，提高办学效益。加强初等、中等、高等职业教育的沟通和衔接，扩大中等职业学校和高等职业学校毕业生进入高一级学校继续学习的比例，拓宽办学进出口渠道。

（九）大力开展“订单式”培养，加强工学结合和校企合作。推动公办职业学校与企业合作办学，形成前校后厂（场）、校企合一的办学实体。职业院校要与区内外制造业和现代服务业等龙头企业开展有效合作，积极开展“订单式”培养。合作企业要为学校办学、专业设置、教学内容等提供科学合理的意见和建议，积极为职业学校提供兼职教师、实习场所和设备，以及接收职业院校学生实习。中等职业学校在校生最后一年要到企业等用人单位顶岗实习，高等职业院校学生实习实训时间不得少于半年。在部分职业院校中开展学生半工半读的试点，逐步建立和推行半工半读制度。

（十）深化教育教学改革，加强职业院校学生实践能力和职业技能的培养。职业学校要适应产业结构调整、技术进步和劳动力市场的变化，根据我区劳动力市场技能型人才的紧缺状况和各行业人力资源需求预测，通过深入调查研究和充分论证，积极发展面向新型工业、现代服务业和农牧业的专业，推进特色专业建设，努力培养造就我区急需的高素质技能型人才。要结合职业教育的特性和人才培养的特点，改革教学内容，改进教学方法，突出和重视实践性教学，着力强化对学生的技能训练。加快地方教材的开发和建设。加强信息化建设，推动现代教育技术在教育教学中的应用。积极推行选修制或学分制，建立弹性学习制度。

（十一）深化职业院校内部管理改革，进一步扩大职业学校的办学自主权。中等职业学校实行校长负责制和聘任制，高等职业院校实行党委领导下的校长负责制和任期制。任用职业院校校长要征求教育部门的意见。依法保障职业学校的法人地位，充分发挥职业学校在专业设置、招生规模、学籍管理、教师聘用、经费使用等方面的办学自主权，增强其自主办学、自主发展的能力。各职业学校要根据职业教育的规律和要求，建立现代管理制度，积极推进人事制度改革和分配制度改革，向管理要效益，以改革求发展。

（十二）加强德育工作，强化学生思想道德建设。职业院校要深入开展社会主义荣辱观、“四观”、“两论”、革命传统、公民道德、职业道德和择业观教育，开展具有针对性和实效性的德育实践活动，培育学生的综合素质和优良的思想品德。

（十三）坚持以政府办学为主、社会各界共同参与的原则，鼓励发展民办职业教育。进一步贯彻落实《中华人民共和国民办教育促进法》，通过“民办公助、公办民助、公民合办”等多种形式，引入民间资本，鼓励社会力量参与举办职业教育。

四、加强职业教育网络体系建设和基础能力建设，提高职业院校办学水平

（十四）加大全区职业学校结构布局调整，加强示范学校建设，努力建立较为完善的职业教育网络体系。在现有基础上，新建 1 所中等职业技术学校。认真实施职业教育示范院校建设计划，对现有中等职业技术学校的资源进行重组和整合，推进规范化建设，努力办好 3 所国家级重点中等职业技术学校、3 所自治区级重点中等职业技术学校、1 所自治区级高等职业技术学校和 43 个示范性县级职教中心。

大力推进县级职教中心建设。农牧区学校实行一校两牌，县中学同时挂县职教中心的牌子，乡（镇）中心小学同时挂乡镇农牧民文化技术学校的牌子。以县职教中心为龙头，以乡镇农牧民文化技术学校为基础，建立农牧区职业教育培训网络。通过发挥县级职教中心的主导作用，把县职教中心建设成为农牧区人力资源开发、劳动力转移培训、实用技术培训与推广的基地，把实用技术培训和职业技能培训延伸到最基层。各地（市）、县要采取有效措施，结合职业教育人才培养培训工作的需要，对劳动实践场所建设进行分区规划，在县级职教中心和乡镇农牧民文化技术学校建立劳动实践场所，配备满足教学所需的工具和设备。

（十五）加强职业学校师资队伍建设。要依托各类职业教育师资培训基地，加大培养培训力度，不断改善职教师资队伍的学历结构、专业结构和职称结构，切实提高职教师资整体素质。要深化教师队伍的思想政治工作，引导教师树立正确的教育观、质量观和人才观，不断提高教师的思想政治素质和业务素质。要加强教师尤其是专业教师的继续教育和引进工作。尽快实现教师学历达标，鼓励专任教师攻读硕士、博士学位，并通过各种途径，从区内外引进和聘请

适当数量的高层次人才。要侧重加强“双师型”教师培养工作,定期选派教师、特别是中青年骨干教师到行业、企业实习锻炼，加强对教师实践技能的培训和锻炼。要注重聘请有实际经验的专业技术人员做兼职教师，充分发挥具有较强实践技能的专业人员和能工巧匠在技能型人才培养中的作用。

五、发挥行业企业在发展职业教育中的作用，推动职业院校与企业的密切合作

（十六）企业要建立健全现代企业培训制度，强化职工培训，提高职工素质。要认真落实“一般企业按照职工工资总额的1.5%足额提取教育培训经费”的规定，足额提取教育培训经费。企业可根据职工培训的需要，与职业院校合作办学。企业有责任接受职业院校学生实习和教师实践。对支付实习学生报酬的企业，给予相应税收优惠。

（十七）加强职业院校与行业部门的联系和协作。行业主管部门和行业协会要在国家教育方针和政策指导下，开展本行业人才需求预测，为职业院校办学提供依据；制订培训规划，组织和指导行业职业教育与培训工作；参与制订本行业特有工种职业资格标准、职业技能鉴定和证书颁发工作；参与制订培训机构资质标准和从业人员资格标准；参与国家对职业院校的教育教学评估和相关管理工作。

六、建立健全就业准入制度，完善职业资格证书制度

（十八）认真组织实施就业准入制度。从西藏实际出发，依据国家职业标准和相关政策，尽快制定和完善职业资格考核鉴定的管理办法和职业资格证书的取得方式。用人单位招录职工，特别是对涉及人民生命财产安全的相关职业，要严格执行“先培训、后就业”“先培训、后上岗”的规定，从取得职业学校学历证书、职业资格证书和职业培训合格证书的人员中优先录用。劳动保障、人事和工商部门要加大对就业准入制度执行情况的监察力度。

（十九）加强职业技能鉴定，全面推进和规范职业资格证书制度。针对劳动者就业和职业生涯发展的需要，全面开展职业技能鉴定工作。重点抓好从业人员多、技术要求高的职业（工种）的高级工、技师的鉴定工作。加强对职业技能鉴定、专业技术人员职业资格评价、职业资格证书颁发工作的指导和管理。积极推行职业资格证书与学历证书并重制度，加快职业学校教育与职业标准的衔接，在职业院校建立职业技能鉴定所（站）。取得职业院校学

历证书的毕业生，参与所学专业相关的中级职业技能鉴定时，免除理论考核，操作合格者可获得相应的职业资格证书。鼓励高等院校毕业生参加职业技能鉴定。

（二十）加强职业指导和就业服务，拓宽毕业生就业渠道。职业学校要加强职业指导工作，开展择业、创业教育，引导学生转变就业观念，鼓励毕业生到中小企业、小城镇、农村就业或自主创业。要利用社会就业服务体系或建立职业学校毕业生就业服务机构，为职业学校毕业生就业提供信息、咨询、服务和便利条件。工商、税务部门要研究制定优惠政策，支持职业学校毕业生自主创业。

七、多渠道筹措发展经费，加大对职业教育的投入，建立职业教育学生资助制度

（二十一）增加公共财政对职业教育的投入。从2006年起，自治区将整合中央专款、城市教育费附加、人才培养基金等渠道的资金，每年设立3000万元职业教育发展专款。主要用于扶持技能型紧缺人才培养实训基地和劳动实践场所建设、师资培训、各级职业学校（中心）教学仪器设备购置、教材建设以及对贫困家庭学生的资助。

自治区发展改革委要争取将我区职业教育实训基地建设和县级职业教育中心建设列入国家建设计划，加大国家建设资金对我区职业教育的投入。各地要多渠道筹措职业教育发展经费，积极争取援藏项目和资金，加大对职业教育的投入，扶持职业教育的发展。农牧区科学技术开发、技术推广的经费可适当用于农牧区职业培训。要加强对职业教育经费的使用管理，提高资金的使用效益。

（二十二）鼓励企事业单位、社会团体和公民个人捐资助学。对通过政府部门和非营利组织向职业教育的资助和捐赠，按规定享受税收优惠政策。

中等职业学校要从学校收入中安排一定比例用于奖、助学金和学费减免，并把组织学生参加勤工俭学和半工半读作为助学的重要途径。金融机构要为接受高等职业教育的贫困家庭学生提供助学贷款。

八、加强组织领导和舆论宣传，动员全社会关心支持职业教育发展

（二十三）加强领导，完善工作机制，保障职业教育快速健康发展。自治区成立职业教育领导小组，由自治区政府领导任组长，自治区教育厅、劳动

保障厅、发展改革委、财政厅、人事厅、农牧厅、科技厅、扶贫办主要负责同志为成员。领导小组主要负责统筹我区职业教育工作，强化各级政府、各部门在发展职业教育中的责任，调动和协调各方面的力量参与职业教育的发展。各地（市）也要成立相应的组织机构。

（二十四）各级政府要落实在发展职业教育中的责任，切实加强对职业教育工作的领导和对职业教育发展规划、资源配置、条件保障、政策措施的统筹管理，关心职业院校的发展，为职业教育提供强有力的公共服务和良好的发展环境。要把职业教育工作纳入目标管理，加强《职业教育法》的执法检查和对职业教育工作的督导评估，并将督导评估情况作为对主要领导干部进行政绩考核的重要指标，并接受人大、政协的检查和指导。

（二十五）广泛宣传职业教育的重要地位和作用，大力宣传在贯彻落实《决定》和全国职业教育工作会议精神过程中涌现出的先进典型和经验，宣传、表彰优秀技能人才和高素质劳动者在社会主义现代化建设中的重要贡献，营造全社会关心、重视、支持职业教育发展的良好氛围。

西藏自治区教育厅关于进一步加强“两基”巩固提高工作的意见

（2007 年 2 月 9 日）

为贯彻落实全国农村教育工作会议和自治区第七次党代会精神，深入落实科学发展观，巩固基本普及九年义务教育和基本扫除青壮年文盲（以下简称“两基”）成果，提高“两基”质量，促进我区基础教育又好又快发展。现就进一步加强“两基”巩固提高工作提出如下意见：

一、统一思想，提高认识，增强做好“两基”巩固提高工作的紧迫感和责任感

（一）进一步加强我区“两基”巩固提高工作的指导思想：以邓小平理论和“三个代表”重要思想为指导，牢固树立科学发展观，全面贯彻党的教育方针，全面推进素质教育，按照积极进取、实事求是、分区规划、分类指导的原则，坚持普及与提高、规模与效益的统一，将“两基”巩固提高工作作为农牧区教育工作的重点，把提高教育质量放在突出重要的位置，通过建立规范的保障制度和良性的运行机制，为农牧区教育的持续健康协调发展和农牧区社会事业的全面进步，推进社会主义新农村建设奠定坚实的基础。

（二）在自治区党委、政府的坚强领导下，各级政府和各有关部门采取强有力的措施，扎实工作，"两基"攻坚成效显著。截至2006年年底，"普九"县由2003年的17个县增加到49个县（市），"普九"人口覆盖率由2003年的30.9%提高到70.5%；扫盲县由2003年的40个县增加到63个县，青壮年文盲率由2003年的30%下降到10%；"普六"县由2003年的55个县增加到73个县，"普六"人口覆盖率由2003年的79.6%提高到99.4%，实现基本普及六年义务教育目标。拉萨市、山南地区率先在全区实现"两基"目标。

（三）农村义务教育在建设社会主义新农村中具有基础性、先导性、全局性的重要作用，"两基"始终是我区农牧区教育工作的重中之重。在继续推进"两基"攻坚的同时，抓好"两基"巩固提高工作，是我区"两基"工作面临的一项长期而艰巨的任务。加强"两基"巩固提高工作，对于全面普及九年义务教育、全面提高义务教育质量、消除文盲，促进城乡之间、区域之间教育协调发展，促进农牧区经济和社会事业协调发展，推进社会主义新农村建设，构建社会主义和谐社会，实现全面建设小康社会的奋斗目标具有十分重要的意义。各级政府和有关部门要进一步提高认识，增强紧迫感、责任感，加强领导，突出重点，抓住薄弱环节，坚持不懈地抓好"两基"巩固提高工作。

（四）我区"两基"工作仍存在一些突出问题和困难。"两基"工作整体水平偏低、效果不稳定，已通过评估验收的县（市、区）"两基"工作仍存在一些薄弱环节，甚至出现"反弹"；农村初中在校生辍学率偏高，实施"两基"过程较短，突击性、临时性措施较多；城乡、区域、学校之间教育发展不平衡，办学条件、教育教学管理、教师水平和教育教学质量亟待提高；有些地方对"两基"攻坚的重要性、长期性和艰巨性认识不足，对"两基"巩固提高工作重视不够，产生了松劲和畏难情绪等。

（五）今后5年，我区"两基"巩固提高工作的主要目标：小学适龄儿童都能按时入学，在校生年辍学率控制在1%以下；初中入学率达95%以上，在校生年辍学率控制在3%以下，按时毕业率明显提高，17周岁人口初级中等教育完成率明显提高；各类残疾儿童少年义务教育阶段入学率达到85%以上；全面扫除有学习能力的青少年文盲（15—24周岁），青壮年文盲率控制在3%以内，复盲现象得到有效控制，脱盲人员巩固率逐年提高；全区义务教育普及程度明显提高，教育投入明显增长，办学条件明显改善，办学水平和教育质量明显提升，教师队伍素质明显优化，形成农牧区义务教育和扫盲工作持续健康发展的机制。

二、采取有效措施，切实改善办学条件

（六）按照全面实施素质教育的要求，多渠道筹措资金，用10年或更长的时间，推进中小学办学条件标准化，加强薄弱学校建设，优化教育资源配置，积极推进县域内基础教育均衡发展，逐步实现基础教育办学条件标准化，教育管理规范化，办学特色多样化，促进全区基础教育上水平、上质量、上效益，实现基础教育又好又快发展。

（七）合理调整农牧区中小学校布局。坚持以相对集中、寄宿制为主的办学原则，以方便农牧民群众、保证学生就近入学为前提，坚持农区村或联村举办走读教学点（牧区原则上不设教学点）；寄宿制以小学高年级和初中为主，乡镇举办寄宿制小学，县举办寄宿制初级中学；要在充分论证，慎重调整的前提下，进行学校和教学点的新建、撤并，初级中学和乡镇小学设置与撤并必须由地（市）教育行政部门报自治区教育行政部门审批，教学点的设置与撤并必须由县级教育行政部门报地（市）教育行政部门审批，并报自治区教育行政部门备案。

（八）以加强农牧区中小学建设为重点，进一步改善农牧区中小学办学条件。农牧区中小学校舍建设纳入各级政府社会事业发展规划和计划；加强对中小学校设施管理和维护，加大危房改造力度，提高生均校舍面积，提高校舍建设质量；继续组织实施农牧区乡镇小学规范化建设和农村初中寄宿制学校建设工程，认真组织实施教学点改造工程，力争用5年或稍长时间，使农牧区中小学校建设达到自治区规定的二类办学条件标准；高度重视学校公共卫生设施和基础设施配套建设，改善寄宿学生的食宿和学校公共卫生设施条件，完善基础配套；进一步加强初中实验室和图书室建设，建立实验设备和图书的更新机制，使农牧区中小学的教学仪器设备配备、图书藏书量及生均占有量达到自治区二类标准，城市中小学达到自治区一类标准；积极创造条件，改善学校体育、美育设施。

（九）大力推进中小学信息化建设，以信息化带动教育现代化。通过实施农牧区中小学现代远程教育工程，坚持以应用为主，充分利用计算机教室、卫星收视点、教育信息资源班班通和教学光盘播放设备，提高教育教学质量和水平；特别是要高度重视教学光盘的推广应用，解决农村小学和教学点的师资水平不高，课程开不齐、开不好的问题，使优质教育资源进入农村中小学课堂；高度重视信息技术课程建设，加强教育资源和软件开发，引进、开发适合西藏农牧区中小学特点的教育资源和教学软件，抓好相关人员的培训工作，做到硬件软件一起抓；农牧区中小学现代远程教育要积极为农牧区“三教统筹”、“农科教结合”、农牧区党员干部教育、扫盲教育、农牧民实用技术培训、农牧区信息化建设和农牧区精神文明建设等服好务。

三、完善义务教育经费保障新机制，提高义务教育保障水平

（十）进一步完善农牧区义务教育经费保障新机制，将农牧区义务教育全面纳入公共财政保障范围。依法保障教育经费的“三个增长”;坚持和完善“经费自治区统筹、管理以县为主”的体制，健全农牧区中小学预算制度，把维持学校正常运转和事业发展的经费全部纳入预算；建立和完善农牧区中小学预算执行审计制度，确保每笔合理开支有保障、有效益、有监督；从制度上保障农牧民子女接受教育的权利，保证学校正常运转，减轻农牧民群众负担。

（十一）全面落实“两免”“三包”政策。继续全部免除农牧区义务教育阶段中小学生学杂费，免费为农牧区中小学生提供教科书和作业本；继续对农牧区义务教育阶段学生实行“三包”及奖学金、助学金政策，并逐年提高标准。

（十二）提高农村中小学公用经费保障水平。在现行自治区中小学预算内公用经费生均拨款标准的基础上，逐年提高标准，并落实到学校，“十一五”期间达到国家制定的基本标准定额。

（十三）进一步完善农牧区中小学校舍维修改造长效机制。根据农牧区中小学校舍生均面积、使用年限、单位造价等因素，分级分年测定校舍维修改造资金额度；建立完善校舍定期勘察、鉴定工作制度和校舍安全预警机制；各级政府要将校舍维修改造纳入社会事业发展规划及财政预算。

（十四）在现行财政供养机制的基础上，巩固和完善农牧区中小学教师工资和社会保障机制，保证教师工资和社会保障经费及时足额发放到位。

（十五）严格执行《西藏自治区人民政府关于加快农牧区教育改革和发展的意见》（藏政发［2004］67号），将各级地方财政收入按不低于20%的比例投入教育事业发展，切实保障本级政府对农牧区义务教育承担的经费。各级

财政要增加对农牧区义务教育的投入，不断提高农牧区义务教育经费保障水平；坚决杜绝教育乱收费；不得挪用学校公用经费发放教师津贴，不得向中小学生推销除教科书之外的任何读物、教辅资料和其他商品；鼓励和支持学校开展勤工俭学。

四、认真抓好“控辍保学”工作，提高义务教育普及程度

（十六）加大控制中小学生辍学的力度，提高义务教育普及程度。各地（市）要将降低中小学生辍学率作为提高义务教育普及程度的重点，建立完善目标责任制，层层落实控制中小学生辍学任务，采取提高教育质量、强化职业培训、加大帮扶力度等控制辍学率的有效措施，从根本上解决学生辍学问题。

（十七）县（市、区）、乡（镇）政府要将控制中小学生辍学工作纳入工作议事日程，建立健全“控辍保学”双线目标责任制。建立健全义务教育适龄人口登记、入学通知、辍学报告检查和辍学情况通报制度；县（市、区）长、乡（镇）长和村民委员会（居委会）主任对辖区内的控辍工作负总责；县（市、区）教育局长、校长是教育系统内部控辍第一责任人；乡（镇）政府对动员组织本地适龄儿童少年接受义务教育、控制中小学生辍学尽主要职责；建立完善学籍管理系统，及时掌握义务教育阶段学校学生流动情况，向未按规定入学和辍学儿童少年的家长或监护人，宣传国家有关法律法规，督促其送子女入学或返学。校长和教师要主动向上级主管部门报告学生入学、辍学情况，协助当地政府做好适龄儿童少年就学的动员工作。

五、巩固扫盲成果，提高劳动者素质

（十八）进一步巩固扫盲成果，提高扫盲工作质量。广泛开展创建无青壮年文盲乡村活动，在扫盲教学中大力推广适用技术，普及科学技术常识，充分利用农牧区中小学现代远程教育设备开展教学活动；重视妇女扫盲工作，大幅度降低妇女文盲率；农牧区中小学要坚持一校两牌、日校兼办夜校，动员师生参与扫盲和扫盲后巩固、提高工作，帮助身边的文盲或脱盲学员开展各种形式的学教活动。

六、全面实施素质教育，提高教育教学质量

（十九）建立学生、教师、学校评价体系，改革初中升高中考试和招生制度。完善以校为本的教学研究制度，通过以教师为主体的研究活动，及时解决教学实践中的困难和问题，总结、推广教学经验，探索教学规律，不断提高教

师教学水平和中小学课程建设与管理能力。

（二十）积极推进基础教育课程改革，进一步提高中小学教育教学质量，充分采用义务教育新课程，扎实推进素质教育。农牧区中小学校在完成基础教育基本任务的同时，结合农牧区实际，开发多样化、具有地方特色的实用技术课程；在农牧区小学普遍开设劳动课，小学高年级学生选修农牧业简单实用技术，渗透职业技术教育；在农牧区初中推行“文化课＋职业技能”的教学模式和“全员选修＋年级分流”的办学模式；对农牧区初中学生进行以就业为导向的职业技术教育，实行开放的办学模式和培养方式，切实培养各级各类人才；农牧区初中职业技术培训方式要因人而异、因地而异、因产业而异。积极推行农牧区初中“毕业证书”加“绿色证书”的双证教育，达到学生“升学有基础、就业有技能、回乡能致富”的目的；加强“绿色证书”教育师资和生产实习基地建设。

（二十一）切实加强中小学德育工作。广泛开展社会主义荣辱观教育，深入开展社会主义理想信念、反分裂斗争和爱国主义教育，继续加强马克思主义“四观”“两论”教育，大力推进文明习惯养成教育；改进德育课程教学和综合考评办法，进一步增强针对性、实效性和主动性；丰富和活跃校园文化生活，深化科普教育；强化中小学班主任队伍建设，抓好班主任培训工作；抓住德育实践环节，建设和管理好青少年校外活动场所和社会实践基地。

七、加强校长和教师队伍建设，进一步提高教师队伍整体素质

（二十二）以热爱学生、教书育人为核心，以“学为人师、行为世范”为准则，以提高教师思想政治素质、职业理想和职业道德水平为重点，实施师德塑造工程，切实加强师德师风建设。健全教师职业道德规范和考核管理制度，通过加强唯物主义、无神论思想和教师爱岗敬业教育，进一步改进师德教育，大张旗鼓地表彰宣传模范教师，树立师德标兵，弘扬新时期人民教师的高尚师德。

（二十三）以提高农牧区中小学教师实施素质教育、实施新课程能力为核心，实施农牧区中小学教师素质提高工程，加强教师继续教育，建立以新课程改革为主要内容的教师定期培训和校本培训制度，提高农牧区中小学教师队伍整体素质。优化、调整农牧区中小学教师队伍结构，探索农村教师补充和提高的新机制；全面实施教师资格制度，严把教师入口关，新补充的小学、

初中教师必须达到专科和本科学历；充分利用全国教师教育网络联盟计划和现代远程教育手段，组织开展农牧区中小学教师全员培训，推进新课程改革师资培训，拓展教师接受新知识、新技能的途径，提升在职教师的学历层次；实施名师培养工程，加强中青年骨干教师队伍建设，尽快在县域内形成一支以中青年为主、学科门类比较齐全的骨干教师队伍。

（二十四）积极推进教育人事制度改革。加强教师编制管理，积极推行以岗位管理为基础的教师聘任制度；农牧区中小学编制核定要充分考虑农牧区中小学的实际情况，保质保量地为农牧区中小学配备教职工；进一步完善教师交流制度，统筹考虑城镇和农村教师队伍建设，大力推行城镇教师支援农牧区教育，促进城乡教育良性互动、均衡发展；建立农牧区小学短线教师流动教学制度，保证小学能够按照国家规定开齐课程；继续加强教师职称评聘工作的管理；探索、建立并完善能体现教职工岗位职责、工作绩效和实际贡献的工资保障和激励机制。

（二十五）改革中小学校长选拔任用制度，建立公开选拔、民主推荐、平等竞争、择优聘任的干部任用机制。实行中小学校长任期制，加强对校长履行岗位职责及任期目标完成情况的考核，完善对校长民主监督的有效机制；进一步完善校长任职资格和定期提高培训制度。

八、加强中小学管理，创建和谐校园

（二十六）建立和完善中小学生学籍管理制度，积极创造条件，推进电子学籍管理。以乡为单位建立文化户口册，对辖区内的学龄前儿童、适龄儿童登记造册，每年核查一次；切实加强义务教育阶段学生学籍管理，学生转出、转入、休学等手续必须由当地政府和县级教育行政部门批准，防止学生以转学等为借口辍学和流失。

（二十七）进一步完善学校安全工作责任制和事故责任追究制，建立学校突发事件应急处理机制，健全学校重大伤亡事故报告制度，降低事故发生率，杜绝重大事故发生。

（二十八）加强和重视校园文化、绿化、美化和人文环境建设。推进校风、学风和教风建设。建设崇尚科学、严谨求实、追求新知、善于创造、具有时代特征和学校特色的良好校风；建设勤奋努力、积极向上、认真诚信、充满兴趣、乐于探究的良好学风；建设团结友爱、互相帮助、快乐和谐、健康向上、争做主人的良好班风；建设热爱学生、为人师表、教书育人、钻研教法、不断探求的优良教风;以“讲文明、促和谐”为主题，以“诚信教育”为载体，开展形式多样的和谐校园创建活动，整治校园周边环境，营造良好的育人环境，创建和谐校园、平安校园、文明校园。

（二十九）建立健全学校教学常规、学生生活和卫生管理制度，建立校长、教师、管理人员的工作岗位责任制，加强和规范学校行政、后勤管理工作，为教学工作提供优质服务和良好保障。切实加强学校教学常规管理，对教师备课、上课、作业批改、课外辅导等环节经常进行督促检查，严格执行学习、考试和生活纪律，维持正常的教学秩序；根据农牧区中小学办学特点，改进学校管理方式、方法和手段，建立社区、家长参与学校管理的互动机制。

九、维护权利，保障弱势群体接受义务教育

（三十）建立保障残疾儿童少年接受义务教育制度和工作机制，提高残疾儿童少年义务教育普及程度。进一步提高女童初中阶段入学率，在达到义务教育基本要求的基础上，开设适合女童需要的课程；各级教育行政部门和学校主动做好进城务工农牧民子女接受义务教育工作，对返回原籍就读的学生要及时办理就学手续。

十、加强领导，确保“两基”巩固提高工作顺利开展

（三十一）切实加强领导，认真做好“两基”巩固提高规划和实施方案，确保巩固提高工作顺利开展。各级政府要加强对“两基”巩固提高工作的领导，将“两基”巩固提高工作纳入议事日程，做到有规划、有措施、有经费保障、有检查落实。

（三十二）“两基”巩固提高工作实行领导负责制，各级政府“一把手”要亲自抓,负总责。各级教育行政部门和有关部门要认真履行职责,把开展“两基”巩固提高工作与推动社会事业发展、建设社会主义新农村、构建和谐西藏结合起来，深入调研，认真组织，加强配合，形成合力，及时解决推进“两基”巩固提高工作中出现的困难和问题。

（三十三）“两基”工作评估验收结束后，巩固提高任务艰巨，各级“两基”攻坚办事机构不能撤、人员不能减、投入不能少、工作不能停。按照“在自治区人民政府领导下，地方负责、分级管理、以地县为主”的基础教育管理体制要求，明确工作责任，落实工作任务，切实把“两基”巩固提高任务

分解到各工作部门，落实到人。

（三十四）自治区制定全区“两基”巩固提高工作规划，建立目标责任制。将各项工作任务分解到地（市）、县（市、区），以县（市、区）为单位组织实施；建立“两基”巩固提高工作专项考核制度，将其纳入对各地（市）、县级政府的考核体系，每年考核一次；各地（市）要按照自治区制定的“两基”巩固提高规划，督促县级政府认真组织实施，并有力扶持困难县域的“两基”巩固提高工作；县级政府对本地“两基”巩固提高工作负主要责任，按照自治区规划和要求，制定“两基”巩固提高工作的具体实施方案，确定巩固提高工作的重点内容和基本要求，并采取有效措施予以落实；统筹县域内教育资源，优化教育资源配置，调动乡（镇）政府的积极性，抓紧抓实“两基”巩固提高工作。

十一、严格督查，加强“两基”巩固提高的督导评估工作

（三十五）建立健全教育督导评估制度，切实加强对“两基”巩固提高工作的督查工作。继续坚持和完善“两基”攻坚过程的督导、评估验收、复查和随机抽查制度，严格标准，确保质量；自治区将根据国家有关规定制定我区“两基”巩固提高督导评估工作实施办法，以县（市、区）为单位开展“两基”巩固提高的督导评估工作，并将督导结果以督导公告的形式向社会发布；各地（市）要组织开展对辖区内的县域“两基”巩固提高工作进行督导评估；督导评估结果将作为考核领导干部的重要内容和表彰奖励的重要依据；自治区将对“两基”巩固提高工作先进县（市、区）给予表彰；对经自治区督导评估团认定基本合格但还存在问题的，限期整改；对经自治区督导评估团认定不合格或整改不合格的，给予黄牌警告，次年重新组织督导评估；对黄牌警告后再进行督导评估仍不合格的，撤销其“基本普及九年义务教育、基本扫除青壮年文盲县（市、区）”称号，并责其按程序重新申报“两基”验收，确保“两基”巩固提高工作质量。

西藏教育工作大事记（1950—2011）

1950 年

1 月 10 日，中国人民解放军第十八军接受解放西藏的任务。刘伯承、贺龙司令员和邓小平政委向十八军军长张国华等传达毛泽东指示："进军西藏宜早不宜迟，进藏部队要认真执行党的民族政策、宗教政策和做好统战工作，争取上层，影响和团结群众，争取团结一切可以团结的爱国力量，集中打击帝国主义及其忠实走狗——亲帝分裂主义分子。"邓小平政委指出："到西藏去，就是靠政策走路、靠政策吃饭，政策就是生命。要用正确的政策去扫除中外反动派的妖言迷雾，清除历史上造就的民族隔阂和成见。"

1 月 18 日，中央民委邀请各地来京藏族民主人士、知识分子等座谈西藏问题。朱德在会上重申中央人民政府解放西藏的决心。座谈中，藏族人士纷纷痛斥帝国主义侵略西藏的阴谋，强烈要求迅速解放西藏。

2 月 1 日，中央民委举办的藏民研究班举行开学典礼。朱德副主席、政法委员会副主任彭泽民和民委副主任委员刘格平到会讲话，勉励学员努力学习民族政策，研究西藏的政治、经济、军事、文化、宗教。4 月 22 日，周恩来总理向全体学员做报告，论述了理论和实践相结合、中国共产党的民族政策、改善少数民族是经济以及保护宗教信仰自由等问题。他要求汉族要抱着赔不是、还债的心情，少数民族要有求团结的心情，共同搞好民族团结。4 月 30 日，研究班举行结业典礼，林伯渠、乌兰夫、刘格平到会讲了话。

3 月 29 日，新闻总署召开全国新闻工作会议，决定中央人民广播电台增设蒙古语、藏语广播。同年 5 月 22 日，藏语节目正式播音。

11 月 10 日，西南军政委员和西南军区司令部颁布进军西藏各项政策的布告：人民解放军入藏后，保护西藏全体僧侣、人民的生命财产；保障西藏全体人民之宗教自由，保护一切喇嘛寺庙；帮助人民开展教育和农牧工商业，改善人民生活；对于西藏现行政治制度及军事制度，不予变更；西藏现有军队成为中华人民共和国国防武装之一部分；各级僧侣、官员、头人照常供职；一切有关西藏各项改革之事宜，完全根据西藏人民意志，由西藏人民及西藏领导人员采取协商的方式解决。

12 月 31 日，昌都地区僧俗人民争取和平解放西藏工作委员会成立，阿沛·阿旺晋美任主任。

12 月，昌都小学正式成立，这是西藏解放初期创办的示范性的小学。

是年昌都解放后，在地区人民解放委员会内下设文教处，统一管理昌都地区的文化教育事业。这是西藏第一个专门管理人民教育事业的行政机构。西藏其他地区的学校教育工作在西藏自治区筹委会未成立之前，主要由中共西藏工委宣传部领导和管理。

1951 年

1 月 1 日，昌都地区人民解放委员会成立。

1 月 12 日，昌都办起了冬学。

3 月，西藏第一所现代小学——昌都小学正式成立。

5 月 23 日，《中央人民政府和西藏地方政府关于和平解放西藏办法的协议》在京签字。

5 月 27 日，西藏民委和西南人民广播电台决定：西南人民广播电台每星期日增设藏语广播。

11 月，人民解放军成立了藏文干部培训班。

1952年

是年，成立了西藏军区干校。

1月10日，中央西藏工作委员会成立。

6月29日，中共中央对甘肃藏区工作发出指示。指出在这类地区内进行工作，要坚决依靠三条基本的政策：第一条是广泛的统一战线政策，争取和团结一切可以争取团结的中上层人物。第二条是发展贸易、卫生，尽可能地解决群众生活和生产方面的困难，争取藏民在生活上逐步改善。第三条是通过各种适当的方式培养包括中下各层在内的藏族干部。

8月，拉萨小学正式成立，这是西藏和平解放后中国共产党在西藏创办的首批新型公办小学之一。

1953年

4月，中共中央批转青海玉树地委报告，就外来干部学习藏语问题指出：各少数民族地区的党委都应把学习当地少数民族的语言当作一项重要的政治任务，都应仿照玉树地委的办法，认真组织汉族干部学习当地少数民族语言。

5月23日，日喀则小学正式成立。

5月30日，中国佛教协会成立会议在北京广济寺举行。

1955年

2月24日，毛泽东主席在庆祝藏历木羊年的宴会上致辞："我们大家应当努力，进一步加强和巩固我国民族间的团结，进一步加强和巩固汉、藏民族间以及藏族内部的团结，共同建设我们伟大的祖国。"

5月22日，新华社报道，三年来，国务院拨款142万元，帮助西藏和昌都地区发展小学教育，西藏和昌都地区已建立小学27所，藏族学生达两千多名。

9月16日，国务院派到西藏支援各项建设的300多名干部，首批于8月中旬至9月中旬陆续到达拉萨和昌都。

10月9日，西藏地区参观团和西藏青年团202人到达北京，10月18日，陈毅设宴招待。12月23日，毛泽东在接见时说：中央有什么东西可以帮助你们的，一定会帮助你们。帮助少数民族，让各少数民族得到发展和基本进步，是整个国家的利益。各少数民族的发展和进步都是有希望的。

12月6日—15日，中国科学院语言研究所和中央民族学院在北京联合召开第一次民族语文科学讨论会，近100位专家学者参加了会议，会议学习并讨论了中央关于少数民族语文工作的指示，交流了民族语文工作的情况和经验，交换了如何帮助少数民族创立、改进和改革文字的意见，初步制定了少数民族语文工作的12年远景规划和第一个五年计划。

1956年

8月5日，在全国人民代表大会民族委员会领导下，有关部门和地区动员了大批人员，组成西藏、四川、云南等少数民族社会历史调查组，到少数民族地区开展全面的社会历史调查工作。

9月1日，拉萨中学正式成立，这是西藏和平解放以后自治区人民政府在西藏创办的第一所具有现代意义的中学。

是年，西藏军区干校改名为西藏地方干校。

是年，在拉萨组建西藏公安干部训练班。

是年，西藏自治区筹备委员会成立，正式建立了全区统一的专门的教育行政管理机构西藏自治区筹委文教处，编制十几个人。各个基巧办事处（相当于专区）设立了文教科或民教科，大部分宗（即县）也设立了专职教育干部或机构。

1957年

6月，中共西藏工委为培养建设新西藏的干部而创设的西藏公学和西藏团校，相继在陕西省咸阳开学。

10月，中共西藏工委从各地送来农牧民积极分子、基层干部和青年知识分子3600多人，选调教职工近900人，到陕西省咸阳，一边筹建西藏公学和西藏团校，一边开始教学。

是年，将西藏公安干部训练班并入中央人民公安学院，设立西藏班。

是年，根据中央关于西藏六年内不进行民主改革的精神，西藏的各项事业及各级行政机构进行了收缩。除昌都地区外的各个基巧办事处和宗的教育行政管理机构先后撤销，学校教育工作仍由各分工委宣传部代管。自治区筹委文教处与卫生处合并为文教卫生处，主要任务是管理拉萨市的几所中小学。

1958 年

9 月 15 日，西藏民族学院在陕西成立。

1959 年

3 月，西藏开始进行民主改革。

是年，民主改革后，恢复了原筹委文教处，并扩大了编制，增设了民族教材编译组等机构。

1960 年

6 月 25 日，中央民委在北京召开民族学院院长和西藏公学校长座谈会，研究在少数民族地区加强教育工作的问题。会议要求各民族学院必须加强阶级教育，开展教育改革，高速度培养少数民族的共产主义干部。

是年，在拉萨成立西藏自治区公安学校。

是年，在拉萨初级中学的基础上创办了西藏第一所完全中学——拉萨中学。

1961 年

是年，西藏地方干校改名为西藏行政干校。

是年，在拉萨色拉寺的对面建立了拉萨市师范学校。

5 月 25 日，《西藏日报》报道，自平叛和民主改革以来，西藏广大农村和牧区，藏、珞巴等少数民族地方干部已有 1 万多名。其中，任乡长职务的有 2000 名。

6 月 30 日,《西藏日报》报道，民主改革以来，西藏全区已有 1000 多名翻身农牧民加入中国共产党。

1962 年

1 月，上海戏剧学院表演系藏族表演班首批 29 名藏族学员，经过两年多学习后结业，1 月下旬举行毕业公演，用藏语演出了田汉的大型历史话剧《文成公主》。

1963 年

10 月 15 日,《今日新闻》报道，中央民族学院、西北民族学院等院校为西藏培养出一批藏族专业人才和技工 260 名，其中电机、机械技工 87 名。

1964 年

1 月 2 日，新华社报道，西藏民主改革以来，藏族干部已有 1.2 万多名。其中各种专业技术干部 1000 多名。

1 月 29 日,《今日新闻》报道，西藏已有藏族教师 1600 多名，比民主改革前增加了 10 多倍。

5 月，在精简机构中，筹委文教处再一次与卫生处合并为文教卫生处。

11 月 13 日,《今日新闻》报道，西藏藏族干部中任区以上各级党政领导职务的有 1000 多名。全区 70 多个县的正副县长和 440 多个区的正副区长中藏族干部占 87%。

11 月 22 日，新华社报道，在西藏公办、民办中小学中，90% 以上的教师用藏文教学，自治区文教部门编印的各类藏文课本已有 18 种。《西藏日报》藏文版的发行量由创刊时的几百份发展到 5400 份。各个专区和靠近专区的一些县设立了有线广播站。西藏还设立了一所专门印刷藏文书报的印刷厂。

1965 年

6 月 12 日，创办了拉萨半工半读技工学校。

9 月 9 日，西藏自治区成立。

9 月经中央批准，西藏公学更名为西藏民族学院，并由郭沫若先生书写了校名，成为西藏第一所高等学校，开创现代高等教育的新纪元。

11 月 18 日，那曲地区的第一所畜牧兽医学校正式成立。

12 月 17 日,《今日新闻》报道,西藏提拔一批藏族干部担任党政领导职务。

是年，西藏自治区正式成立之后，设立了文教厅。各地、市设立文教局，各县设立文教科或文教卫生科。此后,民族教材编译室扩大,有编译人员 22 人,下设小学藏语文翻译组、汉语文编写组、数学编写组、中学物理与化学编译组和数学编译组。

是年，将西藏自治区公安学校改名为西藏自治区政法干校。

是年，西藏交通厅驻格尔木办事处创办了全区第一所半工半读职业学校。

1966 年

是年，西藏自治区邮电学校正式成立。

是年，西藏自治区农业体育学校在拉萨市西郊金珠西路成立。

是年,“文化大革命”开始后,全区各级教育行政管理机构先后瘫痪或撤销,致使西藏教育陷入无人管理的混乱局面。

3 月 1 日，西藏自治区师范学校成立。于 1971 年 15 日开学。

1968 年

9 月 5 日，西藏自治区革命委员会成立。

是年，西藏自治区革命委员会成立后，全区教育工作由革命委员会政工组内的宣教组管理。

1969 年

是年，西藏自治区农业体育学校被撤销。

1971 年

是年，西藏自治区革命委员会设立了文教局，各地、市和大部分县的教育行政管理机构也先后恢复，但很不健全，多数教育行政干部长年被借调下乡蹲点，搞所谓的政治运动，教育行政机构名存实亡，从而使教育管理工作混乱、教育机构处于瘫痪或半瘫痪状态。

1972 年

是年，西藏自治区财政金融局财会干部训练班正式成立。

10 月 15 日，西藏自治区第一所中级卫生学校开学。

1973 年

是年，西藏自治区财政金融局财会干部训练班改名为西藏自治区财政金融学校。

10 月 6 日，西藏财政金融学校开学。

1974 年

是年，西藏农机学校在拉萨近郊堆龙地方的河沙石滩上筹建，1975 年正式招生。

是年，在拉萨市林廓东路筹建西藏自治区体育学校。

是年，西藏自治区党委决定，在林芝八一镇成立西藏民族学院林芝分院。

4 月 26 日，国务院批转科教组《关于内地支援西藏大学、中学、转科师资问题的请示报告》。《报告》提出：对西藏要求配备的八所中学和一所师范学校的师资，由上海、江苏等六省、市和国家机关定区、定校包干支援。并对支援教师的任务、分工、条件、年限、待遇等提出了意见。7 月，六省、市和国家机关选派了大中学校教师和干部 389 人进藏。1976 年 4 月 11 日，国务院又发出支援西藏师资的通知：免除原由国家机关各部、委轮换派出的任务，改由山东、湖北两省在 1976 年分两批派出援藏教师，每期每批 45 人。

11 月，在西藏的波密建立了昌都地区师范学校。

1975 年

是年，将西藏自治区体育学校从拉萨迁至西藏林芝县八一镇，1976 年开学。

是年，在日喀则的班禅大师新宫南侧建立了日喀则地区师范学校。

8 月 31 日，新华社报道，西藏藏族、门巴族等已有自己的干部 27000 多名，占全区干部总数的 60% 以上。

12 月 16 日，西藏农牧学校在拉萨开学。

1976 年

2 月 21 日，北京市革委会和市民委联合召开大会，欢送 434 名应届大学毕业生到西藏等地支援边疆建设。

是年，"文化大革命" 结束后，成立了自治区教育局，下设办公室、政治部、教育处、教材编译室等。后增设大、中专教育处（组），原教育处改为普教处。

1978 年

是年，将西藏自治区政法干校改名为西藏自治区公安局公安学校，校址在拉萨策墨林。

3 月 1 日，西藏医学院在林芝建立，并举行开学典礼。

4 月 1 日，新华社报道，西藏自治区和其他少数民族的专业技术干部已达 2600 多名。

5 月，经国务院批准，西藏民族学院林芝分院正式改名为西藏农牧学院，与西藏民族学院完全脱钩。

1979年

1月13日,《西藏日报》报道，中国社会科学院研究所组成的西藏少数民族考察队，从1976年至1977年在西藏察隅、墨脱、米林、错那、隆子等县对门巴、珞巴、登人等少数民族的社会历史、语言进行了考察，并拍摄了一些资料影片，初步整理出80万字的研究资料。

3月18日，新华社报道，西藏自治区六所农牧机械学校培养出首批农牧机械驾驶员、操作人员71名。

3月19日,《西藏日报》报道，西藏自治区藏族人口已达170多万，比1959年增长44%多。全区已建起中、小型企业200多个和以拉萨为中心的各条公路干线，设立高等院校4所，中、小学3600多所，在校学生达20万名。

7月20日，西藏艺术学校正式成立，翌年9月1日在拉萨开学。

8月16日，新华社报道，西藏自治区已培养出9300多名藏族、蒙古族和其他少数民族畜牧兽医研究人员；1000多名藏族地质技术人员。

是年，自治区教育局改名为自治区教育厅，扩大编制并增设机构。除原有机构外，还增设了工农业余教育处、教学仪器供应处等。

1980年

是年，西藏商业干部训练班成立。

是年，昌都地区师范学校从波密搬迁到俄洛桥附近。

1月30日，西藏自治区党委和统战部门推荐选举和安排有工作能力和技术专长的550多名爱国人士参加实际工作。

2月19日，教育部发出《关于继续派援藏教师的通知》。据此，四川、江苏等八省市，继续派出500多名中学教师到西藏各地中学任教。

8月2日，西藏自治区边境县的662名民办教师于上半年转为公办教师，其中少数民族教师占98%。

9月1日，西藏自治区艺术学校成立并举行开学典礼。

10月11日,《人民日报》报道，中央政法干校第八期西藏班100名藏族学员毕业返藏。1957年以来，该校共为西藏培养了1500多名藏族政法干部。

是年，全区开始精简机构，汉族干部职工大批内调，自治区教育厅只保留办公室、政治部、教育处（由普教处、大中专教育处和工农业余教育处合并而成）、教材编译室等四个县级单位，干部职工由130人减为100人。

1981年

本年，西藏社会科学院成立。

5月22日,《光明日报》报道，西藏和平解放以来，小学发展到6586所、中学55所、中专技校22所、中技8所、大专院校4所，在校生共达26万多人。全区7220名小学教师中，民族教师占89%；1170名中学教师中，民族教师占76%；554名大学教师中，民族教师占30%。

5月30日，据西藏自治区教育厅统计，自1956年到1980年，西藏已选送少数民族学生4458人到区内外大学本科和专科学校培养。

5月31日,《西藏日报》报道，西藏自治区高等院校招生工作会议在拉萨召开。会议决定本年自治区高校招生以少数民族学生和自治区建设事业急需的专业为主，保证少数民族学生占新生总数的60%以上；中专和技工学校的新生，少数民族应占70%以上。

10月16日，教育部和国家人事局发出通知：支援西藏大学教师的工作由教育部负责办理，国家人事局予以协助。西藏师范学院由天津、吉林支援；西藏农牧学院由四川、陕西支援；西藏民族学院由上海、浙江支援。

1982年

是年，西藏农机学校改名为西藏自治区农牧学校。

3月6日，西藏、青海等五省区藏文教材第一次协作会议在西宁召开。会议交流了藏文编译工作的情况和经验，讨论了编译教材的指导思想原则、语言规范化和队伍建设等问题。会议决定于1983年秋供应统一的藏文教材。创办《藏文教材建设动态》刊物。

6 月 24 日，西藏自治区人民政府决定：从今年起，每年增拨 700 万元教育经费，为少数民族中、小学生提供助学金。所有的少数民族高中生，全部实行助学金；初中寄宿的少数民族农牧民子女全部享受助学金，走读生 80% 享受助学金；农牧民子女读公办小学住校生全部享受助学金，四年级以上走读生 60% 可享受助学金。

9 月 14 日，新华社报道，西藏自治区藏族和其他少数民族干部已有 29000 多人，占全区干部总数将近 60%，比 1965 年增加 3 倍。

12 月 9 日，根据西藏三所高等院校的要求，教育部决定从上海、天津等六省市选派第四批援藏教师。

12 月 22 日，《光明日报》报道，西藏自治区已有少数民族知识分子 8300 多名。三年来先后录用藏文、藏医、历算、藏史等方面的专业人员 90 多名。

12 月 24 日，《西藏日报》报道，阿沛·阿旺晋美副委员长捐款修建的西藏工布江达县仲萨区林达村的 75 千瓦电站竣工。

是月，西藏银行干部学校改名为西藏自治区银行学校。

1983 年

4 月 24 日，经国务院批准，西藏自治区在拉萨筹建第一所综合性大学——西藏大学。

5 月 24 日，经国务院批准，西藏第一所佛教学院在拉萨筹建。

5 月 27 日，西藏自治区招生工作会议决定，从 1983 年起，西藏高考加语文试卷。除汉语文科外，其他各科均可用藏文答卷。还规定放宽考生的年龄限制，少数民族考生的一切路费由国家补贴。

7 月 21 日，中国西南民族研究学会藏族学术讨论会在拉萨举行，会议日程 8 天，与会代表共 130 多人，提交论文、资料共 110 篇。关于藏族的历史是提交论文最多和讨论最为热烈的一个课题。会议对藏族的族源、古代藏族与周围兄弟民族的关系，不同历史时期西藏地区的社会性质，近代藏族人民反对帝国主义、维护祖国统一等方面，展开了讨论。

7 月 29 日，中国企业管理成都培训中心同西藏自治区在成都签订协议：从 1984 年起，每年为西藏培训 130 名高、中级企业管理干部。

9月15日，新华社报道，西藏藏医学校在拉萨藏医院举行开学典礼。这所学校为中专，学制四年。这一期共招收藏族学生40名。

9月28日，《西藏日报》报道，1980年以来，国家共拨给西藏教育经费18128.4万元，资助西藏发展教育事业。

10月11日，西藏自治区218名藏、门巴等民族的科技工作者，获国家民委、劳动人事部、中国科协联合颁发的奖状、奖品和纪念奖。

同日，新华社报道，北京、天津等地的37所军队和地方院校的877名应届大学和中专毕业生，自愿到西藏高原边防部队工作，已陆续到达各自的工作岗位。

是年，根据西藏教育事业发展的需要，自治区教育厅又开始扩大编制为205人，恢复了大中专教育处和普教处，增设了人事处、计财处、民族教育研究室和招生办公室、电化教育馆等机构，并扩大了民族教材编译室的人员编制，全室设有文科、理科、编务、行政四个科室，职工41人，其中各科编译人员34人，藏族占82%。

1984年

1月20日，新华社报道，西藏自治区已办起400多所寄宿制学校，在校学生达6万多人，占全区中小学生的40%。1983年自治区拨出1000多万元专款，为学校修建教室、学生宿舍和购置教学用具。在校寄宿的少数民族子弟的学习费和伙食费一律由国家负担。家庭困难的学生还发给被褥、衣服和零花钱。

2月27日，中共中央书记处在北京召开西藏工作座谈会，3月28日结束。参加会议的有：中共和中央有关部门负责同志，西藏自治区党政军领导机关和各地市委负责同志，共70余人。这次座谈会就怎样更深刻、更正确地认识西藏；大力开发能源，发展交通运输事业；进一步放宽政策，促进农牧业和民族手工业的迅速发展；努力办好教育事业，发展和繁荣文化艺术；对外实行开放，对内加强交流；高度重视和切实做好统战、民族、宗教工作；认真培训民族干部，提高思想、工作水平等问题，进行了深入讨论，并形成《西藏工作座谈纪要》。4月1日，中共中央印发了这个《纪要》，并在《通知》中指出，《纪要》是今后在相当长的时期内指导西藏工作的重要文件。

2月28日，新华社报道，西藏自治区已培训出一支拥有9700多人的少数民族畜牧兽医技术队伍。

10月7日，全国首次少数民族语言文字信息计算机处理学术讨论会在呼和浩特召开。会议3天，与会代表共91人。会议对藏、壮、蒙古、维吾尔、哈萨克、朝鲜6个少数民族语言文字信息的计算机处理问题进行了学术讨论。

是年，自治区修建了电化教育馆，并制作了小学至初中有关课程的藏语教学片和专题讲座片，录制了中央电视大学、电视师专、电视中专的专业课程节目以及中小学师资培训等教学片2000多个课时。

1985年

5月1日，西藏电化教育馆和西藏电视台联合开通了西藏教育频道，节目内容主要由西藏电化教育馆提供。

5月15日，《西藏日报》报道，西藏自治区人民政府根据中央指示精神，结合全区的实际情况，制定和下发了《关于全区办重点中小学实行“三包”的试行办法》，对全区公办重点中小学实行包吃、包穿、包住。这一重大措施于1985年9月起实行。

6月初，教育部颁发《关于内地十九省、市为西藏办学的几项具体规定》的通知。

6月11日，浙江省援藏工程指挥部承建的西藏电教馆、西藏大学交付使用。

7月20日，西藏大学在拉萨正式成立。西藏大学设藏语言文学、语文、政史、艺术、藏医、数理、生化地7个系和教师进修班，共15个专业。

同月，常州西藏民族中学正式成立。

8月6日，西藏社会科学院在拉萨正式成立。设有民族、历史、宗教、语言文学、情报、经济等所和一个藏文古籍出版社。

9月1日，西藏大学正式开学。

同月，第一批内地西藏班1300名学生赴十六省、市西藏班（校）学习。

是年秋，西藏教委通过对应届小学毕业生的考核，1300名小学生被选送到内地十六省市学习深造。

1986年

3月，发布国家教委、国家计委、国务院西藏经济工作咨询小组关于加速筹建西藏中学的通知。

3月14日，由西藏自治区经济学会和西藏社会科学院经济研究所联合举办的西藏经济体制改革理论讨论会在拉萨召开。

5月16日，国家教委在湖南岳阳市召开了十六省市西藏教育工作会议。

5月20日，中国藏学研究中心在北京成立。多杰才旦任总干事，江平任副总干事。首都学术界和民族、宗教界人士300多人出席成立大会。该研究中心的主要任务是领导和协调全国的藏学研究事业，积极开展自身重点项目的研究工作，大力培养藏学研究人才，全面搜集、整理藏学文献资料，广泛进行藏学学术交流。

6月，经国家教委批准，于1986年5月15日至20日，在湖南岳阳市召开了内地十六省市西藏班工作会议。

7月17日，西藏自治区领导人接见开办西藏班的16省市教育部门和学校负责人，伍精华等强调办西藏班是一项英明的战略决策，感谢兄弟省市为培养西藏人才做出的贡献。16省市的同志表示要把西藏班办得更好，让西藏人民放心。

8月1日，全国藏学讨论会在拉萨开幕。参加这次会议的有近100名藏学专家、学者和教授。共收到区内外论文117篇。会上，通过了《给我国藏学前辈的致敬信》和《适当时机在拉萨召开国际藏学讨论会的倡议书》。

7日，西藏藏学会在拉萨成立。会议通过了西藏藏学会章程，选举了学会顾问和理事会成员。

9月，国务院召开的智力援藏工作会议在北京召开。

10月，国家教委下发关于落实中央在内地为西藏办学培养人才指示的通知。

12月，国家教委、中央统战部、国家民委等报请国务院批转《关于改革和发展西藏教育若干问题的意见》，提出了西藏发展教育的方针。

1987 年

5 月，北京西藏中学奠基建校。学校位于北京亚运村东侧的朝阳区北四环东路高原街 1 号。

是年，西藏自治区邮电学校与自治区办公厅机要处联合开办了机要通信学习班，为西藏自治区和拉萨部队培训了大批专业技术人才。

是年，根据日喀则师范学校发展的需要，上级有关部门决定将学校搬迁新建。工程于 1989 年 4 月正式动工，大部分基建项目于 1990 年 9 月交付使用，新址在日喀则市北京南路中段。

是年，西藏建立了拉萨卫星上行站以及在各地（市）、县建立教育卫星地面接收站共计 100 座，初步形成了电化教育网络。

春节期间，西藏教育工会组织了“园丁电视智力竞赛”活动，活跃了教职工的文化生活。

12 月 28 日国家教委、中央统战部、国家民委、国务院西藏经济工作咨询小组报请国务院批转《关于改革和发展西藏教育若干问题的意见》，提出了西藏发展教育的方针重点是加强基础教育，优先发展师范教育，积极发展职业技术教育和成人教育，巩固提高高等教育，逐步改善西藏办学的社会环境，重视继承和发扬藏族优秀的历史文化传统、加强内外经济文化交流。

1988 年

是年，将西藏自治区体育学校从西藏林芝县八一镇迁至拉萨市北郊娘热路中段。

1 月 7 日，新华社报道，西藏第一个电子实验室在西藏农牧学院水电工程系建成并投入使用。实验室针对西藏的实际，选定通用性强的仪器设备，便于为西藏的农、牧、林、电力、国防等科研、生产服务。

2 月 10 日，西藏自治区语文工作指导委员会在拉萨成立。

7 月，国家教委和国家民委在甘南藏族自治州联合召开甘肃、青海、西藏、四川、云南等五省区藏族教育研讨会。会议的中心议题是贯彻中央召开的民族团结表彰大会及援藏会议精神，落实中央关于教育工作的一系列重要指示，总结交流研讨关于藏族教育工作方面的经验。中共中央政治局委员、国家教委主任李铁映出席会议，并在会上强调，民族地区的教育，不要照搬国外和内地的经验和模式，藏族教育要根据牧区实际走自己的路。

8月，阿沛·阿旺晋美副委员长就内地办学发表意见，赞扬内地省市为办好西藏班做了大量工作，同时对进一步办好西藏班提出希望和建议。

同月在拉萨召开了第二次西藏教育学会会员代表大会。会议调整整顿了学会组织，修改学会章程，选举产生了第二届理事会及理事、常务理事、正副秘书长，会议同时要求下属各研究会也要进行调整整顿。这次会议还组织了学术交流，共收到了论文49篇，通过交流择选了优秀论文，并为中国教育学会成立十周年推荐了五篇优秀论文。

8月20日，由西藏自治区计划经济委员会、经济社会发展研究中心联合举行的“西藏经济社会发展战略研讨会”在拉萨召开。研讨会的主要议题是：正确分析西藏经济发展的困难和优势，研究探讨西藏的经济发展战略，努力探索符合西藏实际的发展道路，研究加快西藏经济发展步伐的战略对策。

8月，成都西藏中学奠基建校。

11月19日，《中国教育报》报道：中央民族学院最近召开了少数民族地区及不发达地区教育研讨会，就这些地区的教育特点、教育目标、办学路子等问题进行了讨论。

11月30日，新华社报道，西藏民族教育迅速发展，各类学校职工已达1.5万多人。1987年，小学有2388所，在校学生12.1万人，其中藏族学生10.9万人，占90%；普通中学64所，在校学生2.2万人，藏族学生占65.2%；中等专业学校14所，在校学生3060人，藏族学生占60.6%；高等学校3所，在校学生2860人，藏族学生占66.4%；佛学院1所，在校学生200人；内地18个省市为西藏办的80多个中学班有学生5278人。

12月8日，《人民日报》（海外版）报道：中国藏学研究中心第一次干事（扩大）会议在京开幕。阿沛·阿旺晋美和班禅两位副委员长向会议上的70多位民族学专家提出要求和希望：藏学是中华民族文化的重要组成部分。现在藏学已成为世界性的学科。我国是藏学的故乡，要充分利用有利条件，认真研究藏文和藏文经典，使藏学研究进一步发展起来。

是年，西藏艺术学校舞蹈专业应届毕业生参加了在香港举行的第三届国际舞蹈节和首届羊城（广州）国际舞蹈节。

是年，为了加强对教育工作的行政领导和管理工作，成立了自治区教育科学委员会。

是年开始，西藏电视教育用藏汉两种语言播出中小学的课程，用藏语编译录制了全国统编小学数学教材1至12册，后陆续又将初、高中全国统编教材全部编译、录制成藏语，用于藏区的电视教育。

1989年

3月，西藏自治区决定，在西藏大学藏医系和西藏藏医学校的基础上，新建西藏大学藏医学院。

6月，完成了自治区教育学会组织、整顿的任务，下设各研究会相继进行组织、整顿、换届等，基本上完成了各项任务。

10月，组织了“社会主义好”“用藏语文授课”研讨会。在“社会主义好”研讨会上，代表们从理论和实际两方面论证了社会主义制度的优越性，肯定了中国共产党领导全国人民在政治、经济、文化、教育等方面取得的巨大成绩，歌颂了人民的幸福生活，抨击了资产阶级自由化的言论和分裂分子的丑恶嘴脸。“用藏语文授课”研讨会上，代表们认真回顾了几年来用藏语文授课取得的成绩，并要求搞好用藏语文授课试点，总结经验，找出路子。

是年，还组织了教育学会论文征集活动，共收到了汉文论文170多篇，藏文论文56篇。经过整理，于1989年底编辑出版了《西藏教育研究论文选集》（汉文），收集论文63篇，约30万字。

是年，西藏艺术学校与西藏自治区广播电视厅、文化厅、拉萨电视台联合录制了西藏民间歌曲《圣地之光》。此外，该校在全区首届话剧小品比赛中，5个小品分别获得创作一、二、三等奖。与自治区话剧团联合拍摄创作的5部电视小品，受到广大藏族群众的喜爱。

是年，西藏自治区卫生学校为培养高层次的藏医人才，增设了藏医系。

是年，首届内地西藏班初中生毕业，进入中等技术专业学校862人，300名学生进入高中进行学习。

1990 年

5 月，开办了一年一度由自治区科协在拉萨组织的科普一条街活动，教育学会组织了大中专考试、儿童家庭教育、心理教育、智力开发等咨询活动，社会反映良好。

7 月，江泽民同志考察西藏时指出，内地西藏班必须毫不动摇地长期办下去。

同月，国家教委王明达副主任一行考察西藏教育。

8 月 31 日，由中国译协民族语文翻译委员会和青海省译协联合主持召开的第一次全国藏语文翻译学术讨论会在西宁圆满结束。来自北京、西藏、四川、甘肃和青海五省区 60 余名翻译界人士参加了会议，代表们向大会提交了 25 篇学术论文。与会代表就翻译工作地位及藏语文翻译史、翻译理论等议题进行了广泛的讨论与交流。

10 月，国家教委西藏调研组一行四人第一次到西藏考察，重点为筹备国务院教育援藏工作会议做准备。调研组在西藏区内考察了日喀则、那曲、山南、林芝、拉萨等地市的 20 多个县，近百所学校。向国家教委和西藏自治区教委提交了考察报告。

10 月至 11 月，自治区教育学会与区教委政工人事处、西藏大学培训部合作，举办一期中学校长研讨班，先后由 11 名教师上课，开创区内独立进行校长培训的先例。

1991 年

是年，西藏商业干部训练班改名为西藏自治区商业学校。

4 月 12 日，全国内地西藏班管理研讨会在天津召开。全国 20 个省、市自治区的代表参加了会议。国家教委王明达副主任出席会议。

5 月，在拉萨组织了科普一条街活动，区教育学会进行了大中专考试问题的答疑，数理化教育研究会组织了中小学各科知识、小学各科教材教法及美术、手工等幼儿教育知识咨询。

5 月 11 日，西藏和平解放 40 周年学术讨论会在拉萨闭幕。西藏自治区党政领导热地、江村罗布等同志出席闭幕式，参加会议的有北京、青海、四川、甘肃、云南、内蒙古、陕西等地的专家、学者140多人，提交论文150余篇。

7月17日，西藏自治区首次藏语文工作会议在拉萨召开。会议的宗旨是统一思想，提高认识，进一步做好学习使用和发展藏语文工作。自治区党委副书记、藏语文指导委员会副主任丹增主持会议，自治区副主席、藏语文指导委员会副主任吉普平措次登做了藏语文工作报告。

8月7日，第二届《格萨尔》国际学术讨论会在拉萨举行。来自苏、美、法等10个国家和港澳台地区的79位学者参加了讨论会，收到论文50篇。长篇史诗《格萨尔王传》不仅在我国流传，而且在尼泊尔、巴基斯坦、不丹、苏联、蒙古等国广泛流传，有着东方"荷马史诗"之称，这次学术讨论会就是为了交流研究成果。

11月，在拉萨召开自治区教育学会年会暨学术讨论会，会议传达了中国科协四大、西藏科协二大会议精神，开展了学术交流，共收到了论文37篇，其中有9篇被评为优秀论文。

1992年

年初，自治区教育学会发文通知，动员各研究会认真学习邓小平南巡讲话，根据讲话精神对我区教育发展进行探讨，先后共收到了论文30多篇，其中12篇论文刊登在《西藏教育》杂志上。

3月，全国第四次民族教育工作会议在北京举行。会议强调要加强对西藏教育的指导和扶持。

5月，科普一条街活动，自治区教育学会组织会员散发各种宣传材料1000余份，共有1500余人次进行咨询。宣传内容包括党和国家方针政策、招生政策和中小学各级教学内容。

7月，1992年的内地西藏班招生工作会议暨管理研讨会在内蒙古自治区呼和浩特市举行。国家教委王明达副主任、专职委员郭福昌等出席了会议。

11月10日，由西藏社会科学院主办的青年藏学工作者"传统文化与现代化"学术研讨会在拉萨召开。参加会议的代表60人，其中藏族学者占90%以上。大会共收到青年学者们有关西藏政治、经济、社会、历史、宗教、哲学、文化、语言、教育、文学等各学科的研究论文50余篇，从不同的角度探讨了在新的历史时期藏族传统文化与现代化观念的融合或冲撞，表现了有知识的年轻一代对改革开放的强烈参与意识和积极的思索。

12月，自治区教育学会以书信形式进行学术交流，对应征的论文印发给各个评委进行评选。共收到了60余篇论文，经过评选，有10余篇论文获奖，给作者进行重奖。

1993年

3月9日，国务院教育援藏工作会议在北京召开。中共中央政治局委员、国务委员兼国家教委主任李铁映出席会议并讲话。西藏自治区党政领导以及有关省市负责人参加了会议。

3月10日，西藏自治区第四次教育工作会议在拉萨召开。

7月，内地西藏班首届优秀毕业生表彰会在北京召开。

同月，1993年内地西藏班招生工作会议在成都召开。

同月，在纪念中国教育学会成立十五周年之际，自治区教育学会选送的《一江两河开发地区人口教育发展对策研究》《我区中学藏语文授课师资情况调查研究报告》和《我区基础教育几点对策与思考》等科研论文，分别获得中国教育学会评选的二、三等奖。

8月16日，中国西南民族研究学会第二次全国藏学讨论会在拉萨召开。来自西南五省区、北京、上海以及港台的12个民族的藏学界和其他社会科学界的专家、学者参加了本届年会。会议围绕“藏学和藏族地区现代化”问题进行专题讨论，并有49篇论文在会议期间进行交流。西藏自治区副主席拉巴平措在讲话中指出，社会科学界朋友，应用自己的科研成果来促进藏区实现社会主义现代化。

是年，经国家教委批准，藏医学院从西藏大学分离出来，单独成立西藏藏医学院。

1994 年

1 月，国家教委派专家到西藏参加制定“西藏自治区普及义务教育规划”工作。

4 月，西藏自治区人民代表大会八届十二次会议召开，会议通过了“西藏自治区普及义务教育规划”。

7 月，内地西藏班办学 10 周年纪念会在人民大会堂举行。

同月，内地西藏班招生工作会议在湖南岳阳市召开。

同月，国务院又召开了第三次西藏工作会议，会议根据西藏教育的实际，总结了内地十年办学的经验，并提出了“长期坚持，逐步扩大，不断完善”的长远发展方针。

8 月 25 日，第二次全国藏语文翻译学术讨论会暨西藏自治区首届翻译理论研讨会在拉萨召开。这次会议的重要议题是：探讨藏语文翻译理论问题；交流翻译经验和体会；研究翻译方法和技巧，进行译著评析和翻译名家研究；探讨藏语文翻译怎样更好地为改革开放服务，进行优秀论文评奖。

10 月，西藏自治区第五次教育工作会议在拉萨召开。

1995 年

4 月，日喀则地区第五次教育工作会议召开，区党委副书记丹增同志到会讲话。

同月，内地西藏班教育研讨会（华东片）在上海行政管理学校举行。

5 月，杨朝济同志率工作组赴昌都地区考察指导工作。

同月，内地西藏初中班预科教学工作研讨会在河北省石家庄市召开。

7 月 18 日，农村及少数民族地区女童教育研讨会在甘肃酒泉举行。这次研讨会是由国家教委和世界银行联合召开的，西藏也有代表参加。与会代表围绕影响女童教育的制约因素、原因与对策、女童教育的改革发展措施等问题进行了专题研讨。与会代表认为，实现“双基”目标，重点和难点在于农村及少数民族地区的女童教育。发展女童教育势在必行。

1995 年内地西藏班招生工作会议在河南郑州召开。

8月8日，中国西藏档案国际研讨会在拉萨举行。来自联合国教科文组织、“世界记忆工程”和美、法、日等国以及海峡两岸的档案研究专家30余人赴会。据介绍，西藏档案馆馆藏以藏文为主的旧政权档案，共120多个全宗，400多万卷（册）。馆藏档案的文种以藏文为主，还有八思巴文、汉语文、满文、蒙古文、阿拉伯文、印地文、尼泊尔文、英文、俄文等10余种文字，时间跨度长达700多年，这些档案记录了自元朝以来各个历史时期西藏的政治、经济、军事、科学、文化、宗教、法律等，内容丰富，包罗万象，无所不有。研讨会旨在围绕进一步整理、抢救西藏档案问题展开广泛研讨，以充分发掘其历史价值，发挥其历史作用。

10月，第三届西藏教育行政干部培训班在北京国家高级行政学院开班。此次培训的重点是内地西藏班、校的领导。

1996年

8月，自治区教委在拉萨召开专项业务会议，自治区党委副书记丹增在会上做了“基础教育是重中之重，各类教育要协调发展”的报告。

9月2日，自治区教育工会评选出1996年“教书育人、服务育人、管理育人”先进工作者。拉萨市教体委副书记诸伟敏等15人获此殊荣。

11月4日，自治区教育督导委员会、自治区教委、自治区人事厅、自治区计委、自治区财政厅等联合组成自治区1996年度“普六”县评估验收组，对提出“普六”验收申请的亚东、江孜、堆龙德庆、扎朗四县进行了评估验收。

1997年

1月16日，空军驻西藏日喀则和平机场的官兵向日喀则江当中心小学捐赠了校服。

5月3日，国家贫困地区义务教育工程西藏自治区试点项目在日喀则地区年木乡举行开工典礼，自治区党委副书记丹增，自治区政府副主席杨松，自治区教委、自治区财政厅等单位的领导专程从拉萨前往参加了开工典礼。

8月20日，由中国藏学研究中心、西藏自治区社会科学院联合主办的藏学讨论会在北京举行。与会代表130余人，提交论文100余篇。

9月8日，自治区政府副主席拉巴平措、自治区教委副主任张荣扬、拉萨市副市长宋和平等领导带领教师慰问组一行先后走访了尼木县完小、塔荣乡雪拉小学、尼木县中学，看望了教师节期间坚守在讲台上的部分教师，并敬献哈达和慰问金，祝他们节日愉快，身体健康。

1998年

4月27日，对口省市重教兴藏暨社会捐资助学表彰会在拉萨召开。

6月25日，中国少数民族双语教学理论与实践研讨会在兰州西北师范大学召开。来自西藏、陕西、青海、新疆、云南及加拿大的20余位中外专家、学者出席了会议。会议收到论文20篇。论文内容涉及双语教学的认知心理学、双语教学论、少数民族地区的双语现状等问题。

7月19日，国家教育部派遣的讲学团一行10人，到西藏的拉萨市、山南地区、日喀则地区进行巡回讲学，他们所到之处受到各级行政部门及各学校广大师生员工的热烈欢迎。

9月13日，由西藏民族学院、中国藏学研究中心联合主办的西藏传统文化与现代化学术讨论会在陕西咸阳举行，与会专家、学者共40余人，收到论文22篇。会议就藏族传统文化的形成和特点、西藏传统文化与西藏社会经济现代化、西藏传统文化与西藏教育的现代化等问题进行了探讨。

10月26日，自治区师资工作会议在拉萨召开。

1999年

1月6日，自治区教委、拉萨市教体委及拉萨市团委、妇联等部门领导视察了拉萨市实验小学，听取了学校素质教育工作情况的汇报，观看了学校的活动课和高年级学生军训成果图片展。

1月21日，全区1999年度教育工作会暨“普六”、扫盲达标县（区）表彰会在拉萨召开。各大专院校、各地市教体委以及自治区教委各处室领导共计80多人参加了会议。

1月28日，中央统战部、全国人大民委、国家民委、国家宗教局在北京人民大会堂举行纪念第十世班禅逝世十周年座谈会。

1月30日，西藏自治区藏语文工作指导委员会工作会议在拉萨召开。

3月6日，国务院副总理李岚清参加九届全国人大二次会议西藏代表团审议政府工作报告时指出，要认真落实援藏工作部署，推进“科教兴藏”工作。

3月8日，为纪念西藏废除封建农奴制实行民主改革40周年，“雪域明珠——中国西藏文化展”在北京展览馆开幕。此次展览获得了圆满成功，海内外12万人次参观了展览。

4月14日，西藏自治区隆重举行拉萨地区藏语文工作表彰大会。自治区主席列确在大会上做了题为《全面正确地贯彻党的民族语文政策，不断提高我区学习使用和发展藏语文工作水平》的重要讲话。

4月16日，国家民委、教育部在天津联合召开全国中小学开展民族常识教育工作会议。

4月29日，大型图文集《西藏62项援藏工程》出版座谈会在北京人民大会堂西藏厅举行，国家民委主任李德洙主持会议。江泽民、李鹏、李瑞环等领导分别为图文集题词。

4月30日，西藏中专学校内部管理体制改革现场会在拉萨召开。

5月4日，庆祝中国少数民族双语教学研究会成立二十周年暨第八届学术研讨会在北京召开，来自全国19个民族的160多位代表参加了会议。与会代表结合国内外双语教学与研究，尤其是各民族地区的实际，进行了广泛的讨论，在许多问题上取得了共识。

6月25日，展示西藏独特魅力的大型乐舞《珠穆朗玛》在北京上演，国家副主席胡锦涛等党和国家领导人观看了演出。

7月，在西藏自治区教育部门首次组织的由内地20所西藏校（班）回藏毕业生参加的中专、高中招生统一考试中，江苏省常州西藏民族中学获得总平均分第一名，名列各校（班）的榜首。该校考生还包揽了统考的前三名，其中来自西藏山南地区的考生巴桑次仁以668分的高分夺得第一名。该校此次升学率达100%，进入高中分数线的学生超过70%。

7月2日，中央统战部、全国人大民委、全国政协民族和宗教委员会在人民大会堂举行首都各界人士纪念西藏民主改革40周年座谈会。党和国家领导人阿沛·阿旺晋美等出席会议。会议由国家民委主任李德洙主持，王兆国发表了讲话。

7月8日，中国外交部发言人强调，中国政府要求美国政府恪守西藏是中国的一部分的承诺，明确反对美国国会将每年7月10日定为“世界西藏日”的决议案。

7月17日，《人民日报》发表了中国人权研究会的文章《西藏人权保障的历史性进展》。

7月18日，由中国藏学研究中心主办的纪念西藏民主改革四十周年研讨会在北京召开。部分藏学专家、藏族学者、十八军老战士和民主改革的亲身经历者参加了会议，并就有关问题进行了学术研讨。

8月18日，经国务院批准，由国家民委、国家体育总局主办，西藏自治区人民政府承办的第六届全国少数民族传统体育运动会拉萨分赛场隆重开幕。

10月9日，新建成的具有浓郁藏式建筑风格的西藏博物馆在国庆期间为古城拉萨添彩。江泽民总书记为博物馆题写了馆名。

11月8日，面向21世纪的藏语文教育教学——第二届全国高校藏语文教学研讨会在成都举行。与会代表40余人，提交论文24篇。

12月15日，《一代宗师十世班禅大师——刘隆摄影展》在北京民族文化宫开幕。国家民委领导李德洙、郝文明出席开幕仪式。

2000年

6月12日，21世纪西藏职业教育研讨暨培训会议在拉萨举行，自治区教育厅副厅长群增在会议上讲话。

同月，自治区党委组织部、自治区人事厅、自治区发展计划委员会、自治区教育厅联合发出《关于做好2000年我区大中专毕业生就业工作的通知》和《关于选拔高校优秀毕业生到乡镇培养锻炼加强后备干部建设的通知》。

8月1日，全区地（市）教体委主任会议在拉萨召开，自治区教工委书记张荣扬在会上讲了话。

8月30日，国务院副总理李岚清率领中央、国家机关有关部委负责同志陈至立、郝建秀、徐荣凯、李子彬、徐冠华、张佑才、张文彬等抵达拉萨。

在西藏期间，在自治区领导热地、郭金龙、列确等的陪同下，先后深入拉萨达孜县中学、拉萨市师范学校、西藏大学等学校视察教育工作，进教室，看宿舍，到食堂，看望在校的学生和教职员工，并召开各种形式的座谈会。

9月8日，第十六个教师节来临之际，西藏自治区政府副主席次仁卓嘎，自治区教育厅党组书记张荣扬、副厅长陈秀芳，拉萨市副市长宋和平，拉萨市教体委等领导同志慰问了西藏大学、藏医学院、达孜县章多乡小学、拉萨中学等地的教师们，并祝教师们节日快乐、身体健康、工作顺利。

9月21日，全区农牧区教育综合改革工作会议在拉萨召开，会议历时3天。会议期间，与会代表认真学习领会了国务院副总理李岚清同志和教育部部长陈至立同志在我区考察教育工作时的重要讲话精神，听取了自治区党委副书记丹增同志的重要讲话，部分地、县和学校介绍了进行教育综合改革的先进经验，参观了山南、拉萨市的部分农牧区教育综合改革试点学校，还表彰奖励了山南等3个地、县和拉萨市曲水县中学等9所中学和中心小学。

10月23日，全区中小学素质教育现场会在拉萨召开。会议历时3天，前两天，会议代表在拉萨市实验小学、市一小、城关区海城小学、吉崩岗小学和拉萨师范学校观摩了学校课堂教学、活动课组织和开展情况，观看了教师基本功和学生能力、技能的展示，听取了学校关于开展素质教育的情况介绍。会议期间，代表们还看了拉萨市中小学学生文艺演出。最后一天的上午，部分地、市和学校就本地和本校开展素质教育的具体做法和取得的成效，在大会上进行了交流。下午，教育厅党组书记张荣扬、副厅长吴德刚和拉萨市副市长宋和平分别在大会上发表了讲话。

12月1日，拉萨特殊学校在拉萨正式开学，学校有正式教职工11人，学生32人。

12月26日，全区高校党建暨中小学德育工作会议在拉萨展开，参加会议的有自治区领导列确、益西卓玛、次仁卓嘎、拉敏索郎伦珠和自治区教育厅党组书记张荣扬、各地教体委和学校的代表200多人。

2001 年

3月20日，教育部批准西藏大学与西藏农牧学院合并组建新的西藏大学。

7月3日，教育部批准药王山藏医学院更名为西藏藏医学院。

7月6日，西藏自治区社会科学院隆重举行拉萨地区社科界庆祝建党80周年和西藏和平解放50周年学术研讨会暨《格萨尔艺人桑珠说唱本》首发式。西藏自治区党委书记郭金龙在研讨会上指出，社会科学研究要为西藏的跨越式发展和长治久安服务。

7月13日，北京获得2008年奥运会主办权。全国各地各族人民和港、澳、台同胞以及世界各地华人华侨共庆北京申奥成功。

7月17日，国家民委和展望计划办公室共同组织的首期民族干部人事管理研修班在上海浦东新区党校开学。参加研修班的共有来自西部等14个省区市，包括蒙古、藏、回、维吾尔、苗、彝、壮、朝鲜等17个少数民族的41名县处级干部。

7月19日，拉萨各族各界干部群众2万多人在布达拉宫广场隆重集会，热烈庆祝西藏和平解放50周年。中共中央政治局常委、国家副主席、中央代表团团长胡锦涛出席大会并发表了重要讲话，并向西藏自治区赠送了江泽民总书记题写的“祝贺西藏和平解放50周年”金匾。

7月25日，全国民族地区青少年爱国主义教育工作座谈会在西藏拉萨召开。这次会议的任务是：贯彻中央第四次西藏工作座谈会精神，以“三个代表”重要思想为指导，进一步加强新形势下民族地区青少年的爱国主义教育工作。

9月7日，《中国教育报》西藏记者站揭牌仪式在拉萨举行。自治区副主席群培，中国教育报刊社党委书记、社长刘川生，自治区教育厅党组书记张荣杨、副书记陈秀芳以及自治区新闻宣传部门的领导出席揭牌仪式。群培副主席、刘川生社长分别代表自治区党委、政府和中国教育报刊社对西藏记者站的成立做了重要讲话，并宣读了教育部袁贵仁副部长发来的贺电。

同日，自治区隆重召开庆祝2001年教师节暨全区优秀教师表彰电视电话会议，向辛勤劳动的人民教师和教育工作者致以崇高的敬意。自治区领导郭金龙、徐明阳、曲加、洛桑顿珠、群培、才旦卓玛出席表彰会。郭金龙书记发表了重要讲话。对155名优秀教师、38名优秀工作者、21名模范班主任、

13名师德标兵予以表扬。

10月9日,全区基础教育工作会议在拉萨召开。自治区领导列确、杨传堂、巴桑、曲加、向巴嘎登等出席了会议。自治区主席列确就如何进一步加快西藏基础教育的改革和发展步伐做了重要讲话。教育厅党组书记张荣扬就全区基础教育发展中的有关问题做了发言。自治区教育厅厅长吴英杰做了题为《团结奋斗，促进新世纪初我区基础教育加快发展》的工作报告。全区教育战线200余名代表参加了会议。

2002年

7月，西藏首届四川大学MBA班学员学位授予典礼在拉萨举行。

8月，中央广播电视大学西藏学员揭牌仪式和中央广播电视大学——西藏大学共建中央广播电视大学西藏学员签字仪式在西藏大学举行。

是年，西藏自治区人民政府学位委员会成立。

10月14日，全国教育援藏工作会议在北京西苑宾馆召开。教育部部长陈至立做了《进一步做好新世纪初全国教育支援西藏工作，努力实现西藏教育事业跨越式发展》的重要讲话。自治区副主席群培代表自治区党委、政府发表了讲话。江苏、陕西两省教育厅、人民大学和林芝地区行署就进一步做好教育援藏工作交流了经验。

为贯彻落实国务院《关于进一步加强农村教育工作的决定》和用五年时间完成西藏地区“两基”攻坚的任务，自治区党委、政府成立了由区党委郭金龙书记任组长、向巴平措主席任第一副组长、吴英杰副主席任副组长的“两基”攻坚领导小组。

2003年

1月21日，在拉萨召开全区年度教育工作会议。自治区党委副书记李立国、区人大副主任群培、区政府副主席吴英杰出席了会议。会上区教育厅党组副书记、厅长宋和平总结了2002年度工作和安排部署2003年及今后一段时期的教育工作。还指出要进一步加大“普六”“普九”工作力度，加强扫除青壮年文盲步伐，力争将小学适龄儿童入学率提高到90%以上，继续扩大初、高中办学规模，使初中入学率达到60%以上，高中入学率达到20%以上，高等教育入学率达到8%。不断消除发展中的一些障碍性因素，实现我区教育工作的总体要求和工作目标。

4月14日、15日，自治区教育厅派出工作组，由教育厅副厅长张辉同志带队，体卫办、高教、职教、基教、《中国教育报》西藏记者站组成检查组，对西藏大学、藏医学院、农牧学校、综合中专学校、拉萨中学、自治区实验幼儿园等学校和单位"非典"工作宣传、预防工作执行情况，常规卫生工作情况进行了全面的检查。

4月16日，教育部批准西藏自治区人民警察学校改建为西藏自治区公安高等专科学校。

6月24日，西藏自治区人民政府学位委员会一届一次会议召开。根据《中华人民共和国学位条例》以及国务院学位委员会有关加强学位委员会工作章程，经国务院学位委员会和西藏自治区人民政府批准，成立了西藏自治区人民政府学位委员会。西藏自治区学位委员会，下设哲学、法学、教育学和历史学、文学、理学、工学、农学、医学9各学科。学科评议组由99人组成。

7月5日，西藏大学工学院在热烈的掌声中宣告成立，前身是2000年创办的西藏大学计算机科学系。自治区党委副书记李立国、自治区副主席吴英杰等为学院揭牌。

9月，西藏警官高等专科学校正式揭牌。

9月，在拉萨召开西藏自治区教材审查委员会换届仪式。参加会议的有自治区党委副书记、自治区政协副主席李立国，自治区人大副主任群培，自治区政府副主席吴英杰，自治区政协副主席益西旦增，自治区教工委书记马尔琼，自治区教育厅厅长宋和平以及专家、学者等近四十名代表。

2004年

1月6日，全区年度教育工作会议在拉萨召开。会上教育厅厅长宋和平同志总结了2003年度的工作并对2004年的工作进行了部署。

1月8日，在拉萨召开《西藏自治区志·教育志》终审会。会上自治区副主席吴英杰、教工委书记马尔琼、教育厅厅长宋和平等领导对《西藏自治区志·教育志》志稿编修所取得的成绩给予充分的肯定，对存在的问题和不足，提出了整改意见。

是年，自治区制定并组织实施《西藏自治区“两基”攻坚实施规划》和《农牧区寄宿制学校建设工程规划》，并出台了《西藏自治区基础教育课程改革实施方案》等相关政策。

4月1日，自治区教育厅召开“关于进一步加强和改进未成年人思想道德建设若干意见”座谈会。这次会议是在最近印发的中共中央、国务院“关于进一步加强和改进未成年人思想道德建设若干意见”的基础上召开的，这次会议对新世纪、新阶段我区加强和改进未成年人思想道德建设做出了重要部署，具有十分重要的指导意义。

4月28日，西藏自治区教育系统各机关、直属事业单位、学校干部职工积极响应《关于开展扶贫济困捐助的通知》的号召，教育厅系统开展扶贫送温暖捐助仪式。厅机关与事业单位捐款43360元，捐衣物190件。西藏大学捐款27367元，西藏民院捐款15000元，藏医学院捐款6416元，区财校捐款7900元，区体校捐款800元，共计100843元。

4月22日，全区教育督导工作会议在拉萨召开。会上教工委书记马尔琼强调：督导工作要改进工作作风，要深入基层，调查研究，树立良好形象。

5月26日，拉萨中学开始实施“名师工程”。“名师工程”是拉萨中学师资队伍建设的一项重要举措，是指对于不同层次的教师实施培养的方法、标准和要求，也是学校教师成长的方向。

6月4日，对口支援西藏民族学院工作座谈会在拉萨举行。

6月26日，全区职业教育现场会在山南召开，参加会议的有西藏自治区政府副主席吴英杰、西藏自治区教工委书记马尔琼、教育厅厅长宋和平、教育厅副厅长多吉次旺、教育厅副厅长旺堆以及山南地委行署的主要领导，各地市教体局的书记局长、教育厅各处室的有关领导等八十多人。在日喀则闭幕会上教育厅厅长宋和平传达了国务委员陈至立和教育部部长周济在全国职业教育工作会议上的讲话精神，做了题为《深入推进农牧区职业教育的改革与发展》的重要讲话。

7月6日，在拉萨召开全区基础教育新课程改革教育行政干部培训会议。

参加会议的有自治区政府副主席吴英杰、自治区教工委书记马尔琼以及全区七个地（市）的教体局领导等，这次新课程改革的任务是认真贯彻《国务院关于基础教育改革与发展的决定》和《基础教育课程改革纲要（试行）》精神，也是我区启动新一轮基础教育改革的动员大会。

8月5日至6日，全区高中教育工作会议在拉萨召开。会议总结交流了近几年来全区高中教育改革和发展经验。自治区教育厅厅长宋和平根据会议精神，阐述了全区有关高中教育发展的三个问题：1. 正确估价全区高中教育发展的形势和面临的挑战。2. 统一认识，明确目标，增强高中教育发展的紧迫性和责任感。3. 积极推进全区高中教育持续健康发展。

9月20日，西藏自治区人民政府、教育部在北京举行了共建西藏大学签字仪式。

10月9日至21日，全国唯一不通公路的墨脱县通过“普六”验收。

11月8日，西藏大学扩建工程的隆重开工标志着西藏高等教育的发展步入了新的里程。同年，拉萨市率先实现了“两基”攻坚目标，实现了全区“两基”攻坚地市级零的突破。

2005年

2005年3月17日，全区招生考试工作会议在拉萨召开。会上，吴英杰副主席对去年我区招生考试工作给予了充分肯定，并就今年的招生工作提出要求，安全保密工作要进一步加强，要做到万无一失；坚持公平、公正原则，按照政策规定办事，做到政策面前人人平等；强化管理，依法从严治招，建立并完善我区招生考试工作责任制和责任追究制；严格考风考纪；加大宣传力度，使高校招生考试成为“阳光工程”。

5月，全区扫盲工作电视电话会议在拉萨召开，自治区党委常委副书记、自治区主席向巴平措做了重要讲话。他强调，要充分认识扫盲工作的重要性，做好扫盲工作。一定要以“三个代表”重要思想为指导，进一步增强责任感、使命感，积极行动起来，研究部署当前和今后几年全区教育工作，坚决打赢我区“两基”攻坚战，为全区构建小康社会和构建和谐西藏提供智力支持。

6月18日上午，西藏大学隆重举行西南交通大学对口支援西藏大学首届工科专业毕业典礼暨学位授予仪式。

《西藏自治区基础教育课程改革实施方案》和《西藏自治区基础教育课程改革师资培训实施方案》正式实施。9月，全区义务教育阶段起始年级全部启用新课程教材，西藏自治区基础教育改革工作全面展开。

7月，经自治区人民政府批准，原西藏自治区农牧学校和西藏自治区综合中专学校合并组建西藏职业技术学院。2006年9月正式挂牌成立。

8月21日，在拉萨召开内地西藏班（校）创办20周年座谈会。

11月27日，自治区新课程师资培训工作会议在拉萨召开，这次会议旨在总结交流经验，加大新课改师资培训工作力度，进一步提高教育工作者及广大教师对新课改的认识，提高广大教师实施新课改的能力。

10月18日至11月30日，历时43天，行程一万余里，西藏自治区普通高中办学水平综合评估工作顺利完成。全区高中教育整体发展态势良好。

2006年

1月7日，全区年度教育工作会议在拉萨举行。参加会议的有自治区副主席洛桑江村，区教工委书记马尔琼，自治区教育厅厅长宋和平以及各地（市）教育局主要负责人，"两基"攻坚办主任，各大中专院校主要负责人，分管教育的县长、县教育局局长等180人。

1月22日，在拉萨召开贯彻全国农村义务教育经费保障机制改革工作会议精神会议。白玛才旺副主席代表自治区政府做了重要讲话，对深化我区农牧区中小学教育保障机制改革的重大意义、改革原则、改革内容和实施步骤进行了全面深刻的阐述，对如何搞好这项重大改革提出了总体要求。

2月14日，经国家教育部批准，拉萨师范学校升格为拉萨师范高等专科学校。

4月2日，全区职业教育研讨会在拉萨召开。参加研讨会的有教育厅厅长宋和平、副厅长多吉才旺、职教处以及七地（市）教体局的主要领导和职教科的负责人。与会代表结合《西藏自治区贯彻〈国务院关于大力发展职业教育的决定〉的实施意见》《西藏自治区职业教育"十一五"发展规划》《西藏自治区高中阶段教育"十一五"基本建设发展规划》进行了热烈的研讨。

7月，在原自治区农牧学校和自治区综合中专学校的基础上组建了西藏历史上第一所高等职业学校——西藏职业技术学院。

10月26日，西藏拉萨师范高等专科学校举行挂牌仪式。参加挂牌仪式的领导有西藏自治区党委常委、自治区副主席、区党委宣传部部长吴英杰，自治区副主席白玛才旺，自治区副主席、拉萨市委书记秦宜智，自治区教工委书记马尔琼，自治区教育厅厅长宋和平等。

2007年

2月1日，全区首届中小学“十、百、千”骨干教师评审会在拉萨召开。评审委员会按照《西藏自治区名校长、名教师、骨干教师参评条件》认真评审，共评审通过名校长17人，名教师98人，骨干教师581人。

7月11日至15日，教育部部长周济率教育部考察团到我区考察指导工作。在藏期间，周济部长出席了全国教育对口支援西藏工作部署会议、西藏中小学教师培训计划启动仪式和西藏大学新校区启动仪式等重要活动，分别做了重要指示。周济部长表示：教育部将进一步加大援助力度，支持和帮助西藏教育事业。

7月13日，全国教育对口支援西藏工作部署会议在拉萨召开。这次会议的主要任务是，贯彻落实全国内地西藏班办学和教育援藏工作会议精神以及教育部、中央统战部、国家民委《关于进一步加强教育对口支援西藏工作的意见》，对今后一个时期的教育援藏工作进行再动员、部署、落实。

8月14日，国家教育督导团检查西藏“两基”攻坚工作。

8月27日，全国人大常委会副委员长热地，在自治区领导张庆黎、吴英杰、公保扎西等的陪同下，视察了西藏大学和拉萨那曲高级中学。

8月30日，西藏自治区“两基”攻坚专题会议在拉萨召开。向巴平措在讲话中指出，今年是“两基”攻坚的决战之年，时间紧迫，任务重大。区教育厅厅长、自治区“两基”攻坚办主任宋和平汇报了当前我区“两基”攻坚工作情况。林芝、昌都、日喀则、阿里、那曲地区负责同志在会上进行了经验交流。

9月26日，四川大学党委书记杨泉明一行与自治区有关部门在教育厅举行座谈。座谈中，四川大学党委书记杨泉明回顾了过去几年的援藏工作，充分肯定了四川大学和西藏自治区的校地合作，他代表四川大学感谢自治区党委、政府的支持。教育厅厅长宋和平代表教育厅感谢四川大学认真负责贯彻落实教育对口支援西藏工作，不断加大教育援藏力度，选派优秀干部、教师赴西藏大学工作。座谈会对进一步的合作达成了意向，初步决定由教育厅、卫生厅牵头，年底前在成都召开专题研讨会。

是年，西藏基本普及九年义务教育，基本扫除青壮年文盲，“两基”攻坚规划确定的任务全面完成，标志着西藏教育进入了一个新的发展阶段。

是年秋始，西藏率先在全国实行城镇免费义务教育，至此，全区城乡义务教育全面实行了免费教育。

2008 年

3 月，受拉萨“3.14”打砸抢烧暴力犯罪事件影响的拉萨市二中、海城小学等 16 日迅速恢复正常教学秩序。

3 月 7 日，全区招生考试工作会议在拉萨召开。

5 月 5 日，自治区党委副书记、自治区常务副主席郝鹏在自治区有关部门负责人的陪同下，专程前往西藏大学新校区调研高校毕业生就业工作情况，并与学生代表座谈。

5 月 25 日，全区高校高雅艺术进校园活动专题交响音乐会在拉萨举行。活动的主题是“走近大师，陶冶情操，提高修养”，活动内容以欣赏高雅艺术专题交响音乐会为主，并邀请“普通高等艺术教育专家讲学团”的专家到全区各大中专院校进行专题讲座。

7 月 27 日，教育部“支援西部地区教师培训计划工作方案”西藏自治区骨干教师培训开学典礼在拉萨师范高等专科学校举行。

9 月 26 日，西藏教育学会召开第五次代表大会。自治区副主席吴英杰被聘为新一届名誉会长，宋和平当选为会长。

10 月 5 日，西藏民族学院举行 50 周年院庆，中共中央总书记、国家主席、中央军委主席胡锦涛，中共中央政治局委员、国务委员刘延东致信祝贺，自治区党政代表团参加庆典。

10 月 6 日，拉萨市当雄县发生 6.6 级地震，灾区师生无一人伤亡，灾后学生妥善安置，教学秩序正常。

11 月 11 日，全区教育系统思想政治教育工作座谈会在拉萨召开，张庆黎做重要批示。

12 月 16 日，西藏大学进入国家“211 工程”重点大学建设行列。

2009 年

1 月 16 日，自治区教育系统在教育厅召开春节、藏历新年座谈会。教工委副书记徐敏代表教工委、教育厅发表新年寄语。

3 月 8 日，全区招生工作会议在拉萨召开。会上，自治区招生考试委员会副主任、教育厅厅长宋和平总结了 2008 年招生工作，并就 2009 年全区招生考试工作做了部署和安排。

3 月 9 日，教工委、教育厅召开深入学习实践科学发展观活动总结大会。

5 月 6 日，全区国家语言文字工作会议在拉萨召开。区党委常委、自治区常务副主席、自治区国家语委主任吴英杰出席会议并做重要讲话。

6 月 1 日，自治区党委副书记、自治区政府主席向巴平措，自治区党委常委、自治区常务副主席吴英杰在自治区政府办公厅、教育厅、区妇联、团区委和拉萨市政府、市教育局等部门负责人的陪同下，前往当雄地震灾区格达乡小学和拉萨市特殊教育学校看望师生，并与孩子们一起欢度“六一”国际儿童节。

7 月 25 日，西藏大学财经学院、西藏财政干部管理学院挂牌仪式在原西藏自治区财经学校举行，自治区常务副主席吴英杰，自治区主席助理丁业现出席挂牌仪式并揭牌。

8 月 11 日至 13 日，自治区教育厅在拉萨举办内地西藏班（校）藏语教师培训。内地西藏班（校）藏语文教师共 78 人参加培训。

8 月 22 日至 24 日，中共中央政治局委员、国务委员刘延东率领考察调研组在自治区党委书记张庆黎等领导同志的陪同下，先后来到拉萨中学和西藏大学，看望慰问优秀教师代表和广大师生员工，听取工作汇报并与大家亲切交谈。

9 月 8 日，为纪念西藏自治区藏医学院建院 20 周年，学院隆重召开庆祝大会。十届人大常委会副委员长热地，自治区党委书记张庆黎等领导与西藏藏医学院的教师员工和学生欢聚一堂，共庆藏医学院建院20周年。

10月21日至22日，教育部举办的全国内地西藏班（校）思想政治和德育工作培训会在河北石家庄市举行。

11月26日，教育部在北京召开了对口支援西部地区高等学校工作会议。来自支援和受援高校的书记或校长，12个西部省（市、自治区）教育厅（教委）和新疆生产建设兵团教育局负责人，国家发展和改革委员会、工业和信息化部、中国科学院相关部门以及教育部有关司的负责人或相关同志，共计110人参加了会议。

2010年

3月3日至4日，2010年度全区教育工作会议于在拉萨召开。自治区副主席孟德利出席会议并做重要讲话。自治区教育厅厅长宋和平同志做工作报告，总结了2009年度全区教育工作，并对2010年全区教育改革发展各项任务做了安排部署。自治区教工委书记拉巴主持会议并做了总结讲话。

3月9日，全区招生考试工作会议在拉萨召开。本次会议总结回顾了2009年招生考试工作，并对2010年招生考试工作做了部署安排。自治区教育厅、自治区招生委员会成员和全区各级教育部门、各高校、各级招生考试机构有关领导和工作人员参加会议。

4月21日至22日，全区电教馆馆长会议在拉萨召开。会议的主要任务是学习贯彻中央第五次西藏工作座谈会、全国电化教育馆馆长会议和全区教育工作会议精神，讨论修改“西藏自治区关于加快教育信息化建设实现现代化实施意见”，总结交流2009年电教工作，安排部署2010年工作。

4月26日至27日，全区高校党的建设工作会议在拉萨召开。自治区党委常委、宣传部部长崔玉英出席会议并讲话，自治区副主席孟德利主持会议。

5月15日，西藏自治区科协在拉萨市宇拓路组织了以“携手建设创新型国家”为主题的“科普一条街”活动，西藏自治区教育学会参加了本次活动。

7月1日上午，教育厅直属系统召开庆祝中国共产党建党89周年暨2008–2010年度“一先两优”表彰大会。

7 月 13 日至 14 日，全国教育工作会议在京隆重举行。胡锦涛、温家宝发表重要讲话，贾庆林、李长春、习近平、李克强、贺国强、周永康出席会议。全国教育工作会议第一次全体会议以电视电话会议形式召开，西藏自治区领导张庆黎、向巴平措、张裔炯、郝鹏、巴桑顿珠、王宾宜、崔玉英、尹德明、公保扎西、秦宜智等出席了西藏分会场会议。西藏自治区相关部门负责人和学校代表参加了西藏分会场会议。

11 月 29 日至 30 日，全区推进义务教育均衡发展现场会在拉萨市城关区召开。自治区教工委书记拉巴、自治区教育厅厅长宋和平、全区七地（市）教育局局长及七地（市）教育系统代表出席了会议。

2011 年

1 月 17 日，西藏自治区党委、政府在拉萨召开全区教育工作会议。会议全面总结了新时期教育工作经验，科学分析了教育工作面临的新形势，研究部署教育改革发展工作。自治区党委书记张庆黎，自治区党委副书记、自治区主席白玛赤林，教育部党委副书记、副部长杜玉波出席会议并讲话。

1 月 18 日，全区 2011 年度教育工作部署会议在拉萨召开。会议全面总结了“十一五”期间教育发展的成就，围绕贯彻落实党的十七届五中全会、中央第五次西藏工作座谈会、全国教育工作会议和区党委七届七次全委会、全区经济工作会议、全区教育工作会议精神，做出了全面部署，对 2011 年的重点工作做出了明确安排。

3 月 16 日，全区招生考试工作会议在拉萨召开。会议回顾总结了 2010 年招生工作，安排部署 2011 年全区各类招生工作。

4 月 29 日，自治区“两基”迎国检领导小组副组长、自治区副主席孟德利主持召开全区“两基”迎国检领导小组会议，研究部署“两基”迎国检预检工作有关问题，安排部署下一步工作。“两基”迎国检领导小组各成员单位负责人参加会议。

6 月 24 日，全区教育系统举行庆祝中国共产党成立 90 周年暨“创先争优”活动表彰座谈会。自治区党委组织部副部长何新红，自治区教育工委书记、教育厅副厅长拉巴，自治区教育工委副书记、教育厅厅长宋和平等出席会议。

7月29日，教育系统召开西藏和平解放60周年大庆活动总结表彰会，表彰先进，鼓舞士气，振奋精神，9个先进集体25名先进个人受到表彰。

9月24日，西藏接受“两基”国俭。国家教育监督团检查组在拉萨听取西藏自治区人民政府“两基”工作汇报。

9月29日，西藏自治区人民政府接受国家“两基”督导检查总结会在拉萨召开。教育部党组书记、部长袁贵仁，自治区党委副书记、自治区主席白玛赤林分别在总结会上讲话。袁贵仁代表教育部宣布，我区全面完成了“两基”攻坚各项工作任务，实现了“两基”的目标。

为纪念中国共产党成立90周年，西藏和平解放60周年，11月5日至11月25日，由教育部民族教育司和西藏自治区教育厅联合组织的宣讲团在全国21个省（市）137所内地西藏班（校）和内地西藏中职班开展宣讲活动，宣讲主题是“热爱伟大祖国、建设美好西藏”。

主要参考文献

1.《当代中国》编辑部编《当代中国的西藏》，北京：当代中国出版社，1991年。

2. 西藏自治区教育学会和自治区民族教育研究所编《教育论文选集》，1989年。

3. 耿金声、王锡宏主编《西藏教育研究》，北京：中央民族学院出版社，1989年。

4. 多杰才旦《西藏的教育》，北京：中国藏学出版社，1991年。

5. 马玉麟主编《青海教育年鉴》，西宁：青海人民出版社，1992年。

6. 达尔基、李茂《阿坝通览》，成都：四川辞书出版社，1993年。

7. 国家教委计划司编《1990—1993年教育统计年鉴》。

8. 西藏自治区教委编《1994年教育统计年鉴》。

9. 国务院人口普查办公室主编《当代中国西藏人口》，北京：中国藏学出版社，1992年。

10. 西藏教育研究所编《西藏自治区教育科研论文选编》，拉萨：西藏人民出版社出版，1999年8月。

11. 周润年、刘洪记《中国藏族寺院教育》，兰州：甘肃教育出版社，1998年。

12. 教育大辞典编撰委员会编《教育大辞典》，上海：上海教育出版社，1991年。

13. 周旺云、吴德刚编著《西藏教育的特殊性与内地办学研究》，成都：四川民族出版社，1996年。

14. 国家民族事务委员会经济司，国家统计局国民经济综合统计司编《中国民族统计年鉴》，北京：民族出版社出版，1999年。

15. 李光文、杨松、格勒主编《西藏昌都》，重庆：重庆出版社出版，2000年。

16.《西藏自治区概况》，拉萨：西藏人民出版社，1987年。

17. 中央民族大学藏学研究所编《藏学研究》1—8集，1982—1999年。

18.《西藏大事记》，拉萨：西藏人民出版社，1984年。

19. 吴德刚《中国西藏教育改革与发展的理论研究》，昆明：云南教育出版社，1995年。

20. 谢启晃《中国民族教育史纲》，桂林：广西教育出版社，1989年。

21. 陈红涛《中国少数民族教育途径探讨》，北京：中央民族出版社，1990年。

22. 孙若穷《中国少数民族教育学概论》，北京：中国劳动出版社，1990年。

23. 康定民族师范专科学校课题组编《藏区民族高师教育的探索与实践》，成都：四川大学出版社，1997年。

24. 康定民族师范专科学校课题组编《四川藏区双语教育与教学研究》，成都：四川大学出版社，1996年。

25. 杨岭多杰主编《四川藏学研究》，北京：中国藏学出版社，1994年。

26. 王锡宏主编《中国边境民族教育》，北京：中央民族学院出版社，1990年。

27. 朱解琳《甘宁青民族教育史简编》，西宁：青海人民出版社，1993年。

28. 杨明、王岚《中国藏族教育史略》，成都：成都科技大学出版社，1993年。

30. 王辅仁编著《西藏佛教史略》，西宁：青海人民出版社，1982年。

31. 吴丰培编《清季筹藏奏牍·张荫棠奏牍》第3卷，上海：商务印书馆，1938年。

32.《中国教育年鉴》(1949—1984)，长沙：湖南教育出版社，1986年。

33. 罗明东《教育地理学》，昆明：云南大学出版社，2002年。

34. 周润年《西藏教育五十年》，兰州甘肃教育出版社，2002年。

35. 西藏年鉴编辑委员会主编《西藏统计年鉴·2008》，拉萨：西藏人民出版社，2008年。

36. 西藏年鉴编辑委员会主编《西藏统计年鉴·2009》，拉萨：西藏人民出版社，2009年。

37. 西藏年鉴编辑委员会主编《西藏统计年鉴·2010》，拉萨：西藏人民出版社，2010年。

38. 西藏统计局主编《西藏统计年鉴·2003》，北京：中国统计出版社，2003 年。

39. 西藏统计局主编《西藏统计年鉴·2006》，北京：中国统计出版社，2006 年。

40. 西藏统计局主编《西藏统计年鉴·2008》，北京：中国统计出版社，2008 年。

41. 西藏统计局主编《西藏统计年鉴·2012》，北京：中国统计出版社，2011 年。

后　记

我与教育有着不解之缘，从上学一直到现在工作没有离开过教育战线，1973年高中毕业后于哈哔嘎中学任教二年，开设有语文和数学两门课。此后，就读于中央民族学院少数民族语文系藏语专业学习藏文，毕业后留校从事藏文的教学与研究工作，讲授有《藏族传统教育》《古代藏文文献》等10余门课程；并对藏族教育和藏文文献等方面进行了多个课题的研究，先后撰写出版了《藏族教育》《西藏教育50年》《藏族教育新论》《中国藏族寺院教育》（与刘洪记著）、《雍和宫修学与教育体系研究》（与塔娜著）等著作二十多部，撰写发表了《西藏教育现代化探究》等论文一百二十余篇。

此拙著是在我于2002年撰写、出版的《西藏教育五十年》基础上，由我和我的博士生塔娜（现在中央民族大学图书馆任职）撰写而成的，书中不少资料是我们亲自到西藏调查收集到的第一手资料，同时也参考了不少学者的研究成果。尽管我们做了努力、花费了许多时间，但有些数字也有不准确和错误的地方。此外，书中许多观点及见解属我们个人管窥蠡测，舛错谬误之处在所难免，敬希读者不吝赐教。学无止境，在广阔的藏族教育研究领域，还有许多等待开辟和拓展的教育园地。这部《西藏教育六十年》的撰写，固然是对西藏教育六十年发展的一次总结，但我更愿将其看作自己学术探求之路上的新起点，不断求索，为藏族教育事业添砖加瓦。最后要提及的是书中收录的图片除我拍照的外，其余的是由我的研究生纪绘等二十多人提供的，在此表示感谢！此外，甘肃教育出版社的孙宝岩先生对全书进行了认真细致的编辑，我在此一并向甘肃教育出版社为此书做了工作的人们表示衷心的感谢！

周润年

2016年5月16日于北京